元代宫廷史

薛磊——著

天津出版传媒集团

百花文艺出版社

图书在版编目（ＣＩＰ）数据

元代宫廷史 / 薛磊著. -- 天津：百花文艺出版社，
2024.6
ISBN 978-7-5306-8715-4

Ⅰ. ①元… Ⅱ. ①薛… Ⅲ. ①宫廷－史料－中国－元
代 Ⅳ. ①K247.06

中国国家版本馆 CIP 数据核字(2024)第 085391 号

元代宫廷史
YUANDAI GONGTING SHI

薛磊　著

出　版　人：薛印胜
选题策划：赵　芳
责任编辑：赵　芳　装帧设计：郭亚红
出版发行：百花文艺出版社
地址：天津市和平区西康路 35 号　邮编：300051
电话传真：+86-22-23332651（发行部）
　　　　　　+86-22-23332656（总编室）
　　　　　　+86-22-23332478（邮购部）
网址：http://www.baihuawenyi.com
印刷：天津新华印务有限公司
开本：880 毫米×1230 毫米　　1/32
字数：244 千字
印张：11.125
版次：2024 年 6 月第 1 版
印次：2024 年 6 月第 1 次印刷
定价：68.00元

如有印装质量问题,请与天津新华印务有限公司联系调换
地址:天津东丽开发区五经路 23 号
电话:(022)58160306
邮编:300300

蒙古 · 元帝王世系

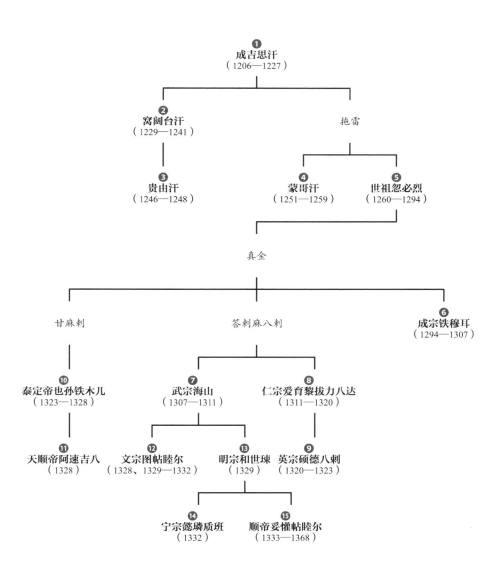

目 录

第二章　元世祖时期的蒙古宫廷

第三章　元成宗时期的蒙古宫廷

第四章　元武宗时期的蒙古宫廷

第五章　元仁宗时期的蒙古宫廷

第六章　元英宗时期的蒙古宫廷

第七章　元泰定帝时期的蒙古宫廷

第八章　元文宗时期的蒙古宫廷

第九章　元顺帝时期的蒙古宫廷

前　言

　　提到元代，人们首先想到的往往是蒙古大汗发动的大规模的征伐战争以及蒙古帝国横跨欧亚的辽阔版图。事实也确实如此。崛起于漠北高原的蒙古帝国在成吉思汗及其继承者的率领下，以征服世界为目标，南征北讨，所向披靡。蒙古帝国的统治地域，西面曾扩展至多瑙河、小亚细亚和两河流域，东面到朝鲜半岛，南面到西藏地区和南中国海，北面囊括西伯利亚。由于蒙古实行分封制，大蒙古国时期的广阔疆域实际上是在蒙古大汗权威统治下的松散联合体。元世祖忽必烈即位以后，西北各汗国逐渐走向独立，即便如此，元代的疆域仍十分辽阔。《元史·地理志》云："自封建变为郡县，有天下者，汉、隋、唐、宋为盛，然幅员之广，咸不逮元。汉梗于北狄，隋不能服东夷，唐患在西戎，宋患常在西北。若元则起朔漠，并西域，平西夏，灭女真，臣高丽，定南诏，遂下江南，而天下为一。故其地北逾阴山，西极流沙，东尽辽左，南越海表。"

　　人们一般把元代的历史分为四个时期。

　　一、前四汗时期或大蒙古国时期（太祖成吉思汗、太宗窝阔台、定宗贵由、宪宗蒙哥朝，1206—1259）。这个时期，蒙古统治者不断进行大规模的征服战争，时间长达半个多世纪，从朝鲜半岛直到东欧，建立了空前庞大的世界帝国。此一时期蒙古的统治中心在漠北，其统治方式在不同地区因社会经济基础差异而有所变化，但基本上推行的是蒙古制度。

二、元世祖忽必烈时期（1260—1294）。此一时期忽必烈推行汉法，改革旧制，确立了以中原王朝的传统制度为主干的中央集权体制。元朝的统治中心南移至漠南汉地。

三、元代中期（成宗、武宗、仁宗、英宗、泰定帝、文宗诸朝，1295—1332）。此一时期元朝统治者继续进行推行汉法的改制，但统治集团内部各派的斗争不断，几乎每一次皇位的更替都伴随一场激烈的政治或军事斗争，到元文宗即位初竟发展为大规模的内战。政局的动荡削弱了元朝的统治。

四、元代后期（顺帝朝，1333—1368）。此一时期统治集团日益腐败，国内的各种矛盾日益尖锐，最终引发了大规模的农民起义，元朝的统治土崩瓦解。（陈得芝主编《中国通史》第八卷，上海人民出版社，1997年）

元世祖忽必烈即位初年，名儒许衡上疏建议行汉法："考之前代，北方之有中夏者，必行汉法乃可长久。故后魏、辽、金历年最多，他不能者，皆乱亡相继，史册具载，昭然可考。使国家而居朔漠，则无事论此也。今日之治，非此奚宜？"应该说许衡的说法是很有道理的。这是因为汉地经过长期的发展，有着自己固有的政治文化传统，而且人口相对于北方民族也有着十分明显的优势。北方民族必须借鉴汉地较为成熟的政治文化制度，才能对汉地进行有效的统治。由于受地理环境、生产生活方式、人口等因素影响，北方民族的政治文化制度较为简单，没有制度化、正规化。为了适应新的形势，所以"必行汉法"。元代的历史不长，原因是多方面的，但一个重要的原因就是推行汉法很不彻底，蒙古旧俗广泛存在于政治文化的各个层面，从而干扰了一些统治机构的正常运作。（《元史》卷一百五十八《许衡传》）

　　元代的政治文化制度基本上是蒙古法与汉法并存，而蒙古法又居于核心位置，亦即内蒙外汉。以元代宫廷为例，蒙古游牧官和为皇室贵族服务的特设官署占据着中央官制的内核部分，即便是汉地式官署中书省、枢密院、御史台等，也渗透了相当多的蒙古因素。而元代军队中处于核心地位的依然是负责宫廷宿卫的万人怯薛，并且怯薛近侍参与中央决策，这些都是蒙古旧制的体现。又如元朝皇帝在大都、上都建立了汉地式的宫殿，但都城之内仍保留蒙古帐殿。这种内蒙外汉的政治文化制度犹如一把双刃剑，既有利于多元文明的共存和繁荣发展，也使得蒙古民族不致被人数众多的汉族迅速同化，同时又带来了种种弊端，诸如滥赐、冗官、贪污、民族矛盾等。

　　元代宫廷史在一定程度上就是一部宫廷斗争史。究其原因，一个很重要的方面就是，元代相当多地保存了分封制和黄金家族的共权原则，使得皇位的继承具有相当大的不确定性。到元代后期，权臣在皇位更替中的地位愈显重要，并且多次出现权臣垄断朝政的局面，这又是元廷改革旧制，加强汉地式中央集权的产物。（李治安师《忽必烈传》，第759至802页，人民出版社，2004年）

　　对元代宫廷史的探讨既有利于把握元代历史的梗概，对于理解元代政治文化中很多深层次的问题也大有裨益。毕竟，宫廷是国家权力的核心，是诸多政治文化现象产生的源泉。

元代宫廷史是一个涵盖范围颇广的题目，涉及宫廷政治、经济、文化、生活等诸多方面。受篇幅和笔者能力所限，不可能面面俱到，而只能就一些最为基本的问题进行简要的论述。本书以皇位更迭及重要历史事件、人物为主线，试图勾勒出整个元代宫廷政治史的轮廓，使人们对元代这一方面的历史有所了解。其中第二章的主要内容以及第三章的部分内容大量参考了李治安师的《忽必烈传》，从这个角度上说，本书是李治安师和笔者的共同成果，当然书中的不足和错误之处皆由笔者负责。

薛磊

2008 年 4 月于南开大学历史学院

第一章　大蒙古国时期的蒙古宫廷

第一节　成吉思汗时期的蒙古宫廷

成吉思汗（1162—1227），蒙元帝国的创立者。他统一了混乱的蒙古草原，建立了大蒙古国，完善并创建了一些基本的国家制度。他在位时期不断发动大规模的征服战争，同时又把庞大的蒙古帝国的很多地区分封给诸子、诸弟进行统治。

一　蒙古的兴起

蒙古部落最初是东胡的后裔室韦人的一支。《旧唐书》中有关于蒙兀室韦的最早记载，蒙兀即蒙古（Monghol）。随着部民的繁衍和迁徙，蒙古部落逐渐兴盛起来，生活地域也不断扩大。到十二世纪，居住在今鄂嫩河、克鲁伦河、土拉河三河之源肯特山地区的蒙古部落中诞生了蒙古国第一任大汗——成吉思汗（铁木真）。当时的蒙古草原，分布着众多蒙古和突厥语系部族，诸部族之间不断地掳掠、厮杀。对于此一时期蒙古草原的混乱局面，《蒙古秘史》(第254节)有如下形象的描述："有星的天空旋转,诸部落混战,没有人进入自己的卧室,都去互相抢劫。有草皮的大地翻转,诸部落纷战,没有人睡进自己的被窝,都去互相攻杀。"1162年出生于蒙古乞颜部的铁木真,一开始也是部族仇杀的受害者。

铁木真的父亲也速该是乞颜部的首领。据说,成吉思汗出生之时,也速该恰巧俘虏了一个名叫铁木真的塔塔儿部族首领归来,也速该就为这名新生儿取名铁木真。

在铁木真幼年时,也速该被塔塔儿人毒杀。之后,铁木真一家就陷入困顿之中,原来隶属于也速该的族人、部属都投奔另一蒙古部族泰赤乌部那边去了。早年痛苦的生活历练使得铁木真在动荡、残酷的环境中逐渐成长为一名卓越的政治家、军事家,史称他"深沉有大略,用兵如神"。他巧妙地借助其他蒙古部族的力量,不断积聚势力,陆续征服了蔑儿乞部、泰赤乌部、塔塔儿部、克烈部、乃蛮部等主要部族,统一了蒙古草原。1206年春铁木真在斡难河(今鄂嫩河)源举行忽里台(quriltai,大聚会之意,或译忽里勒台、忽邻勒塔)大会,建九游白旗,称成吉思汗。有关成吉思的意思,历来众说纷纭,有天赐、海洋、可怕的、强健的等多种说法。蔡美彪先生研究认为,成吉思汗的汉语谥号圣武是成吉思最恰当的解释。汗为突厥-蒙古语,原意为父主,古代蒙古草原上一些大部落的首领多用此号。至此,大蒙古国正式建立起来。原来蒙古草原上纷争不断、互相掳掠仇杀的各个部族均统一到大蒙古国的旗号之下,并按统一的制度组织起来。(《蒙古秘史》卷一至卷八,余大钧译注,河北人民出版社,2001年;《元史》卷一《太祖本纪》,中华书局,1976年;陈得芝主编《中国通史》第八卷,上海人民出版社,1997年;蔡美彪《成吉思及撑黎孤涂释义》,《中国

史研究》2007 年第 2 期）

　　在大蒙古国建立前后，为有效组织蒙古草原上各个部族，成吉思汗在蒙古旧制的基础上，建立了一套行之有效的政治军事制度。成吉思汗首先把草原牧民按十进制的方法组织，编为十户、百户和千户，共设九十五个千户，同时划定了各千户的牧地范围。千户是军事、行政合一的基层单位，被任命的千户都是贵戚、功臣，他们世袭管领所得到的民户和封地。千户内的牧民不能随意离开各自的千户组织。千户制度是蒙古国家统治体系中最重要的一环，通过编组千户，全蒙古百姓都被纳入严密的组织，国家按千户征派赋役和金调军队。法律规定：凡十五岁至七十岁的男子都要服兵役，随时根据命令自备马匹、兵仗、粮草，由千户率领出征。因此所有蒙古成年男性牧民，同时也是战士，"上马则备战斗，下马则屯聚牧养"。在千户之外，还任命了三个万户，即左、右翼及中军万户，作为军事统帅。（《蒙古秘史》第 202 至 203 节；《元史》卷九十八《兵志一》）

　　成吉思汗还建立了怯薛（keshig）制。怯薛在蒙古语中为番值护卫的意思，即为护卫军。早在 1204 年，成吉思汗就建立了自己的护卫军，大蒙古国建立后，为保障自己的绝对权力，他将护卫军扩充为一万人，其中宿卫和箭筒士各一千人，散班八千人。据《蒙古秘史》，成吉思汗"从万户长、千户长、百户长的儿子和白身人（自由民）的儿子中，挑选有武艺，身体、模样好的人……进入轮番护卫队。千户长的儿子被选入时，带伴从者（那可儿，nokor，伙伴、伴当）十人、其弟一人同来。百户长的儿子被选入时，带伴从者五人、其弟一人同来。十户长的儿子、白身人的儿子被选入时，带伴从者三人、其弟一人同来。从其原居地准备好所骑的马和必需物品前来"。由于护卫军成员需要带领自己的侍从和弟弟，这样一来护卫军的数量就大大膨胀了。护卫军的主要职责是保护大汗的营帐和分管汗廷的各种事务，同时也是大汗亲自统领的作战部队。成吉思汗规定宿卫值夜班，箭筒士和散班值白班，各分为四队，每番三昼夜，所以总称为四怯薛，护卫军成员则被称为怯薛歹（又译怯薛丹）。

由于数量巨大且由各级那颜（noyan，官人，后为贵族的通称）之子充任，因此护卫军又被称为大中军，成为大汗控制蒙古那颜以及进行征伐战争的精锐部队。怯薛作为大汗的侍从近臣，其地位高于外任的千户那颜，在蒙古的军政事务中发挥着重要的作用。大汗还常常派怯薛为使者，出去传达旨意，或处理重大事务。怯薛还常调任外官，担任重要职务。怯薛的执事分工有十多种，例如火儿赤（佩弓矢者）、必阇赤（书记）、博尔赤（厨子，又译宝儿赤）、昔宝赤（掌鹰者），等等。成吉思汗规定怯薛误班、违法要视情形施以不同程度的惩罚，但这些惩罚须由大汗亲自裁定。成吉思汗命令最亲信的那可儿博尔忽、博尔术、木华黎、赤老温四家子弟世袭担任怯薛长。怯薛长是大汗的亲信内臣，元朝称为大根脚出身。（《蒙古秘史》第209至229节）

成吉思汗任命养弟失吉忽秃忽为最高断事官（jarquci，札鲁忽赤），即大断事官。蒙古国时期大断事官是掌管民户分配以及司法的最高行政、司法官员，所以也有国相之称。大断事官之下，置有若干断事官，为其僚属。诸王在各个封地也各置断事官管治本部百姓。成吉思汗降旨说："把全国领民的分配情况和所断的案件都写在青册上面。凡是失吉忽秃忽与朕议定而写在青册白纸上的规定，直到子子孙孙，永远不得更改，更改的人要治罪。"据载,失吉忽秃忽决狱公正,给过犯人很多帮助和恩惠,他屡次说:"不要因为恐惧而招认!""不要害怕,说实话!"失吉忽秃忽的断案方式、方法及原则,奠定了当时判决的基础。(《蒙古秘史》第 203 节;《史集》第一卷第一分册,第 174 页,商务印书馆,1983 年)

　　断事官处理事务的依据是成吉思汗制定的札撒(jasaq,法令),札撒中包括了古代流传下来的习惯法以及成吉思汗本人颁布的法令和圣谕。在 1219 年西征前的贵族大会上,成吉思汗重新确定了自己的领导规则、律令和古代习惯。他命人用文字将札撒内容记录成册,这成为蒙古国的第一部法典,即为《大札撒》。后来,蒙廷凡是新大汗即位以及大的诸王朝会,都要捧出《大札撒》,诵读成吉思汗的圣谕。(《史集》第一卷第二分册,第 272 页;《元诗选》三集戊集柯九思《宫词》注;《文献集》卷十上《拜住神道碑》)

　　成吉思汗说:"凡一个民族,子不遵父教,弟不聆兄言,夫不信妻贞,妻不顺夫意,公公不赞许儿媳,儿媳不尊敬公公,长者不保护幼者,幼者不接受长者的教训……这样的民族,窃贼、撒谎者、敌人和[各种]骗子将遮住他们营地上的太阳,这也就是说,他们将遭到抢劫,他们的马和马群得不到安宁……"于是成吉思汗"以非常严格的札撒为他们建立了秩序:他让贤明勇敢的人当了将官,他把奥鲁(auruq,征成军人的家属所在)交给伶俐的人,让他们管理马群,粗鲁无知的人,则给予鞭子,派去放牧畜群"。(《史集》第一卷第二分册,第 354 页)

　　蒙古人起初没有文字,"凡发命令,遣使往来",只是使用一些刻画的符号。成吉思汗建国前后,逐渐采用畏兀儿字母书写的蒙古语。他征伐乃蛮部族时,俘获了怀揣乃蛮印玺的畏兀儿人塔塔统阿。他问塔塔统阿,这个印玺有何用?塔塔统阿回答说，"出纳钱谷，委任人材，一切事皆用之"，作为凭证。成吉思汗觉得此物十分有用，便将塔塔统阿留在身边，以后凡有诏旨，便使用印章。成吉思汗认知到文字对一个国家、民族十分重要，于是他又命令塔塔统阿教授自己的儿子以及诸王用畏兀儿字书写蒙古语。畏兀儿字蒙古文创制出来以后，成吉思汗就用它来发布法令，登记户口，记录所办案件等等。虽然后来元世祖忽必烈命国师八思巴采用藏文字母创制了蒙文新字（又称八思巴字或八思巴文），并作为官定的蒙古文，但畏兀儿字蒙文并未废弃，后经过改革，更趋完善，一直沿用到今天。（王国维《蒙鞑备录笺证》，《王国维遗书》，上海古籍书店，1983 年；《元史》卷一百二十四《塔塔统阿传》；《元史》卷二百二《八思巴传》）

千户制、怯薛制、断事官制，札撒的制定，文字的创制等，标志着蒙古人自称为大蒙古国的国家政权基本建立。大蒙古国的建立促进了蒙古民族的形成，以往各自为政的草原部族，在蒙古的名称下结成了新的强大的民族共同体。

长期征伐混战的蒙古草原各部族一旦凝聚成一个强有力的实体，便成为一支可怕的军事力量。强烈的掳夺欲望促使大蒙古国在成吉思汗的率领下发动了一次又一次的对外征伐，西夏、金、西辽、高丽、花剌子模（中亚西部的古代国家，位于阿姆河下游、咸海南岸，今乌兹别克斯坦及土库曼斯坦两国境内）等均难逃厄运。蒙古军的铁蹄横扫了东起朝鲜半岛，西至中亚、东欧的辽阔地区。其时成吉思汗强烈的征服欲望已近疯狂，他曾对部下讲，男人最大的快乐是"镇压叛乱者、战胜敌人，将他们连根铲除，夺取他们所有的一切；使他们的已婚妇女号哭、流泪，骑乘他们的后背平滑的骏马，将他们的美貌的后妃的腹部当做睡衣

元太祖皇帝

即青吉思汗諱特穆津在位二十二年父曰伊蘇

克伊是為烈祖皇帝起宋寧宗開禧二年丙寅金

章宗泰和六年終宋理宗寶慶二年丁亥金哀宗

正大四年

和垫子,注视着她们的玫瑰色的面颊并亲吻着,吮她们的乳头色的甜蜜的嘴唇"。(《史集》第一卷第二分册,第362页)

二　成吉思汗的诸子、诸弟

成吉思汗的大皇后孛儿台旭真一共生了四个儿子,即术赤、察合台、窝阔台和拖雷。"按照蒙古人的风俗,同父诸子的地位是与他们生母的地位相一致",因此成吉思汗大皇后所生子女,享有较大的优待和特权。术赤、察合台、窝阔台、拖雷跟随成吉思汗东征西讨,建立了丰功伟绩,"犹如帝国宝座的四根台柱,汗国宫廷的四根栋梁"。他们也被称为四曲律,所谓曲律是蒙古人对于卓越的人杰或骏马等的称呼。"成吉思汗替他们各自选择了一项特殊的职务。他命长子术赤掌狩猎,这是蒙古人的重要游乐,很受他们的重视。次子察合台掌札撒和法律,既管它的实施,又管对那些犯法者的惩处。窝阔台他选择来负责[一切需要]智力、谋略的事,治理朝政。他提拔拖雷负责军队的组织和指挥,及兵马的装备。"(《世界征服者史》上册,第41页,商务印书馆,2004年;《史集》第一卷第二分册,第87页)

在成吉思汗的诸子中,长子术赤的出身颇具争议,因为成吉思汗与蔑儿乞人作战时,孛儿台旭真曾被蔑儿乞人俘虏,后来成吉思汗辗转从克烈部首领王罕处要回了孛儿台旭真,孛儿台旭真在返回成吉思汗住处的路上,生下了长子术赤。那么术赤到底是不是成吉思汗的亲生儿子呢?波斯文蒙古通史《史集》载,孛儿台旭真在被蔑儿乞人俘虏以前,已经怀有了术赤,但另一部重要的蒙文资料《蒙古秘史》则没有明言孛儿台旭真在被俘之前是否怀有术赤,似乎默认了术赤并非成吉思汗的亲生儿子。

据《蒙古秘史》,针对察合台对术赤出身的质疑,成吉思汗的大臣阔阔搠思辩驳道:"你的母亲不是[与蔑儿乞人]有意相思而做出的,而是不幸的遭遇所造成的;并非偷偷摸摸干的,是战争环境造成的;并非相爱而做出的,而是在战争中造成的无可奈何的事。察阿歹(察合台),你怎么可以胡言乱语,使你贤明的母后寒心?你们都是从她腹中所生下的孩子,你们是一母同胞兄弟。你不可以责怪热爱你的母亲,使她伤心;你不可以抱怨你的生身之母,指责她所悔恨的事。"(《蒙古秘史》第254节;《史集》第一卷第二分册,第86页)

不过,成吉思汗一直把术赤当成亲生长子来看待。术赤经常伴随着成吉思汗,但他与兄弟察合台、窝阔台总是争吵,尤其与察合台更是水火不容。而术赤与幼弟拖雷的关系则甚为融洽,因为拖雷从来不说奚落术赤的话,并且认为术赤是成吉思汗真正的儿子。在成吉思汗诸子中,察合台和窝阔台之间有着亲密的情谊,察合台后来尽了最大努力来为窝阔台登临大汗之位奔走,竭力按照父亲之命使他即位。尽管察合台是兄长,他对窝阔台汗仍然十分尊敬,并竭力遵守臣礼所应遵守的一切细节。至于窝阔台,则以庄严、聪明、能干、善断、谨慎、坚定、老成持重、宽宏大量和公正著称。拖雷为成吉思汗四柱中的幼子,他的称号为也可那颜(Yeke Noyan)和兀鲁黑那颜(Ulugh Noyan),即大异密(amir,那颜)、大官人,而成吉思汗却称之为那可儿。(《史集》第二卷,第5、113至114、174至175、190页,商务印书馆,1985年)

成吉思汗有四个弟弟,即拙赤·合撒儿、哈赤温、铁木哥·斡惕赤斤(斡赤斤)和别勒古台(或译别里古台),其中别勒古台为同父异母的庶弟。拙赤·合撒儿之拙赤是名字,合撒儿是猛兽的意思。由于拙赤·合撒儿是个十分勇猛的人,故有了这个称呼。

据说拙赤·合撒儿的肩与胸很宽,而腰很细,所以当他侧卧时,能让一条狗从他肋下穿过。他力气很大,能用双手抓起一个人,像折木箭般地折成两半,将他的脊椎骨折断。拙赤·合撒儿一直与成吉思汗齐心协力,但中间也有过几次过错。由于他立下了卓越的战功,成吉思汗原谅了他。成吉思汗按照作为兄弟和宗王在习惯上应得的权利,将崇高的官位和封号授予他和他的儿子们。成吉思汗的二弟哈赤温较早死去,他的儿子额勒只带(按赤台)为其继承人。铁木哥·斡惕赤斤为成吉思汗的同母幼弟,铁木哥是名字,斡惕赤斤意为灶火和禹儿惕(yurt,营盘)之主,其幼子也称斡惕赤斤。不过,铁木哥·斡惕赤斤却以斡惕赤斤那颜为人们所熟知。在蒙古人中间,斡惕赤斤那颜爱好兴建宫院,到处建宫殿、城郊宫院和花园。在诸弟中,成吉思汗最爱斡惕赤斤,让他坐在诸兄之上。庶弟别勒古台则一直跟随在成吉思汗左右。(《史集》第一卷第二分册,第64至75页)

成吉思汗经常劝告诸子以及族人要和睦相处,为此他还向儿子们讲了很多形象的比喻。有一天,他把儿子们召来,从箭袋里抽出一支箭,折为两段。接着,他抽出两支箭,也折为两段。他越加越多,最后箭多到大力士都折不断了。然后他对儿子们说:"你们也这样。一支脆弱的箭,当它成倍地增加,得到别的箭的支援,哪怕大力士也折不断它,对它束手无策。因此,只要你们弟兄相互帮助,彼此坚决支援,你们的敌人再强大,也战不胜你们。但是,如果你们当中没有一个领袖,让其余的弟兄、儿子、朋友和同伴服其决策,听其指挥,那么,你们的情况又会像多头蛇那样了。一个夜晚,天气酷寒,几个头为了御寒,都想爬进洞去。但一个头进去,别的头就反对它;这样,它们全冻死了。另外一条只有一个头和一条长尾巴的蛇,它爬进洞里,给尾巴和肢体找好安顿之地,从而抗住严寒而获全。"成吉思汗还定下了这样一个原则:"虽然形式上权力和帝国归于一人,即归于被推举为汗的人,然而实际上所有儿子、孙子、叔伯,都分享权力和财富。"忽里台贵族会议是决定汗位继承以及其他重大事件的最高决策机构,在这一会议上,所有成吉思汗黄金家族的成员均有发言权。根据这一黄金家族共权的原则,成吉思汗还对诸子、诸弟进行了大规模的分封。(《世界征服者史》上册,第41至42页)

成吉思汗在将所有蒙古部民编组为九十五个千户的基础上,陆续将相当一部分民户分封给了诸子、诸弟以及母亲月伦太后。而具体分封民户的数量,原始文献中留下了不同的记载,这说明成吉思汗对族人的分封并不是一次完成的,中间亦有过调整。在分封民户的同时,成吉思汗还封给诸子、诸弟领地。成吉思汗曾对儿子们讲:"你们何必一起效力? 世界广大,江河很多。可以分封给你们地域辽阔之国,让你们各自去镇守。"(《蒙古秘史》第255节)

成吉思汗长子术赤、次子察合台、三子窝阔台的始封地均在阿尔泰山以西,故又被称为西道诸王,幼子拖雷的封地基本上在本土。据《世界征服者史》,"从海押立(位于今哈萨克斯坦科帕耳城西,塔迪库尔干东北)和花剌子模地区,伸延到撒哈辛(今俄罗斯境内伏尔加河流域的一个城镇或地区)及不里阿耳(指伏尔加河流域不里阿耳人之地)的边境,向那个方向尽鞑靼马蹄所及之地",上述地区成吉思汗都赐予了长子术赤。"察合台受封的领域,从畏兀儿地起,至撒麻耳干(今乌兹别克斯坦撒马尔罕)和不花剌(今乌兹别克斯坦布哈拉)止,他的居住地在阿力麻(位

于新疆霍城东北十一公里处)境内的忽牙思。"成吉思汗时期窝
阔台的都城在叶密立(位于新疆额敏东南)和霍博(位于新疆和布
克赛尔境内),窝阔台继承成吉思汗的大汗之位后,把都城迁回到
"契丹和畏兀儿地之间",并把自己的其他封地赐给了儿子贵由。
拖雷的领地与窝阔台的领地邻近,"这个地方确实是他们帝国的
中心,犹如圆中心一样"。(《世界征服者史》上册,第42页)

　　成吉思汗二弟合撒儿、三弟哈赤温之子按赤台(分封时哈
赤温已死)、幼弟斡惕赤斤的始封地在大兴安岭西麓,故又被称
为东道诸王。合撒儿草原封地的方位,《史集》中有明确的记载:
"移相哥(合撒儿之子,或译也松格)和拙赤·合撒儿氏族的禹儿
惕和游牧营地,在蒙古斯坦的东北部额儿古涅河、阔连海子和海
剌儿河一带,离斡惕赤(即斡惕赤斤)那颜的儿子只不[干]和他的
孙子塔察儿的禹儿惕所在地不远。"额儿古涅河即今天的额尔古
纳河,阔连海子即今天的呼伦湖。这样,合撒儿的草原领地大体是
以呼伦湖为中心,包括了额尔古纳河和海拉尔,即海剌儿河流域
的部分地区。哈赤温家族的封地在东方,位于起自黄河,东到大海
的长城边境,靠近女真人地区。斡惕赤斤的始封地位于以哈拉哈
流域为中心的呼伦贝尔草原,1214年扩展到额尔古纳河、根河
及得尔布尔河流域的许多地区。(《史集》第一卷第二分册,第65至74
页;《元史》卷一百一十八《特薛禅传》;白拉都格其《成吉思汗时期斡赤斤受
封领地的时间和范围》,《内蒙古大学学报》1984年第3期)

　　拥有领地、封民的成吉思汗诸子、诸弟各自建立兀鲁思
(ulus,人众、国家),享有相当大的独立权,是大蒙古国内的宗藩
之国。他们还可向外扩张自己的领地。诸兀鲁思的首领奉大汗为
宗主,其后王继立需要得到大汗的认可,同时他们也拥有共同推

举大汗、参与蒙古国重大事务的决议及享受共有财产的权利。成吉思汗的庶弟别勒古台似乎没有受封建立自己的兀鲁思,所领千户属于成吉思汗直属的左翼诸千户之列。别勒古台的封地在鄂嫩河、克鲁伦河中游一带。(《元史》卷一百一十七《别里古台传》)

三 成吉思汗的大斡耳朵

源于逐水草而居的游牧传统,蒙古政权最初没有建立固定的都城。此种背景下,成吉思汗的大斡耳朵(ordo,宫帐)成了大蒙古国的统治中心, 也就是早期的蒙古宫廷。成吉思汗一共有四个大斡耳朵,依次为皇后孛儿台旭真、忽兰、也速、也速干所居之处。早期的研究者多认为成吉思汗的四大斡耳朵分处四个固定的地方, 但这与草原游牧传统以及相关文献记载相矛盾。日本学者宇野伸浩认为成吉思汗的斡耳朵是由四个主要可敦(即皇后)的斡耳朵构成的大游牧集团,是调动转移、因季节而异地的驻营点。过去认为成吉思汗的斡耳朵分别在相异的四个地方,其实它们只不过是斡耳朵转移的驻营地之一。

《史集》记载,成吉思汗死后,成吉思汗的四大斡耳朵都举哀一天, 这隐约反映出成吉思汗的四大斡耳朵是聚在一起的。当时蒙古人的风俗似乎也能说明这一点:"当一个鞑靼人有许多妻子时,每一个妻子有她自己的帐幕和家属,丈夫这一天在这个妻子那里吃、喝、睡,第二天就到另一个妻子那里去。不过,在这些妻子当中, 有一个是正妻, 丈夫在她那里住的时间更多一些。"另外,成吉思汗的四大斡耳朵,在成吉思汗死后,被长期保留下来,由成吉思汗的妻子来管理。"因为这是鞑靼人中间的一种风俗:当王公们或贵族们死去以后,他们的斡耳朵不予拆毁,而总是指定他的妻子来管理它们,并且也给予她们一份礼品,其份额同她们的夫君生前习惯于分给她们的份额一样。"(《元史》卷一百六《后妃表》;宇野伸浩《蒙古帝国的斡耳朵》,《蒙古学资料与情报》1989 年第 2 期;《史集》第一卷第二分册,第 323 页;《出使蒙古记》,第 18、59 页,中国社会科学出版社,1983 年)

　　在蒙古第四任大汗蒙哥汗时代出使蒙古汗廷的法国传教士鲁不鲁乞,将他在蒙哥宫廷的所见所闻记录下来,其中对蒙哥汗四大斡耳朵的记述间接反映了包括成吉思汗在内的蒙古大汗草原斡耳朵的情况:"在七旬节的星期日这一天,我们排着队到蒙哥的帐幕去。那位修士和我们二人首先受到搜身,看看我们是否藏有任何小刀。搜身以后,我们就同教士们一起走进帐幕去……然后我们到蒙哥汗的位次第二的妻子的宫廷去,她名叫合答(Cota),是一位异教徒。我们发现她患病正躺在床上……我们为她祈祷以后,就到第三座帐幕去,这是蒙哥汗的信奉基督教的妻子生前居住的地方。她去世后,继立的是一个年轻的女孩。我们来到时,她同蒙哥汗的女儿一起,高兴地接待了我们……从这里我们到第四座帐幕去。无论是从位次或是受尊敬的程度来说,这座帐幕都是居于末位的。因为蒙哥汗不到这位妻子这里来,她的帐幕是旧的,她本人一点吸引力也没有了。""在我们到达蒙哥的斡耳朵以后,他仅仅把营地向南方迁移过两次。在那以后,他开始迁回北方,这就是说,向哈剌和林的方向走。"(《出使蒙古记》,第 182 至 185、188 页)

　　由于《出使蒙古记》中只提到了蒙哥的第二、第三、第四斡耳朵,日本学者宇野伸浩经过分析认为,鲁不鲁乞最初访问的所谓蒙哥帐幕就应该是蒙哥汗的第一斡耳朵。在蒙哥汗死后,四大斡耳朵轮流为他举哀也颇能说明四大斡耳朵是聚在一起的。"第一天在忽秃黑台哈敦的斡耳朵中,第二天在忽台哈敦的斡耳朵中,第三天在这次[随同他]出征的出卑哈敦的斡耳朵中,第四天则在乞撒哈敦的斡耳朵中。每天将灵枢放到另一斡耳朵中的座上,[众人]对他放声痛哭哀悼。"另外,后来术赤兀鲁思的首领拔都(或译八都罕)斡耳朵的情况也是个很好的例子。"拔都有二十六个妻子,每一个妻子有一座大帐幕,另外还有其他的小帐幕,安置在大帐幕后面,供仆役们居住;每一座大帐幕,拥有足足二百辆车子。当他们安置帐幕时,正妻把她的帐幕安置在最西边,在她之后,其他的妻子按照她们的地位依次安置帐幕,因此地位最低的妻子把帐幕安置在最东边;一个妻子与另一个妻子的帐幕之间的距离,为一掷石之远。"(《史集》第二卷,第 271 页;《出使蒙古记》,第 113 页)

成吉思汗东征西讨,在其斡耳朵内聚集了一批来自不同民族,不同信仰的有识之士,其中有两个颇为人熟知的人物,一位是丘处机,另一位是耶律楚材。

丘处机,字通密,山东栖霞人,早年师从全真道教的创始人王重阳,在王重阳之后,成为全真道教的领袖,声望极高。金及南宋朝廷均遣使召见,他都拒不赴命。1219 年,正在西征的成吉思汗突然派遣使臣紧急召见丘处机问道,丘处机怀着劝诫成吉思汗勿杀掠、敬天爱民的目的,不远万里前去觐见成吉思汗。1222 年,丘处机率领门人弟子抵达成吉思汗在中亚的大帐,并与成吉思汗坐而论道。不过,已到暮年的成吉思汗更关注丘处机有没有长生之术,丘处机的回答则是有养生之术可以延年益寿,但绝无长生之术,同时极力劝成吉思汗不要大肆杀掠。"及问为治之方，则对以敬天爱民为本。问长生久视之道，则告以清心寡欲为要。"当然，一心要征服世界的成吉思汗未必完全赞同丘处机的主张，但仍对丘处机礼遇有加，赐其象征着大汗权威的虎符和玺书，称其为神仙。当时蒙古兵侵扰中原，大肆杀戮，百姓流离失所，丘处机回到燕京（今北京）后，"使其徒持牒招求于战伐之余，由是为人奴者得复为良，与滨死而得更生者，毋虑二三万人"。而从此全真道教地位愈隆，"玄风大振，道日重明，营建者棋布星罗，参谒者云骈雾集，教门弘阐，古所未闻"。（《长春真人西游记》；《元史》卷二百二《丘处机传》；《知常先生云山集》卷四《长春真人成道碑》）

　　耶律楚材，契丹人，在金廷为官，成吉思汗大军攻取金朝燕京时成为俘虏。成吉思汗闻其名，特意召见之，并把他留在自己的大帐之中，戏称他为美髯之人。耶律楚材精于天文、地理、律历、术数及释老、医卜之说，逐渐得到了成吉思汗的欣赏和重用。成吉思汗每次征讨，必令耶律楚材占卜吉凶，同时自己也用烧羊胛骨的蒙古传统占卜之法来验证。成吉思汗曾指着耶律楚材对自己的继承人窝阔台讲："此人天赐我家。尔后军国庶政，当悉委之。"（《元史》卷一百四十六《耶律楚材传》）

　　四　阔阔出·帖卜·腾格理

　　阔阔出·帖卜·腾格理是蒙古千户晃豁坛人蒙力克的第四子，同时又是蒙古萨满教的巫师。帖卜·腾格理是对阔阔出的另一种称呼，意为"天神的使者"。蒙力克是成吉思汗的父亲也速该的随从，也速该在临死时曾委托蒙力克照顾成吉思汗一家，蒙力克也总是与成吉思汗一条心，并多次救助过成吉思汗。"成吉思汗让自己的母亲月伦-额客嫁给了他;他与成吉思汗并排坐,坐在他的右边,高出于一切异密之上。"蒙力克还被成吉思汗尊称为蒙力克·额赤格,即蒙力克父亲。据《史集》记载,帖卜·腾格理惯于揭示玄机,预言未来的事情,成吉思汗的称号就是由他授予铁木真的。此一时期,蒙古人主要信奉萨满教,萨满教巫师在蒙古社会中有着很高的地位,他们"兼幻人、解梦人、卜人、星者、医师于一身,此辈自以各有其亲狎之神灵,告彼以过去、现在、未来之秘密。击鼓诵咒,逐渐激昂,以至迷罔,及神灵之附身也,则舞跃瞑眩,妄言吉凶。人生大事皆询此辈巫师,信之甚切。设其预言不实,则谓有使其术无效之原因,人亦信之"。(《史集》第一卷第一分册,第 273 页;《多桑蒙古史》,第 31 至 32 页)

帖卜·腾格理既是巫师,又有着高贵的出身,地位非常显赫。但帖卜·腾格理"善于搞某种骗术和伪装行为;他肆无忌惮地与成吉思汗讲话,但因为[他的]某些[话],起一种安定人心的作用,成为对成吉思汗的一种支持,所以成吉思汗对他很满意。后来,当[帖卜·腾格里]说话说得过分起来,干涉一切,并且举止傲慢不逊时,成吉思汗就以[他的]真知灼见,认清了他是一个骗子和虚伪的人。于是有一天,他同他的兄弟拙赤·合撒儿做出决定,并且吩咐他,当帖卜·腾格里来到大帐[斡耳朵]内,干涉起一切与他无关的事时,就将他结果掉。拙赤·合撒儿力气很大,很勇敢,他能用双手抓起一个人折断他的背脊,就跟折断细棍一样。于是,当帖卜·腾格里来到,并干预起一切来时,他就用脚给了他两三下,从大帐[斡耳朵]里把他扔出去杀掉了。他的父亲正坐在自己的位子上;他拾起了他的帽子,并没有想到他会被杀。当[帖卜·腾格里]被杀时,他默然无言。他始终受到敬重,有左翼[军]的一个千户[受他统辖]"。有关阔阔出·帖卜·腾格理被处死的原因,上述《史集》的记载较为含糊。(《史集》第一卷第一分册,第274页)

《蒙古秘史》则详细记载了帖卜·腾格理被杀的经过。蒙力克父亲的七个儿子合伙殴打了成吉思汗的弟弟合撒儿。当合撒儿来到成吉思汗面前告状时,正在为别的事情发怒的成吉思汗责备了合撒儿。合撒儿颇为不满,连续三天没有来朝见成吉思汗。这时帖卜·腾格理认为有机可乘,便向成吉思汗进言,离间成吉思汗与合撒儿的关系,他说:"长生天有旨,宣示[谁应当]为汗的神谕:一次命铁木真执掌国政,一次命合撒儿执掌国政,如果不及早对合撒儿下手,今后会怎么样就不知道了。"于是成吉思汗连夜逮捕了合撒儿。月伦母亲闻讯后,立即赶往成吉思汗的大帐并怒斥成吉思汗这种骨肉相残的行为,成吉思汗表面上表示悔过,但暗地里却夺取了分给合撒儿的大部分百姓,只给合撒儿剩下了一千四百户。月伦母亲知道这件事后,心里忧闷,不久就去世了。

帖卜·腾格理不断发展自己的势力,讲着不同语言的百姓都聚集到其帐下,甚至隶属成吉思汗幼弟铁木哥·斡惕赤斤的一部分百姓也归顺了帖卜·腾格理。势力的膨胀使得帖卜·腾格理越来越傲慢不逊,不可一世。他不但殴打、驱赶斡惕赤斤派来讨要牧民的使者,还羞辱了为此事亲自前来的斡惕赤斤。他让斡惕赤斤跪在自己的后面悔过。于是第二天一早,斡惕赤斤就前往成吉思汗的大帐哭诉,皇后孛儿台夫人也进言成吉思汗,怒斥帖卜·腾格理无理。

于是成吉思汗认清了帖卜·腾格理的真实面目,并决定将其铲除。成吉思汗设酒宴邀请蒙力克父亲和他的七个儿子,斡惕赤斤则找来三个力士蓄势以待。帖卜·腾格理刚来到席间坐下,斡惕赤斤便揪住他的衣领与之搏斗。成吉思汗则吩咐道:"出去比赛勇力吧。"结果一出成吉思汗的大帐,斡惕赤斤预先安排好的三个力士便捉住帖卜·腾格理,折断了他的腰,抛弃在东边车群的一端。斡惕赤斤走进大帐说:"帖卜·腾格理〔昨天〕逼我悔过,今天我说与他比赛,他却不肯赛,如今耍赖躺在地上不肯起来,真没用。"这时蒙力克和六个儿子觉察到帖卜·腾格理已死,六个儿子顿时把守住大帐的门口,准备动手。成吉思汗惊呼:"躲开!让我出去!"他刚走出帐外,箭筒士、侍卫们就围绕在他周围,列阵保护他。

为安全起见,成吉思汗下令驾车起营,把大帐迁移到别处。随后成吉思汗责备蒙力克父亲:"你不劝诫你的儿子的毛病,他想与我同样地掌握大权,所以他帖卜·腾格理就丢掉了性命。"但蒙力克父亲有恩于成吉思汗一家,于是成吉思汗赦免了蒙力克父亲,又说道:"如果早就能在行为上保持谨慎,谁能比得上蒙力克父亲的家族呢?"帖卜·腾格理死后,就连蒙力克父亲家族所属的晃豁坛氏部族的气焰也一落千丈了。(《蒙古秘史》第244至246节)

五 成吉思汗之死

据《蒙古秘史》,1226年冬,出征西夏国的成吉思汗因所骑战马受惊坠下马来,受了伤。随军出征的成吉思汗诸子以及诸那颜劝成吉思汗回去养伤,等伤势痊愈后再来攻打西夏,成吉思汗却执意要继续征服西夏。1227年六月西夏归降蒙古,七月成吉思汗病死于萨里川哈老徒之行宫,在位二十二年,享年六十六岁。《史集》中没有言及成吉思汗受伤之事,却说"他来到翁浑–答兰–忽都黑地方,在那里突然想到了自身,深思良久;因为他曾得一梦,启示了他的死期将莅临",于是成吉思汗召集诸子安排后世。另一部重要文献《世界征服者史》则记载,成吉思汗征服西夏时,得了由不良气候引起的不治之症。(《蒙古秘史》第265节;《元史》卷一《太祖本纪》;《史集》第一卷第二分册,第318至319页;《世界征服者史》上册,第200页)

　　成吉思汗死后,成吉思汗的大臣们就遵照成吉思汗的遗嘱,秘不发丧,等到西夏国王和居民在指定的时间出城时,将他们全部杀死。随后成吉思汗的大臣们护送成吉思汗的灵柩返回本土。他们在抵达成吉思汗的斡耳朵之前,将一路上遇到的人畜全部杀死,而附近的宗王、后妃、大臣们全都聚来为他举哀。成吉思汗死后,四大斡耳朵都举哀一天。当成吉思汗的死讯传到蒙古帝国各处时,后妃、诸王纷纷从四面八方赶来哀悼。由于某些部落地处遥远,三个月后还不断有人前来。

　　成吉思汗葬在一座名叫不儿罕·合勒敦的大山的森林里。泰赤乌部族就住在这里。成吉思汗生前选择此地作为自己的埋葬地。有这样一个故事,说有一次成吉思汗出去打猎,有个地方长着一棵孤树。他在树下下了马,在那里心情喜悦,于是便说:"这个地方做我的墓地倒挺合适!在这里做上个记号吧!"成吉思汗的驻夏和驻冬牧地就在那一带。而成吉思汗的出生地,斡难河下游的不鲁克–孛勒答黑地方,距不儿罕·合勒敦有六天的路程。该地住着兀孩·合剌术氏族的一千名斡亦剌惕人,守护着那片土地。据说,成吉思汗下葬的那年,野地上长起了无数的树木和青草,后来森林茂密,已无法通过,最初那棵树和成吉思汗的埋葬地已经辨认不出了,甚至守护那个地方的老守林人,也找不到通到那里去的路了。在成吉思汗诸子当中,幼子拖雷以及拖雷的儿子蒙哥、忽必烈、阿里不哥等也葬在这一地区,成吉思汗的其他后裔,如术赤、察合台、窝阔台和他们的儿子们,则葬在其他地方。(《史集》第一卷第二分册,第321至323页)

看来蒙古宫廷似乎是刻意将成吉思汗的安葬地严密保护起来。因为按照当时蒙古的丧葬风俗,蒙古人的埋葬地是保密的。根据当时出使蒙古的欧洲使节,葡萄牙人加宾尼的叙述,蒙古人死后,"如果他是一个不很重要的人物,他就被秘密地埋葬在他们认为是合适的空地上……至于埋葬他们的首领,则他们有一种不同的方法。他们秘密地到空旷地方去,在那里他们把草、根和地上的一切东西移开,挖一个大坑,在这个坑的边缘,他们挖一个地下墓穴",等他们把死人埋入墓穴后,"他们把墓穴前面的大坑填平,把草仍然覆盖在上面,恢复原来的样子,因此,以后没有人能够发现这个地点"。同一时期出使蒙古汗廷的法国传教士鲁不鲁乞也有类似的记述:"如果死者是一个贵族,即成吉思的家族——成吉思是他们的第一代祖先和君主——他们总是在他坟墓附近留一座帐幕。死者埋葬的地方是不让人知道的。在他们埋葬贵族的地方,附近总是有一座帐幕,看守坟墓的人就住在里面。"(《出使蒙古记》,第13至14、123页)

蒙古人这种丧葬风俗应该与逐水草而居的传统密切相关,因为他们无法像固定居民那样看护死者的墓地。元末明初人叶子奇在其著作《草木子》中对蒙古贵族安葬情况的记载,与上述十分相似:棺椁用木两片,"凿空其中,类人形小大,合为棺,置遗体其中。加髹漆毕,则以黄金为圈,三圈定。送至其直北园寝之地深埋之,则用万马蹴平。俟草青方解严,则已漫同平坡,无复考志遗迹,岂复有发掘暴露之患哉!"看来成吉思汗的埋葬地被蒙古宫廷严密保护起来确是不争的事实。据上引《出使蒙古记》,在蒙古"有两个墓地。一个是埋葬皇帝们、首领们和一切贵族的地方,不管这些人死在什么地方,如果能合适地办到的话,都把他们运到那里去埋葬。埋葬他们时,同时也埋进大量的金子和银子。另一个墓地是埋葬在匈牙利战死的人,因为很多人在那里丧了命。除了被委派在那里看守墓地的看守人以外,没有一个人敢于走近这些墓地。如果任何人走近这些墓地,他就被捉住、剥光衣服、鞭打并受到严厉的虐待"。(《草木子》卷三下《杂制篇》;《出使蒙古记》,第14页)

　　各种文献对成吉思汗的葬地不是语焉不详,就是含糊不清,后世的专家学者们为探寻成吉思汗葬地的准确位置不断进行研究和实地考察,提出了很多不同的看法,但时至今日,有关成吉思汗的葬地却还是个无法解开的谜。近代学者屠寄认为成吉思汗的葬地应该在克鲁伦河之西、土拉河之东、肯特山之南,这一论断得到了不少学者的认同,但其准确方位还须进一步研究考察。今天坐落在内蒙古鄂尔多斯高原伊金霍洛旗的成吉思汗陵只是人们祭祀成吉思汗的地方,并非成吉思汗真正葬地所在。(《蒙兀儿史记》卷三《成吉思可汗本纪第二下》)

第二节　窝阔台汗时期的蒙古宫廷

一　窝阔台继承汗位

成吉思汗在1219年春亲征中亚的花剌子模之前,曾与诸弟、诸子以及大臣们讨论过汗位的继承问题。成吉思汗要在大皇后孛儿台旭真所生术赤、察合台、窝阔台、拖雷四人中挑选继承人。在讨论这个问题时,术赤和察合台首先争吵起来,察合台骂术赤是蔑儿乞部的野种,并非成吉思汗所生。察合台对术赤的辱骂遭到了成吉思汗及身边大臣的批评,察合台无话可说,但又不愿意与自己不和的术赤继承汗位,于是便提名窝阔台继承汗位,术赤、拖雷均表示同意。这样,成吉思汗便指定敦厚的窝阔台为汗位的继承人,并要求术赤、察合台以及拖雷都要履行诺言。(《蒙古秘史》第 254 节)

去世前不久,身体已颇不适的成吉思汗曾再次召集诸子,立下了遗嘱,确定窝阔台为自己的继承人。成吉思汗还让诸子立下了承认窝阔台为汗的文书。另外,成吉思汗还曾考虑过让幼子拖雷继承汗位。据《史集》记载,成吉思汗曾在各种事情上考验过儿子们,知道他们各有所长,当他对汗位和大汗尊号的传授犹豫不决,他时而想到窝阔台,时而想到幼子拖雷。因为在蒙古人中间自古就有幼子掌管父亲的根本禹儿惕和家室的习俗。后来成吉思汗决定:"[掌管]国家和大位是艰难的事,就让窝阔台掌管吧,而包括我所聚集起来的禹儿惕、家世、财产、库藏以及军队在内的一切,则让拖雷掌管。"其实,蒙古中央兀鲁思只是由拖雷来代管,其直属大汗的性质并没有改变,也未在拖雷后裔中重新分配。尽管如此,在成吉思汗死后,拖雷监国的约两年时间,已为拖雷发展势力提供了很好的机会。(《世界征服者史》上册,第 200 至 202 页;《史集》第一卷第二分册,第 318 至 319 页;《史集》第二卷,第 5 页;李治安《元代分封制度研究》,第 17 至 21 页,天津古籍出版社,1992 年)

元太宗皇帝

諱諤格德依太祖第三子在位十三年起宋理宗
紹定二年己丑終宋理宗淳祐元年辛丑金正大
六年

　　成吉思汗已死，大汗之位不能长期空缺。成吉思汗生前虽指定窝阔台继承汗位，但根据蒙古旧制，这一提名须经过忽里台贵族会议通过才能生效。1229 年忽里台贵族会议在成吉思汗的主营怯绿连地区举行。《史集》详细记载了这次选汗的情况。初春，全体宗王和大臣们从四面八方赶到怯绿连河地区，而监管成吉思汗的家室和主营的拖雷早已在那里了。所有人进行了三昼夜的游戏、聚会和娱乐，然后对国事和汗位的继承问题进行商议。按照成吉思汗的遗嘱，大家决定将大汗之位传给窝阔台。根据程序，宗王们首先一致劝说窝阔台即位，窝阔台则表示退让，认为拖雷更应该继承大汗之位。窝阔台说："……有长兄和叔父们，特别是大弟拖雷汗，比我更配授予大权和担当这件事，因为按照蒙古人的规矩和习俗，幼子乃是家中之长，幼子代替父亲并掌管他的营地（禹儿惕）和家室，而兀鲁黑那颜（拖雷）乃是大斡耳朵中的幼子。他在规定和非规定的时刻日夜都在父亲左右，闻知规矩和札撒。我怎能在他活着时，并当着他们的面登上合罕（皇帝）之位呢？"窝阔台的话从一个侧面说明，在他看来，实力强大的拖雷最有可能挑战自己的权威。

　　但由于有成吉思汗的遗命，宗王们再次进行劝导。经过多次恳请和劝导之后，窝阔台认为必须遵从父亲的命令，接受兄弟、叔父们的意见，便同意了。于是大家从头上摘下帽子，把腰带搭到肩上。在窝阔台即位之时，察合台拉着窝阔台的右手，拖雷拉着窝阔台左手，窝阔台的叔父斡惕赤斤则抱住他的腰，把他扶上了大位。拖雷举起杯子，御帐内及御帐四周的人们全体跪拜九次，为国家祝贺新汗的即位。之后，窝阔台汗便对人们大量赏赐，宴饮和赠赐结束之后，窝阔台汗下令为成吉思汗的英灵散发三天食物。同时人们从成吉思汗左右的大臣们的氏族和家族中挑选出四十个美女，穿着用黄金和宝石装饰起来的贵重衣服，连同一些骏马，都作为牺牲来祭祀成吉思汗的灵魂。在窝阔台即位之时，大臣耶律楚材还帮助他制定了朝拜的仪制，得到了察合台大王的认可和称赞。在窝阔台即位之时，群臣对窝阔台汗九次跪拜之礼该是出自耶律楚材制定的朝拜仪制，而自此始，蒙古国内尊卑间始有拜仪。(《史集》第二卷，第 29 至 30 页;《元史》卷一百四十六《耶律楚材传》)

窝阔台即位后，对势力强大的拖雷心存戒心。一般认为后来拖雷之死应该与窝阔台汗有一定关联。据记载，有一次窝阔台汗突然得了一种病，按照蒙古旧俗，萨满们集合起来施行了巫术，他们用念过咒的水洗他的病。这时，拖雷来到窝阔台汗的大帐，极其诚恳地说:"长生天! 如果你对罪恶发怒，那么，我的罪恶比他更多:我在战争中杀的人更多，我掳走他们的妻子儿女，迫使他们的父母洒泪，如果你是为了面貌美丽、体态优雅，为了经验和技能，想把自己的奴隶带到自己的驻所去，那么，我也更相称，更为合适:把我代替窝阔台合罕取走吧，让他病愈，把他的病加于我吧。"拖雷说完这些话，把萨满念着咒语洗过窝阔台汗病的那杯水喝掉了。之后，窝阔台汗病愈了，拖雷不久便得病死去了。上述记载无非说明拖雷是多么虔诚地辅佐窝阔台汗，但考虑到大汗之位后来从窝阔台系转移到拖雷系，《史集》记载不无粉饰拖雷与窝阔台争斗的可能。因为在拖雷死后，窝阔台汗未与宗亲商议，擅自把属于拖雷及其儿子们的一部分军队给了自己的儿子阔端。窝阔台汗此举显然是为了削弱拖雷家族的势力。(《史集》第二卷，第 201 至 204 页)

　　据《元史·耶律楚材传》，在推举窝阔台为大汗的忽里台贵族会议上，拖雷的态度一开始颇为暧昧。当时拖雷负责监国，同时又是忽里台大会的召集者，他的态度至关重要。可是拖雷并不急于马上推举窝阔台即位。窝阔台的近臣耶律楚材曾劝拖雷早定拥立大计，勿要犹豫不决，随后拖雷才决定推举窝阔台即位。这隐约反映出手握重权的拖雷似乎在推举窝阔台为汗的问题上有点不太情愿。据载，选汗忽里台大会一连开了四十天，直到第四十一天的清晨，"众王公、各层自由民及奴隶的症结解开了"，大家才一致同意推举窝阔台即位。这也反映出成吉思汗虽已指定窝阔台为大汗的继承人，但他死后，蒙古黄金家族内部在此问题上仍然明争暗斗。窝阔台即位后，为缓和黄金家族内部的矛盾，对参加忽里台大会的王公贵族进行了大量的赏赐，以笼络人心。窝阔台汗"下诏把多年来为成吉思汗从东西各国征集来的国库贮藏打开，其总数连账簿的肚子都容纳不下。他封闭那些爱挑剔者之嘴，拒绝他们的劝谏，把他的份子赏给他的所有家属和士卒、他的军队和族人，贵人和黎庶、侯王和家臣、主子和奴婢，按权利各分一份；国库中为明天留下的财物，不多不少，不大也不小"。(《世界征服者史》上册，第 204 至 206 页)

　　二　窝阔台汗之施政及哈剌和林城、四季行宫的修建
　　窝阔台汗在位时期继续发动更大规模征伐，消灭了花剌子模、金国，征讨高丽、南宋，派术赤之子拔都率领各宗室长子对钦察、斡罗思等地进行讨伐，蒙古大军攻至今天的波兰、匈牙利、奥地利等地，引起了欧洲的一片恐慌。在对漠北本土的治理上，窝阔台汗重申了成吉思汗颁布的法令，制定了牲畜税法，建立了仓

储、驿站制度,修筑城池等。窝阔台汗起用旧臣契丹人耶律楚材为中书令,并在其建言下在汉地设立十路征收课税所、定户籍、拘括民户,推行军政权分离,在分封诸王的同时限制其特权。耶律楚材试图将汉法引入蒙古对汉地的治理中,并多次建言窝阔台汗体恤民众,勿要大肆杀掠。当然,耶律楚材建言推行的这些政策由于受到各方面的阻挠很多都没有能够彻底推行,但仍大大推动了蒙古对汉地统治秩序的建立,也为蒙古吸收汉法开了先河,留下了宝贵的经验和教训,同时这也反应出蒙古统治者,包括窝阔台汗在内,当时对于汉法还不能完全理解和接受。

窝阔台汗为提高大汗权威,还完善了朝会和宿卫制度。1234 年夏五月,窝阔台汗在鄂尔浑河上游之西的达兰达葩夏营地召集诸王、百官,颁布了一系列新条令,对朝会和礼仪做了进一步的规定。例如,规定凡是不听大汗召集而私自设宴者斩;出入宫禁,从者限十人;军中十人置甲长,听其指挥,其甲长有事赴命,即置权摄一人、甲外一人,二人不得擅自往来,违者治罪;胡乱干涉国家事务者,拳其耳,再犯笞,三犯杖,四犯论死;诸千户越过万户前行者,用木箭射之,百户、甲长、诸军违反此规定者同罪。(《元史》卷二《太宗本纪》)

窝阔台汗即位后热衷于修建宫殿、城池。他利用从汉地掳掠而来的各类工匠,在自己主要的营地鄂尔浑河畔修建一座有着高台基和柱子的宫殿,即万安宫。宫殿的每一面的长度为射出一支箭的距离,中间耸立着巍峨的殿堂。殿堂有着精美的装饰,描以彩绘和图画,称为合儿失(即宫殿)。窝阔台汗又下令让他的兄弟、儿子以及在他身边的其他宗王们各自在宫殿的周围建立华丽的住宅,这样就形成了一个庞大的建筑群。

　　下面是蒙古的第四任大汗蒙哥汗时期法国传教士鲁不鲁乞对这座宫殿的描述。鲁不鲁乞首先了解到来自法国巴黎的威廉师傅为蒙哥汗制造了一棵供宴饮用的大银树，在树的根部有四个银狮子，每一只狮子嘴里有一根管子，喷出白色的马奶。"这座宫殿像一座教堂，中间有一个正厅；两边，在两排柱子外面，各有一条走廊。在南面有三座门。在中间的门里面，树立着那棵银树。大汗本人坐在北面一个高起的地方，因此他可以被每一个人看到。有两条阶梯通向他的坐处，把他的酒杯奉献给他的人从一条阶梯走上去，从另一条阶梯走下来。在银树与阶梯之间的地方是空着的，司膳官站在那里，带来礼品的使者们也站在那里。大汗坐在那里，像一个上帝。在他的右边，即西边，坐着男人们；在他的左边，即东边，坐着妇女们，因为宫殿是坐北朝南。在南面；在右柱子的旁边，有几排座位，高起像一个阳台，上面坐着他的儿子和兄弟们。在左边，也有同样的座位，他的妻子们和女儿们坐在那里。只有一位妻子坐在他旁边，不过，她坐得没有他那样高。"按照当时蒙古人的习俗，白天坐在大汗旁边的妻子就是大汗晚上要临幸的妻子。

　　据鲁不鲁乞的记载，蒙哥汗时期在宫殿的旁边还有蒙哥汗的巨大的斡耳朵，鲁不鲁乞受命"进入那座斡耳朵，这座斡耳朵是设计得很好的，在夏季，他们利用渠道，从四面八方把水引来，从事灌溉。然后我们进入那座宫殿，看见里面挤满了男人和妇女"。

　　窝阔台汗命令在上述宫殿周围修建一座大城，名为哈剌和林，又名斡耳朵八里。一般认为哈剌和林因附近有哈剌和林山而得名；哈剌和林为突厥语，意为黑砾石。哈剌和林城的遗址在今蒙古国北杭爱省鄂尔浑河上游右岸厄尔德尼召北。

窝阔台汗设立了通往哈剌和林城的驿站，每天有五百辆载着食物和饮料的大车从各地方到达哈剌和林，在哈剌和林，这些食物和饮料被储藏起来以便大汗取用。(《世界征服者史》上册，第260页)

鲁不鲁乞对哈剌和林城有如下详细的描述："至于说到哈剌和林，我可以告诉您，如果不把大汗的宫殿计算在内，它还不及法兰西的圣但尼(Saint-Denis)村大，而圣但尼的修道院的价值，要比那座宫殿大十倍。城里有两个地区：一个是萨拉森人区，市场就在这个区里。许多商人聚集在这里，由于宫廷总是在它附近，也是由于从各地来的使者很多。另一个是契丹人区，这些契丹人都是工匠。除这些地区外，还有宫廷书记们的若干座巨大宫殿，十二座属于各种不同民族的异教徒的庙宇，两座伊斯兰教寺院(在寺院里公布着摩诃末的教规)，一座基督教徒的教堂(坐落在城市的最末端)。城的周围环绕着土墙，并有四个城门。东门出售小米和其他谷物，不过那里难得有这些谷物出售；西门出售绵羊和山羊；南门出售牛和车辆；北门出售马匹。"从上述记载，我们能看出以下两个问题：其一，哈剌和林城的规模并不大；其二，由于蒙古帝国的版图横跨欧亚，哈剌和林城中居住着来自不同地区，有着不同信仰的人们。(《出使蒙古记》第114、194至197、203页)。

除哈剌和林外，窝阔台汗建造了四季行宫。窝阔台汗让伊斯兰工匠在距离哈剌和林一天行程的名为迦坚茶寒的地方建立了一座宫殿作为春季行宫，春天在那里放鹰打猎。在月儿灭怯土地方则建有夏季行宫，窝阔台汗命人在那里搭起了一座可容纳千人的大帐，这座大帐也不拆卸收起。由于大帐的挂钩是用黄金做的，帐内存有织物，所以这个大帐也被称为昔剌斡耳朵（Sira Orda），即大金帐。窝阔台汗秋季行宫和冬季行宫则分别在古薛纳兀儿和汪吉。窝阔台汗下令在冬季行宫汪吉用木桩和泥筑一长达两天行程的围墙，在其中修一些通道。在打猎时，不断告诉四周的军队，要他们全体围一个圆圈，向围墙行进，把野兽赶到那里，并预先通知一月途程的四周居民把猎物赶进所修围墙的通道。军队排成一个圆圈，肩并肩紧密站立着。大汗先带一些近臣进入围墙内打猎，厌倦之后，便到围场中央的高处。诸王和大臣们，然后是普通战士，依次入内打野兽。此后为了解散围猎圈，先让一部分人走开了。相关的官员把猎物在各级宗王、大臣和战士间公平地分配。全体进行吻尘和献礼的仪式，在十天的节日之后，每个氏族回到自己的营地和住处。至于窝阔台汗四季行宫的位置，今天已经难以详细考察了。

　　窝阔台汗在哈剌和林附近还建有一座名为秃思忽八里的宫殿。当他前往哈剌和林时，他在该处享受秃思忽（城中的贡献），并行乐一日。第二天，所有人都穿上一色的衣服，由该处前往合儿失，并让年轻的优伶们走在前头。他在合儿失娱乐一个月，敞开库藏之门，宽宏大量地赏赐贵族和平民。每天晚上都举行弓弩手和角斗士的比赛，奖赏获胜者。(《史集》第二卷，第68至72页)

三　窝阔台汗之死与乃马真皇后摄政

　　1241年阴历十一月，窝阔台汗去世，在位十三年，享年五十六岁。一般认为窝阔台汗的死与他无节制地饮酒密切相关。窝阔台汗一名医师写道，在窝阔台汗去世那一年，"他（窝阔台）的痰增加得比［任何］其他一年都多，一天又一夜，［甚至］使门外汉也学会了豪饮,[这]彻底毁灭了他的健康。愿[人们]知道此事以及酒对此的作用"。据说,窝阔台汗的兄长察合台曾指派一个近臣掌管窝阔台汗酒食,不让他喝过量的酒。可是这名近臣为了博取窝阔台汗欢心,却主动给窝阔台汗大量的酒喝,并常举行宴会。不过当时也有传闻,说窝阔台汗是被拖雷正妻唆儿忽黑塔尼别吉的妹妹亦巴合别吉及其儿子毒死的,亦巴合别吉的儿子时为窝阔台汗博尔赤,但这并没有确凿的证据。窝阔台汗乳兄弟,札剌亦儿氏的一个有势力的大臣额勒只带说道:"为什么要胡说? 亦巴合别吉的儿子是宝儿赤,他本来就已经给合罕(即窝阔台)送上杯子,合罕也经常饮酒过多。为什么[我们]要侮辱自己的合罕,[说]他死于别人的谋害呢? 他的死时来到了。不许任何人再说这种话。"有关窝阔台汗为人所害的种种传闻当然未必是事实,但确是蒙古国时期蒙古宫廷内部一直存在着激烈政治斗争的反映。据说窝阔台汗遗骸和他的坟墓禁地在一极高的山上,其上有永恒的雪。有学者推测,窝阔台汗及其子贵由汗的墓在新疆北部与额尔齐斯河分隔开的萨乌尔山南麓某处。(《史集》第二卷,第72至74页)

窝阔台汗死后,按照旧例,国政应由正宫皇后孛剌合真代理,不过诸长子的母亲乃马真氏脱列哥那皇后却夺取了蒙古汗国的控制权。乃马真皇后为窝阔台汗二皇后,她来自蔑儿乞部落,是窝阔台汗与蔑儿乞部落作战时俘获的,"这个皇后不很漂亮,但生来好用权势"。窝阔台汗死后不久,孛剌合真皇后亦死去,这样乃马真皇后更能大权独揽。她以大量的赏赐博得了宗亲的支持。她掌权后,排除异己,引发了朝政的混乱。当时中书省丞相镇海以及燕京行省丞相牙老瓦赤为躲避乃马真皇后的迫害逃至乃马真的儿子阔端处寻求庇护，阔端将他们保护起来。在突厥斯坦和河中(中亚锡尔河和阿姆河流域以及泽拉夫尚河流域,包括今乌兹别克斯坦全境和哈萨克斯坦西南部)的长官马思忽惕伯闻讯后,为了自保也投靠到术赤兀鲁思首领拔都的帐下。而呼罗珊(今伊朗东部及北部)地区的长官阔儿吉思则被处死。(《史集》第二卷,第6至7页)

　　乃马真皇后还宠幸一个名叫法迪玛的回回女子,法迪玛权势倾朝,任意发号施令,排除异己。由于法迪玛与燕京行省丞相牙老瓦赤有仇,乃马真皇后遂重用回回商人奥都剌合蛮,以之取代牙老瓦赤。奥都剌合蛮自窝阔台统治后期扑买课税（招商承包课税,承包者收税后按核计的应征数额向官府纳税）,极力搜刮百姓。乃马真皇后还把盖好印章的空白圣旨交给奥都剌合蛮,让其自行填写,同时下旨:凡是奥都剌合蛮的建言,负责书写的吏员"不为书者,断其手"。老臣中书令耶律楚材极力抵制乃马真皇后以及奥都剌合蛮的专权,招致乃马真皇后的反感,最后忧愤而死。此一时期,诸王、贵族们随意向四方派遣使臣,滥发诏旨和牌符,四下结党,各自为政。唯独拖雷的正妻唆儿忽黑塔尼别吉及其诸子丝毫不违背法令。(《元史》卷一百四十六《耶律楚材传》)

　　汗位空虚、窝阔台汗长子贵由西征未归之际,势力强大的成吉思汗幼弟斡惕赤斤企图趁机夺取汗位,率军前往大汗宫廷,在此背景下，蒙古国的所有军队和兀鲁思都骚动起来。乃马真皇后派使节前去质问斡惕赤斤,并把宫廷中斡惕赤斤的亲属和家仆都送还给了斡惕赤斤。在乃马真皇后的斡旋下，斡惕赤斤很后悔,便托辞辩解。这时又传来贵由已远征归来的消息,斡惕赤斤更加懊悔自己的所为,便返回自己的营地去了。(《史集》第二

卷,第 211 至 212 页)

第三节　贵由汗时期的蒙古宫廷

一　贵由汗即位

窝阔台汗死后,大汗的人选问题又一次成为蒙古宫廷面临的主要问题。窝阔台汗在世之时,曾选定乃马真皇后所生的第三子阔出为汗位的继承人,不过阔出却先于窝阔台汗死去。阔出之前,窝阔台汗似曾选定五子合失为继承人,合失因过度酗酒也早于窝阔台汗死去。于是窝阔台汗就把阔出的长子失烈门抚养在自己的大帐之中,并准备让失烈门继承汗位。但在临死之前,窝阔台汗派出使节去紧急召回远征钦察草原的长子贵由,贵由返回之前,窝阔台汗已经去世。另外,窝阔台汗的二子阔端此时也有意获得汗位的继承权。对贵由、阔端、失烈门三人,《世界征服者史》中有这样的描述:"在合罕(即窝阔台)的所有儿子中,贵由以他的英武、严峻、刚毅和驭下而最知名;他是长子,处理危难最富实践,而且对祸福最有经验。阔端,相反地,病体奄奄,失烈门仅为一孩童。"(《世界征服者史》上册,第 276 页;王晓欣《合失身份及相关问题再考》,《元史论丛》第十辑)。

摄政的乃马真皇后倾向于让长子贵由继承汗位。为了能让贵由顺利继承大汗之位,乃马真皇后派出使节邀请蒙古宗王、贵族来参加选举大汗的忽里台会议。1246 年春,蒙古左右翼宗王和大臣们带着部属和侍从们来到了名为阔阔纳兀儿的地方参加忽里台大会。术赤兀鲁思的首领拔都由于不满贵由即位,就借口身体不好和腿病不来参加忽里台大会。在忽里台大会上,在乃马真皇后的积极斡旋下，1246年六月贵由继承了大汗之位。贵由汗为了让大汗之位留在自己的家族，便让宗王们立下了誓书："只要你的家族中还留下哪怕是裹在油脂和草中，牛狗都不会吃的一块肉，我们都不会把汗位给别人。"此次忽里台选汗大会规模极大，"为来宾们准备好了两千座帐幕。斡耳朵周围已无住处可供驻留，但达官贵人们还在从四面八方来到。从来没有人目睹过这样[盛大的]集会，史书上也没有记载过这样的盛会"。（《史集》第二卷，第209至220、223页）

　　文献中有如下详细的描写："因此大家同意汗位应交给贵由，他应当登上帝国的宝座。贵由一如旧习，暂时拒绝这份荣誉，时而荐举这个，时而那个作为代替。最后在珊蛮（萨满）巫师选定的一个日子，所有王公齐聚一堂，脱去他们的帽子，松开他们的皮带。于是[也速]（也速是察合台之子，与贵由汗关系密切，后在贵由汗扶植下继承察合台之位）引着一手，斡鲁朵（斡鲁朵为拔都的兄长）引着另一手，他们把他拥上御座和皇位，同时举起他们的酒杯；朝见殿内外的人三次叩拜，称他为贵由汗。又按照他们的风俗，他们立下文书称他们不违背他的话和命令，并为他的幸福祝祷；在这之后他们走出大殿，三次向太阳下跪。当他再度登上雄伟的宝座时，王公们坐在他右手的椅上，公主们在他的左手，每个人都像一颗珍珠那样极其高雅。充当侍儿的都是这样的俊童：风姿优美、紫罗兰面颊、玫瑰脸庞、乌黑头发、丝柏身材、嘴如鲜花、齿若贝珠、笑脸迎人。"之后一连九天，人们在一起宴饮，"从早到晚，他们尽情轮番把盏，凝视美若天仙，体态婀娜的美人"。"当他们宴乐完毕，他命令打开新旧库藏的大门，准备各种珍宝、金钱和衣服。主持这件事，即是说，散发这些财宝，他委诸唆鲁禾帖尼别吉（即拖雷的正妻唆儿忽黑塔尼别吉）的才智和持重，她在那次忽邻勒塔上享有最大的威望。最先得到他们份子的是在场的成吉思汗氏族中的王公和公主；还有他们的所有奴仆和扈从，贵人和贱民，老头和幼儿；然后按顺序，那颜们、土绵长（即万户长）、千夫长、百夫长、十夫长；按人口，算端（国君）们、蔑力克（世侯）们、书记们、官员们，以及他们的属下。其他每个在场的，不管他是谁，没有不分得一份而离开，确实，人人领到他的足额和该得的那份。"（《世界征服者史》上册，第276至279页）

此一时期奉教皇之命出使蒙古汗廷的葡萄牙人加宾尼目睹了此次忽里台大会的情形，下面就是他的记述："在那里，正在举行庄严的大会。在我们到那里时，已经树立了一座用白天鹅绒制成的大帐幕，照我的估计，它是如此巨大，足可容二千多人。在帐幕四周树立了一道木栅，在木栅上画了多种多样的图案。第二天或第三天，我们同被指定照管我们的鞑靼人一道来到帐幕跟前，看到所有的首领们都集合在那里，每一个首领骑着马，带着他的随行人员，这些人分布在帐幕周围的小山和平地上，排成一个圆圈。第一天他们都穿白天鹅绒的衣服，第二天——那一天贵由来到帐幕——穿红天鹅绒的衣服，第三天，他们都穿蓝天鹅绒的衣服，第四天，穿最好的织锦衣服。帐幕四周的木栅有两个大门，一个门只有皇帝有权出入，虽然这个门开着，却没有卫兵看守，因为没有人敢从这个门出入。所有获准进入的人都从另一个门进去，这个门有手执剑和弓箭的卫兵看守……首领们在帐幕里面开会，我相信，是在进行选举，所有其余的人都在上述木栅外面很远的地方。"在木栅外面有许多人，"如果算入那些前来呈送贡品和礼物的人、前来朝见的算端们和其他首领们、被鞑靼人召来的人和各地的长官们，在那里有四千多位使者。所有这些人都被安置在木栅外面，让他们喝饮料……我想我们在那里住了足足四个星期。我相信，在这个期间里进行了选举，虽然选举的结果在那时还没有宣布。我做这样推测的主要根据是：当贵由走出帐幕时，他们在他面前唱歌，当他留在帐幕外面时，他们手拿顶端有数簇红羊毛的美丽旗杆，略略放下，复又扬起，向他致敬，对于任何其他首领，他们都没有这样做。他们称这座开会的帐幕为昔剌斡耳朵"。"我们离开那里，同大家一起，骑马来到三四里以外的另一处地方，在那里，在群山之间的一条河附近的一片美丽的平原之上，已经树立了另一座帐幕，这座帐幕，他们称之为金斡耳朵。"在这里原定为贵由举行的登极典礼由于一场冰雹延期举行。"这座帐幕的帐柱贴以金箔，帐柱与其他木梁连结处，以金钉钉之，在帐幕里面，帐顶与四壁覆以织锦，不过，帐幕外面则覆以其他材料。我们留在那里，直至圣巴塞洛缪节［8 月 24 日］。在那一天，一大群人在那里集合。他们全都面南而立，并且做这样的安排：他们之中的某些人与其余的人相隔约一掷石之远；他们继续向前走，越走越远，口诵祷词，向南跪拜……在这样跪拜了很长时间以后，他们回到帐幕里面，把贵由放在皇帝宝座上，首领们在他面前跪下，所有在场的民众也都在首领们后面跪下，只有我们没有跪下，因为我们不是他的臣民。然后他们开始喝起来，并且按照他们的风俗，一直不停地喝到傍晚……就这样，他们宴会了好多天。"（《出使蒙古记》，第 60 至 62 页）

二　贵由汗之施政与贵由汗之死

贵由即位后，追究了斡惕赤斤企图夺取汗位的行为，并将斡惕赤斤处死。然后贵由汗开始整顿乃马真皇后掌权时期造成的混乱局面。他收回了宗王滥发的各种牌符,确认了窝阔台汗颁发的一切法令,降旨说"凡盖有[窝阔台]合罕玺印的诏书,不必向他奏告就可签署[通过]"。贵由汗重新重用了大臣镇海和牙老瓦赤,处死了奥都剌合蛮。贵由汗还以蛊害阔端的罪名派人到乃马真皇后处捕杀了回回女子法迪玛。由于乃马真皇后极力袒护法迪玛,贵由汗与乃马真皇后的关系恶化,不久乃马真皇后就死去了。与此同时,贵由汗还撤换了察合台兀鲁思的首领。在察合台死后,察合台的孙子合剌斡兀立继承了察合台之位,因为不管是察合台还是窝阔台汗,生前都曾指定合剌斡兀立为察合台兀鲁思的继承人。但由于贵由汗与察合台之子也速极为友好亲密,贵由说"有子怎能让孙子当继承人?"于是就改命也速为察合台兀鲁思的继承人。(《世界征服者史》上册,第270至271、280页;《史集》第二卷,第213、218页)

1247年八月贵由汗派额勒只带西征,并授予额勒只带统辖阿姆河以西的军政大权。这一举动被认为是为进攻拔都做准备。1248年初,贵由汗以到叶密立营地养病为借口,率军西行,不料却于三月在西行途中突然死去,在位仅两年多时间,享年四十三岁。正如一些史料所记载的那样,贵由汗前往叶密立名为调理身体,其实是为了军事打击拔都。拔都是成吉思汗长子术赤所建兀鲁思的首领,在蒙古汗国内拥有极高的地位。贵由与拔都素有矛盾。窝阔台汗时期,拔都率领黄金家族长子西征,贵由作为窝阔台汗长子也随军前往。但在一次拔都主持的宴会上,年长的拔都先喝了一两盏酒,贵由对此十分不满,便愤然离席,并说话羞辱了拔都。拔都将这件事奏告了窝阔台汗,窝阔台汗大怒,他不准贵由前来拜见,并骂道:"这下贱的东西,听了谁的话,竟敢对兄长满口胡说,他只不过是只臭蛋,竟敢与兄长敌对。让他去当先锋,攀登山一般高的城,把十个手指的指甲磨尽! 让他去当探马,攀登建筑巩固的城,把五个手指的指甲磨掉!"(《史集》第二卷,第 219 页;《蒙古秘史》第 275 至 276 节;陈得芝主编《中国通史》第八卷,第 390 页)

在推举贵由汗的忽里台会议上,拔都借故没有参加。不过,在拔都与贵由汗的矛盾冲突中,拖雷家族却明显倒向了拔都。拖雷死后,拖雷的正妻唆儿忽黑塔尼别吉执掌了拖雷兀鲁思。其实,自窝阔台即位后,拥有雄厚势力的拖雷家族在蒙古帝国内一直扮演着重要的角色,但为了不招致大汗的打击,他们一直小心翼翼。在乃马真执政的混乱政局中,"每个人都向各方面派出急使,并四处送出汇票和拨款单,每个人都向其中某一方面找门路,用一切手段靠其庇护。[只有]唆儿忽黑塔尼别吉和她的儿子们除外,他们总是遵循法令[而行],丝毫也不违背大法"。我们不难看出唆儿忽黑塔尼别吉有着十分成熟的政治眼光。她还巧妙利用贵由汗与拔都之间的矛盾,当贵由汗率领大军前往叶密立之时,唆儿忽黑塔尼别吉暗中派出急使通知拔都说:"请做好准备,贵由汗已率领大军向[你们]那边推进。"(《史集》第二卷,第 211 至 212、215、221 页)

至于贵由汗死因,蒙哥汗时期出使蒙古汗廷的法国传教士鲁不鲁乞在其游记中有如下记载:"关于贵由之死,我未能获悉任何明确的说法。安德鲁修士说,他是由于服用了给予他的某些药而死去的,一般怀疑这是拔都干的。但是,我听到的却是另一个故事。贵由曾经召拔都前来朝见,以对他表示臣服,拔都当即举行了盛大的仪式,启程出发。然而,拔都和他的部下非常害怕,因此派他的一个名叫思梯坎(Stican)的兄弟先行。当思梯坎到达贵由那里,并且正要向他献盏时,发生了争吵,他们两人互相把对方杀死了。这位思梯坎的寡妇挽留我们一整天,以便我们能够进入她的帐幕并为她祝福,这就是说,为她祈祷。"(《出使蒙古记》,第165页)

贵由生来体质虚弱,他大部分时间患有某种疾病,又昼夜纵情于酒色。由于贵由汗身边的许多人,如王傅官合答黑、大臣镇海以及一些医师等都是基督教徒,因此他极其尊敬基督教徒和神父。当这个消息传开后,世界上各个角落的神甫和修道士都想到他的宫廷中来。因此在他在位期间,基督教徒十分得势,没有一个伊斯兰教徒敢说出反对他们的话。贵由汗心情忧郁,他把各种事情,无论重要与否,都交给合答黑和镇海去办理,让他们完全负责。另外,贵由汗执法的严酷尽人皆知,以致他的敌人对他的惧怕心理在其军队到达之前就已经深深铭刻在心中。得知他即位的边远之地的每个统治者由于害怕他的暴烈和残酷,昼夜不得安宁。他的大臣、亲信和朝臣们在他主动谈及某件事之前不敢向前迈一步、进一言。远近的来客,若非由他召请,不敢把腿抬得稍高于拴马处的高度。贵由汗毫无限制地慷慨、挥霍,想使他的名声超过他的父亲窝阔台。他命令沿袭窝阔台汗时代的做法,对四周国家的商人们的货物估价之后,就照价偿付。各地的货物堆积如山,大臣们向贵由汗报告了这一情况。贵由汗说道:"既然难以保存,留着也没有什么用,那就分给军队和在场的[所有的]人吧。"于是分了很多天,分给了所有的人,但仍剩下很多,贵由汗又下令将这些东西听任人们随便拿走、抢

光。(《史集》第二卷,第 220 至 221、223 至 224 页)

　　贵由汗死后,蒙古帝国宫廷又陷入了权力的争斗之中。在宗王的建言下,贵由汗正妻斡兀立-海迷失执掌国政。文献中对于斡兀立-海迷失之施政颇多指责。"尽管除了与商人做交易外,再也没有什么别的事,斡兀立-海迷失却大部分时间单独与珊蛮们在一起,沉溺于他们的胡言乱语[而不认真治理国家]。"她的儿子忽察和脑忽"则建立了[自己的]两座府邸以与母亲对抗,以致在同一个地方出现了三个统治者。另一方面,宗王们各擅自签发文书,颁降令旨。由于母亲和儿子们以及其他[宗王们]之间的不一致,意见和命令的分歧,事情陷入了紊乱。异密镇海不知道该怎么办,谁也不听他所说的话和劝告"。《元史》也记载了在贵由汗死后,斡兀立-海迷失施政时期国家的混乱情况:"是岁大旱,河水尽涸,野草自焚,牛马十死八九,人不聊生。诸王及各部又遣使于燕京迤南诸郡,征求货财、弓矢、鞍辔之物,或于西域回鹘索取珠玑,或于海东楼取鹰鹘,驲骑络绎,昼夜不绝,民力益困。"(《史集》第二卷,第 222 页;《元史》卷二《定宗本纪》)

　　由于贵由汗家族内部的矛盾和倒行逆施,斡兀立-海迷失的权威很快受到了势力强大的拖雷家族和术赤兀鲁思首领拔都的挑战,以致斡兀立-海迷失无法如愿以偿地让贵由汗后裔继承汗位,汗位由此转移到了拖雷家族。

第四节　蒙哥汗时期的蒙古宫廷

一　蒙哥汗的即位与施政

蒙哥为拖雷的长子。蒙哥之所以能登上大汗之位与母亲、拖雷正妻唆儿忽黑塔尼别吉的精明能干和积极斡旋是分不开的。在拖雷死后，窝阔台汗即命唆儿忽黑塔尼别吉掌管拖雷的兀鲁思和军队，唆儿忽黑塔尼别吉建立了严格的核算措施，使任何欺骗都不可能得逞。窝阔台汗一切事情都同她商量，不违背她所做出的决定，并且不允许对她的命令做任何更改，一切依附于她的人都受到特别的保护和尊敬，而他们在任何一次政局动荡中都不曾做过违反古札撒和传统之事。可见，唆儿忽黑塔尼别吉在宫廷中的特殊地位及其远见卓识，远非他人可比。据说，窝阔台汗曾准备把唆儿忽黑塔尼别吉许配给自己的儿子贵由，但却遭到了唆儿忽黑塔尼别吉的拒绝。以此之故，与成吉思汗的母亲月伦太后改嫁蒙力克相比，唆儿忽黑塔尼别吉被认为优于月伦太后。唆儿忽黑塔尼别吉善于笼络各种势力，因此在贵由汗死后，大部分人都同意将汗位授予她的长子蒙哥。(《史集》第二卷，第203至204、235至236页)

蒙哥汗得以继承汗位还离不开术赤兀鲁思的首领拔都的大力支持。术赤家族与拖雷家族长期以来建立了深厚的友谊。贵由汗死后，唆儿忽黑塔尼别吉以探病为借口，派遣自己的长子蒙哥到拔都那里去。拔都很高兴蒙哥的到来，由于他亲眼看到了蒙哥的风采和智慧，加上原来对窝阔台汗诸子不满，便决定拥立蒙哥继承大汗之位。拔都以长兄的身份，不断派出使节邀请蒙古宗王、贵族前来钦察草原参加忽里台大会以选举新的大汗。但这次选汗会议遭到了窝阔台汗和察合台后裔的抵制，他们认为选汗大会不应该在拔都的兀鲁思所在地钦察草原举行，而应该在成吉思汗的大营和驻地所在的斡难河和怯绿连河流域举行。尽管如此，会议还是如期举行。虽然这次选汗大会缺乏广泛的代表性，但在拔都的积极努力下，最终还是决定拥立蒙哥继承大汗之位，并举行了就职仪式。同时这次会议还决定在明年再次举行忽里台大会，以进一步确认蒙哥的大汗身份。(《史集》第二卷，第143至144、237至238页)

虽然拔都操纵了这次忽里台选汗大会，但在这次会议上不是没有不同的声音，而争论的焦点主要是蒙哥即位的合法性。大臣畏兀八刺认为窝阔台汗曾指定皇孙失烈门继承汗位，失烈门才应该继承汗位。这时蒙哥的藩邸大臣忙哥撒儿挺身而出，辩解道：当时乃马真皇后不也是违背窝阔台汗遗命而改立贵由为汗吗？忙哥撒儿还威胁道："有异议者，吾请斩之。"于是众不敢言，"八都罕(拔都)乃奉宪宗(蒙哥)立之"。看来，当时拔都与拖雷家族能够联合拥立蒙哥继承汗位是以武力和实力为后盾的。(《元史》卷一百二十四《忙哥撒儿传》)

《史集》中也留下了类似的记载。贵由的近臣额勒只带说道："你们曾全体一致决议并说道：直到那时，只要是从窝阔台合罕诸子出来的，哪怕是一块[臭]肉，如果将它包上草，牛不会去吃那草，如果将它涂上油脂，狗不会瞧一眼那油脂，我们[仍然]要接受他为汗，任何其他人都不得登上宝位。为什么你们另搞一套呢？"这时蒙哥的弟弟忽必烈反驳道："是有过这样的约言，但你们首先违背了约定、诺言和古札撒。第一，成吉思汗曾降旨道：'如果我的宗族中有人违背了札撒，在未经与全体长幼兄弟们商议前，不得戕害他的生命。'为什么你们杀害了阿勒塔鲁那颜？窝阔台合罕[生前]就曾说过，要让失烈门为君；你们为什么又热衷地把君权交给了贵由汗？"额勒只带听了这些话后说道："是啊，真理在你们方面。"(《史集》第一卷第一分册，第154页)

　　此后，拔都派自己的兄弟别儿哥和不花-帖木儿率领大批军队护送蒙哥回到成吉思汗的老营地怯绿连河地区，以便在全体宗王参加的忽里台大会上，拥护蒙哥顺利登上大汗的宝座。随后，唆儿忽黑塔尼别吉和蒙哥向四面八方派出使节，让宗亲们会聚于怯绿连河地区，以召开选举大汗的忽里台大会。

　　但窝阔台汗和贵由汗家族的一部分宗王，以及察合台的后裔也速-蒙哥和不里仍然拒绝参加忽里台大会，他们借口大汗之位应该属于窝阔台汗和贵由汗家，这样忽里台大会被迫一再推迟。为了能让他们参加会议，蒙哥和唆儿忽黑塔尼别吉多次派出使节去说服他们，向他们发出恩威并施的通知。但这一切努力似乎都无济于事，他们认为没有他们的参与，忽里台选汗大会就不能举行。

　　于是别儿哥派人禀告拔都说："我们想拥立蒙哥合罕即位以来，已过去两年了，窝阔台合罕和贵由汗的后裔以及察合台的儿子也速-蒙哥还没有来到。"拔都派人回答说："你拥立他登上宝位吧，那些背弃札撒的人都得掉脑袋。"这样，在别儿哥等人安排下，1251 年六月，在蒙哥左右的宗王和大臣们便在怯绿连河地区拥立蒙哥即位。在蒙哥登上大位之时，所有在场的宗王们、大臣们、诸部首领们和那边的无数军队，都把头上的帽子脱下，把腰带搭在肩上。帐外的大臣们和军队也和宗王们一起九次叩首。

　　蒙哥登上汗位后，内心充满了高贵的念头，想在这一天让所有的人和生灵都得到休息。他颁降诏敕说："在这个吉祥之日，无论如何不准任何人争吵，[所有的人]都要兴高采烈。正如各种各样人有权向命运要求享受和满足，不要让各种各样生灵和非生灵遭受苦难。对于骑用或驮用家畜，不许用骑行、重荷、绊脚绳和打猎使它们疲惫不堪，不要使那些按照公正的法典可以用做食物的[牲畜]流血，要让有羽毛的或四条腿的、水里游的或草原上[生活]的[各种]禽兽免受猎人的箭和套索的威胁，自由自在地飞翔或遨游；要让大地不为桩子和马蹄的敲打所骚扰，流水不为肮脏不洁之物所玷污。"(《史集》第二卷,第243页)

　　正当参加忽里台大会的宗王们举行宴饮庆祝之时,一场政变正在暗中酝酿。同属窝阔台或贵由系的宗王失烈门、脑忽以及忽秃黑(窝阔台汗孙)却彼此结盟正向大帐逼近。他们带着很多装满武器的大车,图谋发动政变。但这场政变却因一个偶然的事件而告失败。蒙哥汗有一个名叫克薛杰的鹰夫丢失了一头骆驼,他正在四处寻找骆驼时遇上了失烈门和脑忽的军队,这支大军带着似乎供应宴庆用的很多大车。克薛杰看见了这支军队中有一个儿童坐在一辆折断的大车旁,那个儿童误以为克薛杰是自己军队的一名骑士,便请克薛杰帮助修理大车。克薛杰于是下马帮助修理,看到了车上装有武器和军事装备。于是克薛杰问那个儿童:"车上装的是什么东西？"那个儿童回答说:"跟别的车上一样,都是武器。"这时克薛杰意识到肯定有什么阴谋,装出一副不在意的样子。在帮助儿童修完大车后,克薛杰便开始打听这支军队的意图,最后确知这些人想在蒙哥汗宴庆之时,当所有的人都喝醉以后,发动政变。

　　于是克薛杰便疾驰向蒙哥汗报信,他讲述了目睹的一切,敦促他们尽快应对这个阴谋。这样的事让大家感到十分的震惊和不可思议,因此大家三番五次地盘问克薛杰,但他所说的还是同样一些话,没有丝毫矛盾。即便如此,蒙哥汗还是不相信。但由于克薛杰坚定不移，蒙哥汗身边的宗王和大臣都认为应该行动起来，以免错过机会。最后大家决定由蒙哥汗的主要亲信忙哥撒儿去调查清楚这件事的情况。于是忙哥撒儿派军包围这支军队，失烈门、脑忽、忽秃黑以及与他们在一起的其他宗王们都在其中。失烈门等否认自己发动政变的图谋，于是他们在缴械后单独被带至蒙哥汗处，而与他们同来的伴当以及大臣们则被扣留了。失烈门等宗王在蒙哥汗处宴饮了三天，没有人询问他们，到第四天，他们来到宫中，打算离去。但是蒙哥汗命令他们单独留下来，同时命令他们身边的伴当和战士们全都按照各自所属的千户、百户和十户回到自己的营里去，若有一人在这里停留一夜，就要受到惩罚。

随后，蒙哥汗开始审讯参与这次政变的失烈门等宗王，这个案件审理了数天，审问得很细致，直到最后那些人的言词出现矛盾，他们的大逆不道行为已确定无疑为止。一开始，蒙哥汗准备饶恕他们，但是宗王、大臣们都表示反对。于是蒙哥汗首先处死了失烈门、脑忽、忽秃黑的部属，总共有七十七人，其中额勒只带的两个儿子被用石头塞进嘴里杀死。蒙哥汗对参与谋逆的窝阔台、贵由以及察合台家族的许多宗王、后妃、部属进行了严惩，清洗的范围还进一步扩大到贵由汗时期的大臣，以及在汗位更替中立场不坚的地方官员。在这场事变中，总共有宗王、后妃以及大臣三百余人被杀。(《史集》第二卷，第 245 至 256 页；《世界征服者史》下册，第 620 至 658 页；《出使蒙古记》，第 166 页)

蒙哥汗在严惩窝阔台系叛逆诸王的同时，还趁机削分窝阔台系诸王的领地分民。不过由于贵由汗之子阔端的儿子们与蒙哥汗亲善，因此"当窝阔台合罕家族的成员谋逆蒙哥合罕时，他们的军队都被夺走了,除阔端诸子的[军队]以外,全都被分配掉了"。同时,他们在河西地区的领地也得以保留。其他一些未卷入此次谋逆事件的窝阔台系诸王仍保留了部分领地分民,但对于整个窝阔台家族来讲,实力已大为削弱,更无力去挑战拖雷家族的权威。(《史集》第二卷,第 11 至 13 页)

蒙哥汗在位时期对中央与地方统治机构进行了整顿,采取了一些企图革除弊政的措施,但这些措施多是治标不治本,成效并不显著。蒙哥汗在位时期继续推行大事征伐政策, 他命令弟弟旭烈兀领军征伐中亚、西亚,而以另外一个弟弟忽必烈总领漠南汉地的军国事务, 筹划对南宋的征伐。为实现从西南面包抄南宋的军事目标,蒙哥汗命忽必烈首先征服了大理,同时派军继续对高丽进行征伐。自 1258 年开始,蒙哥汗亲自统军进攻南宋。1259 年七月,蒙哥汗因病死于征宋战争前线四川合州钓鱼山城附近的军营中,在位九年,享年五十二岁。蒙哥汗之死,乃是因为当时南方地区异常炎热的气候,使他得了赤痢,而蒙古军中也出现了霍乱疫情。蒙哥汗坚持用饮酒来对付霍乱,结果进一步使健康状况恶化。蒙哥汗死后, 蒙哥汗儿子阿速带把军队交给了大臣浑答海(或译浑都海)统率,自己亲自护送蒙哥汗的灵柩回到漠北本土。(《史集》第二卷,第 270 至 271 页)

二　蒙廷中的教派辩论

成吉思汗时期,全真道教领袖丘处机不远万里,西行拜见成吉思汗。成吉思汗与丘处机坐而论道,对丘处机大为赏识,令他统领道教事务。自此,全真道教凭借着蒙古汗廷的支持,势力逐渐壮大。1227 年丘处机死后,门人尹志平、李志常相继掌管全真道教。伴随全真道教的兴起,全真教广建道观、刊行道藏、招徕门徒,每至盛会,参与者甚至有数万之众。道教势力的扩张,势必会在蒙古宫廷内招致其他教派的不满。蒙古宫廷内部聚集着一批伊斯兰教徒和基督教徒,他们都设法对蒙古大汗及蒙古权贵施加影响。同在蒙古宫廷中的各教派之间常有矛盾或交锋。蒙哥汗在位前期,就曾组织过基督教徒、伊斯兰教徒、道教徒进行辩论。

法国传教士鲁不鲁乞就参与了这场辩论。当时蒙哥汗通知鲁不鲁乞,说希望基督教徒、伊斯兰教徒以及道人能在一起举行一场辩论,并解释说:"你们之中每一个人都宣称,他的教规是最好的,他的文献——即他的书籍——是最正确的。"鲁不鲁乞主张在辩论时基督教徒应该联合伊斯兰教徒共同反对道士,因为不管是基督教徒还是伊斯兰教徒,都承认只有一个上帝。因此当辩论开始时,鲁不鲁乞代表基督教徒辩论,并要求首先与道士们辩论。而"道士们——他们有许多人聚集在那里——开始嘟囔着埋怨蒙哥汗,说以前从来没有任何大汗企图发现他们的秘密"。于是道士们推选一个契丹人来与鲁不鲁乞辩论。道士们希望辩论的题目是"世界是怎样创造出来的"或者"人死以后灵魂的遭遇怎样"。鲁不鲁乞则坚决反对,他认为应该辩论上帝的问题。蒙古宫廷裁定辩论的题目是上帝的问题,这样道士们在辩论题目的选择上就首先处于被动的局面,因为讨论上帝的问题是基督教徒的强项。结果道士们在与鲁不鲁乞的辩论中失败了,而伊斯兰教徒则赞同鲁不鲁乞的意见,不愿再进行辩论。在这场辩论之后,基督教徒和伊斯兰教徒都高声歌唱,而道士们则保持沉默。但这场辩论更多是讨论性的,没有上升到政治的层面，蒙哥汗也没有因此对道士们进行惩罚。蒙哥汗在辩论开始之前就命令辩论中不得"妄加议论"，"不得争吵或侮辱对方，不得引起骚动以致妨碍辩论之进行，违者处死刑"。（《出使蒙古记》，第 208 至 214 页）

其实，蒙古国时期教派之间的冲突主要是在道教和佛教之间。事件的缘起是蒙古国时期全真道教凭借着蒙廷的支持，不断打压佛教以及儒学。全真道教在地方上毁坏释迦牟尼的佛像以及白玉观舍利宝塔，占据大批佛寺，印发贬抑佛教的伪经《老子化胡经》，还将西京天城夫子庙改为道观，气焰十分嚣张。全真道教宗师所到之处，应者云集，"望尘迎拜者日千万计，贡物如山"。全真教会葬王重阳祖师之际，"四方道俗云集，常数万人"。面对全真道教在地方的崛起，蒙古统治者渐起戒备之心，试图找机会打击全真道教。恰好少林长老前往汗廷向蒙哥汗告发了道教欺压佛教的种种行径，于是蒙哥汗令道士与佛教徒进行辩论，由于蒙哥汗明显偏袒佛教，结果全真道教在这场辩论中败下阵来。蒙哥汗命令全真道教归还侵占佛寺，焚毁伪经《老子化胡经》。（《甘水仙源录》卷三《清和尹宗师碑》；《至元辨伪录》卷三）

不肯服输的全真教徒在蒙哥汗统治后期，由蒙哥汗弟弟忽必烈主持，又与佛教徒进行了一场辩论，结果同样是全真道教惨败。自此全真道教的地位大为削弱。正如有的学者指出的那样，宗教派别之间的争权夺利并不是全真道教遭遇厄运的主要原因，根本原因在于伴随着蒙古政权对汉地统治的日渐巩固，全真道教在帮助统治者稳定政权方面的作用有所弱化，而蒙古统治者对全真道教势力的急剧发展有了戒备之心。对待不同宗教，蒙古统治者往往能够兼收并蓄。据载，成吉思汗"因为不信宗教,不崇奉教义,所以,他没有偏见,不舍一种而取另一种,也不尊此而抑彼;不如说,他尊敬的是各教中有学识的、虔诚的人……他的子孙中,好些已各按所好,选择一种宗教……他们虽然选择一种宗教,但大多不露任何宗教狂热,不违背成吉思汗的札撒,也就是说,对各教一视同仁,不分彼此"。看来,蒙哥汗对全真道教的打压更多是出于政治上的考虑,而非教义。(《至元辨伪录》卷三;《世界征服者史》上册,第27页;郭旃《金元之际的全真道》,《元史论丛》第三辑)

三 蒙哥汗与忽必烈

1251年阴历六月,蒙哥汗即位伊始,便任命同母弟忽必烈总领漠南汉地的军民事务,忽必烈随即南驻漠南爪忽都之地。其实早在蒙哥汗即位以前,忽必烈便"思大有为于天下",延请、召集"藩府旧臣及四方文学之士",咨询治国之道。大约从此时开始,忽必烈对儒学和汉法有了一定的了解。也正是有了大批儒士谋臣的辅佐,才使得忽必烈在各种政治事件中运筹帷幄,应付自如。在汉族谋臣姚枢的建言下,忽必烈主动奏请蒙哥汗将自己总领漠南汉地军民事务的权限缩小为只掌军事,避免将来引起蒙哥汗猜疑。正如姚枢所言,"今天下土地之广,人民之殷,财赋之阜,有加汉地者乎?军民吾尽有之,天子何为?异时廷臣间之,必悔而见夺。不若惟持兵权,供亿之需取之有司,则势顺理安"。(《元朝名臣事略》卷八《左丞姚文献公》)

1252年至1253年忽必烈奉命统兵征服大理,从而开辟了从西南包抄南宋的又一战场,这也为忽必烈奠定了在蒙廷中的地位和威望。1256年,忽必烈命令藩邸旧臣、善于占卜的刘秉忠在漠南金莲川之地修筑开平城（位于今内蒙古正蓝旗境内），作为自己在漠南的固定驻所，这说明忽必烈有意长期致力于漠南汉地事务。在藩府旧臣的建议下，忽必烈开始了改革蒙古旧制、以汉法治汉地的尝试。他奏准设置了邢州安抚司、河南经略司和京兆宣抚司等机构，荐举名士及藩府旧臣担任这些机构的主要官员，惩办贪官，申明法制，奖励农桑，均平赋税。忽必烈以汉法治汉地的改革尝试，成效显著，很得中原人心，更是受到了汉地士大夫的普遍赞誉。但忽必烈对汉地的经营，此时已经扩大到理民领域，于是1251年他受命伊始，谋臣姚枢的担忧应验了。（《元朝名臣事略》卷七《太保刘文正公》）

忽必烈对汉地的经营及势力的急剧扩张都为政敌提供了攻击的借口，同时也必然会招致蒙哥汗的猜忌。结果忽必烈被告发，其罪名主要是"王府得中土心"，"王府诸臣多擅权为奸利事"。1257年春，蒙哥汗派亲信阿蓝答儿、刘太平等前往河南、陕西等地钩考财赋的出入盈亏，忽必烈在汉地设置的安抚司、经略司、宣抚司等机构也被撤销，他起用的很多藩邸旧臣均受到了追查、严惩。同时，蒙哥汗剥夺了忽必烈的统军权。对此，忽必烈一开始颇为不满，但谋臣姚枢则规劝忽必烈亲自朝见蒙哥汗，以消除蒙哥汗猜忌。忽必烈在经过慎重考虑后决定采纳姚枢的建议。忽必烈先是派出使节将朝见一事告知蒙哥汗，蒙哥汗一开始并不相信，怕忽必烈图谋不轨，便没有同意让忽必烈前来朝见。随后，忽必烈又派去了使节，请求朝见，这时才得到蒙哥汗同意，但蒙哥汗仍持十分谨慎的态度，让忽必烈留下辎重，日行二百里，乘驿传觐见。等到蒙哥汗见到忽必烈，便开始消除对忽必烈的猜忌，数次为忽必烈斟酒，没等忽必烈有所陈奏就废止了

钩考，兄弟二人都流下了伤感的泪水。(《元朝名臣事略》卷七《平章廉文正王》;《元朝名臣事略》卷八《左丞姚文献公》)

大约在蒙哥汗开始对汉地进行钩考之际，他做出了一个重要的决定，那就是亲自统军攻打南宋。蒙军准备兵分三路，从东、西、南三面发动攻击。东路军由蒙古东道诸王斡惕赤斤家族的首领塔察儿率领进攻襄樊，这支军队也是蒙军攻宋的先头部队;西路军由自己亲自率领进攻川蜀;南路军则由兀良合台率领云南蒙古军和收编的少数民族军队，经广西、贵州进攻潭州(治今长沙)。蒙哥汗宣谕道:"忽必烈合罕腿有病，他以前已率师远征，平定作乱地区，今可让他留在家中静养。"于是忽必烈便遵照蒙哥汗旨意，在自己的帐殿中，即在蒙古斯坦的哈剌温-只敦(即大兴安岭)地方休息。蒙哥汗将长期主管漠南汉地军国事务的忽必烈排除在征伐南宋的计划之外，这表明蒙哥汗仍没有完全消除对忽必烈的疑虑，至于忽必烈患有腿疾，只不过是个托辞罢了。

不过，蒙哥汗亲自发动的征宋战争一开始就不顺利。蒙哥汗欲塔察儿率领东路军首先从正面进攻南宋，自己则在侧面包抄，不料塔察儿率领大军在围攻襄阳和樊城一周而不能攻克后，竟然退回自己的营地驻屯下来。对此，蒙哥汗十分恼怒，并派人通知塔察儿等说:"你们回来时，我要下令狠狠地惩罚你们。"塔察儿出乎意料撤退让蒙哥汗有点措手不及，不得不起用没有预定远征的忽必烈。正如文献中所载，"一年后，塔察儿那颜及左翼诸宗王远征南家思(即南宋)无功而还。蒙哥合罕降旨责问他们，对他们动了怒，并降下了这样一道必须严格执行的诏旨:忽必烈合罕奏告说'腿疾已愈，怎能坐视蒙哥合罕出征，而自己家居休息'，今可让他率领塔察儿那颜的军队向南家思边境推进。"这样，忽必烈得以重新掌握军权。或许由于重新编制军队需要一定的时间，且要避开炎热的夏季，做好充分的战争准备，忽必烈在接受统军南征的命令后，率军南下的速度十分缓慢。忽必烈从漠南开平出发，到渡过淮河进入作战前线，用了约九个月的时间，或许心中对蒙哥汗仍有怨恨，故忽必烈有意拖延，借此观望战局发展。而《史集》中则对忽必烈受命后的行动做了粉饰，着重突出忽必烈积极赴命、英勇作战的形象。下面是对此事的记载："圣旨到达后，忽必烈合罕奏告：'我的脚已经养好了，我的长兄率领军队出征，而我在家里坐视，[这]怎么能行呢？'他立即骑上马，启程前往南家思。由于路途漫长、行军艰难，该国又举国为敌、气候恶劣，他们每天都要打两三次仗，以解救自己，就[这样]行进，直到进抵鄂州城下为止。他们围攻该城，直到他们的十万[军队]剩下不到两[万]人为止。"由于忽必烈行军缓慢，蒙哥汗不得不先行攻宋，不料在四川合州附近的钓鱼山城遇到宋军的顽强抵抗。从1259年的阴历二月到七月，蒙古大军连续进攻钓鱼城五个月，损兵折将，未能攻破该城。1259年阴历七月，一心想要一举攻取南宋的蒙哥汗病死在钓鱼城附近的军营中。蒙哥汗死后，统军征宋并手握重兵的忽必烈与留守漠北的幼弟阿里不哥都觊觎汗位，于是两人之间不久即爆发了争夺汗位的斗争。(《史集》第二卷，第269、288至289页；杉山正明《忽必烈政权与东方三王家——再论鄂州之役前后》，《日本中青年学者论中国史(宋元明清卷)》，上海古籍出版社，1995年；李治安《忽必烈传》，第68至73页，人民出版社，2004年；《元史》卷四《世祖本纪一》)

四　蒙哥汗屯兵六盘山

1257 年春，蒙哥汗决定亲征南宋，在经过一系列的准备后，1258 年阴历四月，蒙哥汗驻跸六盘山，准备从四川攻宋。同年七月，炎热的夏季刚过，蒙哥汗便留辎重于六盘山，正式率军对南宋发动进攻。一年后，1259 年七月，蒙哥汗病死于征宋战争前线四川合州附近的钓鱼山。值得注意的是，就在蒙哥汗统率大军艰苦作战的同时，在六盘山一带却屯驻了大量蒙古骑兵，由大将浑答海率领。

浑答海留屯六盘山骑兵的具体数目，有的史料记载是两万，有的史料记载是四万。但据《元史·宪宗本纪》，1258 年四月蒙哥汗统军至六盘山之时，军队总数为四万，号称十万，这四万军队估计当以骑兵为主。虽然蒙哥汗驻跸六盘山之时，下诏"发民为兵"，但估计新征发的军队当主要以步兵为主，且数量不会特别巨大。这样一来，问题便较为清楚了。驻屯六盘山的骑兵大致为二万，占到了蒙哥汗一开始南下军队的一半。从兵种上看，这两万骑兵应以蒙古军队为主。浑答海统领驻屯六盘山的两万骑兵，是一支举足轻重的武装力量。正因为如此，当忽必烈与阿里不哥争夺汗位，而浑答海两万骑兵又倒向阿里不哥之时，忽必烈的重要谋臣廉希宪对蒙古官八春讲："六盘兵精，勿与争锋，但张声势，使不得东，则大事济矣"。忽必烈的另一谋臣赵良弼也讲"浑都海屯军六盘，士马精强，咸思北归"。

这样就出现了两个问题：一、蒙哥汗大举征宋，是不是需要留戍如此庞大的军队在六盘山？二、六盘山距离征宋前线的长江一线尚有较远距离，其间险要之处颇多，为何一定要把军队屯驻在六盘山呢？如此一来，单纯把六盘山蒙古戍军看成是蒙哥汗征宋的后援或后方就不十分准确了。要解开蒙哥汗为何屯戍重兵于六盘山这个谜团，就必须从当时的政治大背景来考察。（《元史》卷一百五十五《汪世显传》附《汪惟正传》；《元朝名臣事略》卷七《平章廉文正王》、《丞相史忠武王》；《元史》卷三《宪宗本纪》；《元史》卷一百二十六《廉希宪传》；《元史》卷一百五十九《赵良弼传》）

　　事实上，蒙哥汗做出亲征南宋的决定，与派人对陕西、河南等地进行钩考，几乎是在同一时间。也就是说蒙哥汗出征既有提高自己大汗威望的用意，又有剥夺忽必烈统军征宋特权的目的。果然，在蒙哥汗最初拟定的征宋计划中，忽必烈被排除在外。蒙哥汗为什么非要从四川地区发动对南宋的征伐呢？推测蒙哥汗主要想避开南宋的主力部队，把这一最艰巨的任务交给其他人。急于求成的蒙哥汗试图通过侧面包抄的办法一举突破南宋防线。日本学者杉山正明强调蒙哥汗原本只考虑在后方遥控，只是由于塔察儿的意外撤退，而忽必烈接收塔察儿的部队需要一定的时间，才被迫自己进入攻宋的前线。从当时战争的安排和进程上看，杉山先生的说法有一定的道理，不过这也只是一种推论而已。其实就当时的形势来看，还可以做出另一个推论，那就是蒙哥汗让塔察儿首先从正面冲击和消耗南宋军事力量，自己则随后从四川方面发动进攻。但事态的发展正如杉山先生所言，由于塔察儿的意外撤退，而忽必烈行军过于迟缓，蒙哥汗统领的西路军被迫成为攻打南宋的主力和先头部队。（杉山正明《忽必烈政权与东方三王家——再论鄂州之役前后》）

　　不过，杉山先生进一步认为："蒙哥主力部队所担当的四川方面，本来是正应当分配给忽必烈的地域。也许蒙哥南伐的目的之一，就在于接收忽必烈的关中王国吧。"1253 年蒙哥汗将京兆之地分封给忽必烈,随后又增赐忽必烈河南怀孟之地,忽必烈又奏请在这些地区享有便宜治理的特权。如此,杉山先生的说法不无道理。但考虑到蒙哥汗已派亲信在关中地区进行过钩考,忽必烈的势力已基本被排挤出关中地区,在上述背景下,我们再联系蒙哥汗与忽必烈矛盾的化解以及忽必烈的重新被起用,可以认为蒙哥汗在征伐南宋之时屯精兵于六盘山并非仅仅要控制关中地区以削弱忽必烈在该地区的政治影响。(杉山正明《忽必烈政权与东方三王家——再论鄂州之役前后》;《元朝名臣事略》卷八《左丞姚文献公》)

六盘山位于今宁夏、甘肃、陕西的交界地带,由此向东是辽阔的关中平原,向西主要是统领二十余州的巩昌路便宜都总帅府的辖地,向北则是河西地区以及蒙古草原,向南则是征宋前线。由此可见,六盘山的地理位置十分重要,既可以充当征宋的后方基地,又可以控制秦陇,与蒙古草原留守军队连成一片。元代的史料中也称六盘山"介乎凉陇羌浑之交","为高昌要冲"。同时六盘山地势险要,夏季山高凉爽,是蒙古军队理想的驻屯避暑之所。正因如此,成吉思汗攻打西夏以及忽必烈南征大理都曾在这里驻屯避暑。(《牧庵集》卷十《建厘寺碑》;《清容居士集》卷二十七《赠翰林学士嘉议大夫马公神道碑铭》;《元史》卷一《太祖本纪》;《元史》卷四《世祖本纪一》)

六盘山战略地理位置如此重要,蒙哥汗征伐南宋之时屯重兵于此,除作为战争后方基地外,更为了牢牢掌握对帝国的控制权,防止和应对后方的政治变动。前已述及,大蒙古国汗位传至蒙哥汗,帝国内政治斗争日趋尖锐,故当蒙哥汗看到忽必烈在漠南汉地急剧扩张势力时,才会做出激烈的反应,当然这其中不乏大臣的离间，但蒙哥汗担心汗位受到威胁的心理无疑是决定性因素。

以六盘山为中心的关中、河西等地区恰恰是蒙古诸王封地较为集中的地区。在忽必烈受封京兆以前，蒙古诸王就在该地扩张势力、瓜分利益，当时"京兆控制陇蜀，诸王贵藩分布左右，民杂羌戎，尤号难治"。原西夏旧地河西一带则分布着窝阔台汗之子阔端一系的封地。在窝阔台汗、贵由汗时期，阔端还受命"镇西土"。此"西土"包括从河西瓜沙二州直至陕西全境的广大地区。蒙哥汗即位后，"当窝阔台合罕家族的成员谋叛蒙哥合罕时，他们的军队都被夺走了，除阔端诸子的［军队］以外，全都被分配掉了"，这主要是因为阔端诸子与蒙哥汗的关系较为融洽并且没有参与反对蒙哥汗的政变。随着忽必烈受封关中以及蒙哥汗对窝阔台系的打压，阔端诸子在河西一带的封地和特权无疑都大大缩小了。即便如此，蒙哥汗仍然对阔端系诸王保持着警惕，因为他们毕竟是此时最有势力的窝阔台后王了，忽必烈受封关中可能就有监控阔端系诸王的意图。(《元史》卷一百二十六《廉希宪传》；《元史》卷一百二十三《赵阿哥潘传》；王国维《元代安西王及其与伊斯兰教的关系》，第 3 页，兰州大学出版社，1993 年；《史集》第二卷，第 11、13 页)

其实不仅关中、河西一带形势复杂，刚刚化解与蒙哥汗矛盾的忽必烈以及漠北的政治形势等等，均是蒙哥汗离开漠北远征南宋之时所不能完全放心的。忽必烈在接到代替诸王塔察儿统军南征的命令后，率军南下的速度十分缓慢，这使蒙哥汗不得不先行与南宋军队作战。其实，早在蒙哥汗最初南下之时，忽必烈及其谋臣已经注意到蒙哥汗攻打南宋缺乏精心的准备，过于急于求成,对其结果也不甚乐观。不管怎样,蒙哥汗对忽必烈迟缓的军事行动不能不有所猜疑,也正因如此,刚刚进入作战前线的忽必烈在得知蒙哥汗去世的消息后,并没有急于撤兵去争夺大汗之位,反而做出姿态,大举进攻南宋以提高自己的威望,牢牢控制手中大军。(《元朝名臣事略》卷十一《参政商文定公》;《元史》卷四《世祖本纪一》;《史集》第二卷,第289页)

可见,蒙哥汗屯精兵于六盘山的目的主要是作为征伐南宋的后援以及出于控制蒙古帝国形势的需要,而后者可能是更主要的目的。蒙哥汗屯兵六盘山并非仅仅针对忽必烈在关中的势力,但蒙哥汗并没有放松对忽必烈以及其他蒙古帝国内部潜在威胁的警惕,而六盘山独特的战略地理位置使其成为蒙哥汗屯兵后方的首选。

第五节　小结

综观蒙古国时期的蒙古宫廷,一个突出的特点就是几乎每一次汗位的更替都伴随着激烈的宫廷斗争,究其原因,蒙古忽里台选汗制度、成吉思汗黄金家族的共权原则以及分封制是最根本的因素。有着公选制残余色彩的忽里台贵族会议是决定汗位继承的最高机构。即便是前任大汗已经指定的继承人也需要在忽里台贵族会议上通过,才能得到蒙古贵族的承认。例如,最具权威的成吉思汗曾不止一次指定窝阔台为其继承人,但在忽里台贵族会议上,成吉思汗的这一遗嘱也是经过了四十余天的讨论才最后实现。换句话说,忽里台贵族会议完全有可能不批准成吉思汗指定的继承人而另立新汗。同时,只有广泛的蒙古贵族，尤其是全体黄金家族参与的忽里台贵族会议选举的大汗才具有权威性，否则便会导致残酷的宫廷斗争。例如，为了能让更多的蒙古黄金家族成员来参加推举蒙哥汗的忽里台贵族会议，也为了使蒙哥即位更具合法性，当时居于支配地位的拖雷家族和术赤家族不惜召开两次忽里台选汗会议。但一直到最后，窝阔台家族以及察合台家族的部分宗王仍然用拒不参加忽里台会议的方法来抵制蒙哥即位。因此，拖雷家族和术赤家族不得不在很多黄金家族成员缺席的情况下推举蒙哥即位，但随之而来的却是残酷的宫廷斗争。可以说，谁有实力控制忽里台贵族选汗会议，谁就在大汗的推选问题上最具发言权，这就使得大汗的更替带有很大的不确定性。

成吉思汗还确定了黄金家族的共权原则。大蒙古国归成吉思汗黄金家族共同治理，黄金家族成员在帝国事务中拥有发言权。这样，所有蒙古黄金家族的成员都有资格继承大汗之位。与之相联系，忽里台贵族会议是蒙古黄金家族参与帝国事务的重要场所，因为蒙古制度规定，蒙古帝国的重大决定必须在忽里台贵族会议上得到蒙古黄金家族的一致认可。当然，黄金家族成员参与帝国事务的程度以及在帝国中的地位，是与其实力及与大汗的亲疏关系密切相关的。

为了使蒙古黄金家族成员能够共同治理蒙古帝国，成吉思汗还建立了分封制。成吉思汗把蒙古帝国的民户和领地在诸子、诸弟中分配，诸子、诸弟各自建立了自己的兀鲁思，享有相当大的独立权。由于有了各自的兀鲁思，成吉思汗诸子、诸弟都有了夺取汗位的资本和实力，这在决定他们在忽里台贵族会议中地位的同时，也确保了忽里台贵族会议的权威性。任何人想要继承大汗之位,必须要得到忽里台贵族会议的一致通过,否则就会造成蒙古帝国的分裂。而此后,蒙古帝国发展的历史也将验证这一点。因此,忽里台选汗制度、黄金家族的共权原则、分封制紧密联系在一起,这三项制度所带来的汗位继承的不确定性是蒙古国时期宫廷斗争不断的根本原因。

伴随着汗位的更替,蒙古国时期的宫廷斗争在一定程度上削弱了蒙古帝国的战斗力,延缓了对外征服的步伐,也导致庞大的蒙古帝国逐步走向分裂。

第二章　元世祖时期的蒙古宫廷

元世祖忽必烈（1215—1294），在位三十五年，享年八十岁。世祖朝是元代政治文化体制的草创时期，以忽必烈为代表的蒙古进步势力顺应潮流，吸收和借鉴汉地的统治方式，建立了统一的元王朝。同时，宫廷内忽必烈与宗王、贵族，汉法派儒臣与理财大臣，蒙古旧俗与汉地政治文化，以及中书省与御史台等矛盾冲突交织在一起，贯穿世祖朝始终。

第一节　忽必烈与阿里不哥的汗位之争

一　忽必烈与阿里不哥汗位之争的背景

1259 年阴历七月，蒙哥汗病死于征宋战争前线。由于蒙哥汗生前并没有指定汗位的继承人，加之蒙古汗位继承制度不完善，蒙古帝国内部一场汗位争夺的斗争在所难免。我们首先观察一下此一时期蒙古成吉思汗黄金家族内部几股主要的政治军事势力。成吉思汗诸弟建立的东道诸王兀鲁思始封地在大兴安岭西麓，蒙古国时期东道诸王也不断向东扩展自己的兀鲁思，但由于东道诸王兀鲁思临近中央兀鲁思、蒙廷对东北的经略以及对诸王食邑封地特权的限制等原因，东道诸王的势力进一步扩展的空间不是很大，并且始终处于蒙古大汗的控制之下。另外，成吉思汗之后的四任大汗，其汗位一直留在成吉思汗的直系子孙当中。因此东道诸王此时还不具备夺取汗位的实力和政治基础。

成吉思汗诸子建立的西道诸王兀鲁思中，窝阔台兀鲁思和察合台兀鲁思的势力在蒙哥汗在位时期已大为削弱。蒙哥汗即位后对参与政变的窝阔台家族和察合台家族的成员进行了清洗，尤其是窝阔台家族，其所统领的大部分军队基本上都被大汗剥夺，可以说窝阔台兀鲁思此时已经基本上瓦解了。察合台兀鲁思的领地原来包括从阿尔泰山到河中地区的广大地域，蒙哥汗虽然保留了察合台兀鲁思，却把河中地区交给术赤兀鲁思的首领拔都进行统治，这样察合台兀鲁思的领地就大为缩小。蒙哥汗在位时期，察合台兀鲁思长期由察合台长孙哈剌-旭烈兀的妻子兀鲁忽乃哈敦统治。

可以说此时在西道诸王中最有实力夺取大汗之位的是术赤家族。术赤兀鲁思的领地极为辽阔。据载，"成吉思汗把也儿的石河和阿勒台山（即阿尔泰山）一带的一切地区和兀鲁思以及四周的冬、夏游牧地都赐给了术赤汗管理，并颁降了一道务必遵命奉行的诏敕，命令[术赤汗]将钦察草原诸地区以及那边的各国征服并入他的领地。他的禹儿惕在也儿的石河地区，那里为其京都所在地"。不过，术赤在成吉思汗时代并没有完成对钦察草原诸地区的征服。1236年，窝阔台汗命术赤长子拔都率各宗室的长子西征，至1240年，先后征服了钦察草原、克里木、高加索（到打耳班）、保加尔（保加利亚）和伏尔加河、奥卡河地区，以及第聂伯河流域的俄罗斯各公国。被征服的这一广大地区并入了拔都的兀鲁思。从 1242 年以后，拔都兀鲁思称金帐汗国。(《史集》第二卷，第 139 至 140 页)

　　窝阔台汗死后，拔都成为成吉思汗后裔中的最长者，这样拔都就在蒙古帝国内拥有极高的地位和实力。由于拔都与贵由素有矛盾，拔都竟公然挑战后者的权威，拒不参加选举贵由为汗的忽里台大会。不过，拔都与贵由汗的矛盾却因贵由汗突然去世而没有诉诸战争。随后，拔都一手把拖雷的长子蒙哥推上了大汗的宝座。蒙哥汗时期，拔都的势力得到进一步的发展。然而，在蒙哥登上汗位后不久，拔都就去世了，之后受命做他继承人的儿子撒里答和兀剌黑赤也相继去世。在蒙哥汗去世之时，拔都的弟弟别儿哥执掌术赤兀鲁思，并且照旧与拖雷家族保持着真诚的友谊，遵循着忠诚、善意和团结之道而行。可能正因如此，在蒙哥汗死后，别儿哥才没有夺取汗位的企图。另外，别儿哥统领的术赤兀鲁思远离蒙古本土，这必然会加剧其离心的倾向，而他对于参与蒙廷事务的热情也逐渐减退。综上所述，在蒙古的第四任大汗蒙哥汗死后，最有实力的拖雷家族应该会继续执掌大汗之位。(《史集》第二卷，第 142 至 146 页)

　　蒙哥汗死后，在拖雷家族内部最有实力的是蒙哥汗的三个同胞弟弟，即阿里不哥、忽必烈和旭烈兀。蒙哥汗即位后，曾派他的两个弟弟忽必烈、旭烈兀去征服东方和西方，委以重任。前已述及，忽必烈受命后主要是总领漠南汉地军事，为征伐南宋做准备，同时为实现从西南面包抄南宋的目标，忽必烈还统兵征服了大理。而旭烈兀则受命出镇波斯，征伐中亚、西亚尚未降附的地区。到 1259 年秋，旭烈兀大军已征服了统治中心分别在祃拶答而(在今伊朗马赞德兰省)和报达(即今伊拉克巴格达)的亦思马因派宗教王国和阿拔斯王朝,并且兵分三路攻入叙利亚。1260年初叙利亚首府大马士革的官员献城投降。此时旭烈兀才得知蒙哥汗的死讯,率军回波斯。

不管旭烈兀是否有意夺取汗位,没等旭烈兀返回漠北,忽必烈和阿里不哥已经分别即位并展开了争夺汗位的斗争。于是在蒙古本土和汉地都没有雄厚政治军事基础的旭烈兀便放弃了争夺汗位的努力,在中亚、西亚建立了自己的统治。与旭烈兀不同,与蒙哥汗一起统兵征伐南宋的忽必烈与留守漠北的阿里不哥都在第一时间获悉了蒙哥汗的死讯,都具备争夺汗位的实力和政治基础。忽必烈手中握有征伐南宋的东路大军,其中主要包括东道诸王、五投下(即蒙古札剌亦儿、兀鲁兀、忙兀、弘吉剌、亦乞列思五部)和汉世侯的军队。阿里不哥在蒙哥汗南征期间,以拖雷幼子的身份主持大兀鲁思,管理留守军队和诸斡耳朵。(内蒙古社会科学院历史所《蒙古族通史》上册,民族出版社,1991年;陈得芝主编《中国通史》第八卷)

二 忽必烈与阿里不哥筹备争夺汗位

据文献记载,在蒙哥汗死后,留守漠北的阿里不哥为争夺汗位首先行动起来。他控制了蒙哥汗原来统领的一部分征宋西路军,在川、蜀、陇一带发展自己的势力,同时派亲信阿蓝答儿发兵漠北诸部,脱里赤括兵于漠南诸州,而阿蓝答儿乘传调兵,距离忽必烈在漠南的幕府所在地开平仅百余里。一开始形势似乎朝着有利于阿里不哥的方向发展。不过,正在征宋战争前线的忽必烈在得知蒙哥汗死讯后并没有急于撤兵,而是继续对南宋发动进攻。忽必烈与一起统兵征宋的蒙古札剌亦儿部首领霸都鲁进行了商议，并宣告："我们率领了［多得］像蚂蚁和蝗虫般的［大］军来到这里，怎能因为谣传便无所作为地回去呢？"于是，忽必烈率领大军首先突破了南宋的淮西防线，进逼南宋长江南岸的重要据点鄂州。1259 年阴历九月，忽必烈的异母弟穆哥自合州钓鱼城派遣的使者来到忽必烈的大帐，告知了蒙哥汗去世的消息，并请忽必烈马上北归以控制蒙古政局。穆哥的母亲同时又是忽必烈的乳母，忽必烈与穆哥之间有着深厚的感情，所以忽必烈对于穆哥传来的消息应该是深信不疑的。不过忽必烈却认为"吾奉命南来，岂可无功遽还"，于是率领大军渡长江，进攻鄂州。（《元史》卷四《世祖本纪一》；《史集》第二卷，第 281、289 至 290 页）

　　此时，由于蒙古西路征宋军的撤退，南宋在西线的防御军迅速增援鄂州，使得鄂州城愈加难以攻破。另外，忽必烈的正妻察必的急使和她营中的大臣太丑台和也苦，带来了阿里不哥在各地抽调士兵的消息，并传达了一句隐晦的谚语："大鱼的头被砍断了，在小鱼中除了你和阿里不哥以外，还剩下谁呢？你回来好不好？"这时忽必烈终于决定撤兵北返。忽必烈同时派军队接应兀良合台统率的征宋南路军，使其顺利北撤与忽必烈所统军合并，这样忽必烈所统军的力量有所增强。兀良合台所统军由今越南境内以及广西、湖南北上，不过由于路途艰难，损失惨重。（《元史》卷四《世祖本纪一》；《史集》第二卷，第 290 页）

　　为与阿里不哥争夺汗位，1259 年阴历十一月，忽必烈匆忙与南宋右丞相贾似道议和后北返，同时命霸都鲁和兀良合台留驻在征宋前线。忽必烈在得知蒙哥汗的死讯后，迟迟不从征宋前线北还奔丧，一方面的原因当然是忽必烈自己所宣称的蒙军大举南下，不能无功而返，但是自己的哥哥、蒙古大汗去世，回去奔葬难道就不重要吗？忽必烈欲夺取军功的解释不免有些牵强。从当时的大背景来看，忽必烈欲借南征牢牢控制征宋东路军和南路军，且不愿返回由阿里不哥控制的漠北本土，才是他迟迟不愿从征宋前线撤兵的真正原因。

当忽必烈北返至黄河岸边的原金朝南京(今开封)时，他根据沿途的所见所闻，已经确知阿里不哥派亲信脱里赤和阿蓝答儿在各地征索军队的情况。于是忽必烈派出急使去责问阿里不哥。这时阿里不哥在亲信脱里赤的建言下，欲安抚忽必烈，"便派出一个万夫长和使者们一起，带着五头海青作为［送给忽必烈］的礼物，让［他们］去对［忽必烈］说，他将去［忽必烈处］问候，还［指示］他们同脱里赤那颜一起，向忽必烈说些甜言蜜语，使他感到安全，很快放心下来"。同时使者们还向忽必烈禀告说阿里不哥已经停止了征发士兵的行为。忽必烈说："既然你们已解释了这些无谓的谣言，那就一切太平无事了。"于是假装满意地放阿里不哥的使者们走了。其实忽必烈此时早已明白阿里不哥的真实意图，派出急使前往驻守在鄂州附近的霸都鲁和兀良合台处，向他们说："立即从鄂州撤围回来，因为人生的变化犹如命运的旋转。"当急使们到达那里时，宗王塔察儿、也松格和纳邻-合丹已经回去了，霸都鲁和兀良合台还和军队一起驻留在那里，他们接到命令后马上率兵北返朝见忽必烈。1259年阴历闰十一月下旬，忽必烈抵达燕京，此时阿里不哥的亲信脱里赤还在燕京一带征调士兵，于是忽必烈诘问脱里赤，并果断下令将脱里赤所征集的士兵全部遣散。统领着大部分汉地军阀的军队，在汉地有着深厚政治、军事基础的忽必烈，在与阿里不哥争夺汉

地控制权方面并没有费多大力气。(《史集》第二卷,第292页;《元史》卷四《世祖本纪一》)

阿里不哥得知忽必烈已知道自己的图谋,便对身边的人说道:"既然忽必烈对我们的计谋已有所闻,最好把住在各禹儿惕和自己家里的宗王、异密们召集起来,找一处偏僻地方,把继位问题解决了吧!"他们商议之后,便向各方面派出急使召集宗王参加忽里台大会,不过很多宗王都找借口没有与会。因为来的人不多,阿里不哥再次与大臣们商议,他说道:"最好再次派遣急使到忽必烈处,用假话骗住他,让他放心无虑。"他们便再次派出使节通知说,为了举行蒙哥汗的丧礼,务请忽必烈和全体宗王都来。他们企图在这些人前来时,把他们全部抓住。当阿里不哥的使节到达忽必烈所在的燕京城时,支持忽必烈的宗王塔察儿、也松格、纳邻-合丹和其他万夫长们恰巧也从各地汇集到燕京来朝见忽必烈。(《史集》第二卷,第292至293页)

据《史集》记载,汇集到燕京的宗王们一致认为为蒙哥汗举行丧礼是件大事,应当而且必须参加,不过阿里不哥没等上述宗王到来,就自行在漠北牙亦剌黑-阿勒台地方称汗。其实不然,据相关史料记载,忽必烈在谋臣的建言下,在阿里不哥称汗之前抢先在开平即位。正如忽必烈的藩府大臣廉希宪所言,"安危逆顺,间不容发,宜早定大计"。忽必烈的另一位谋臣商挺也说:"先发制人,后发人制,天命不敢辞,人情不敢违,事机一失,万巧莫追。"(《元朝名臣事略》卷七《平章廉文正王》;《元朝名臣事略》卷十一《参政商文定公》)

其实在此之前,忽必烈已经为拉拢宗王、准备忽里台选汗会议做了细致的准备工作。在忽必烈召集、笼络的诸王中地位最高,最有影响的莫过于东道诸王,尤其是被誉为东道诸王之长的斡赤斤家族的首领塔察儿。在忽必烈统兵征宋期间,塔察儿隶属忽必烈帐下,两人之间有着甚为密切的交往。在忽必烈北返后,塔察儿也返回自己的营地。由于塔察儿与汉地世侯李璮有着紧密的联系,且被誉为蒙古黄金家族的东道诸王之长,因此塔察儿在这场汗位之争中的动向至关重要。

忽必烈早在从征宋前线返回之时已经认识到了塔察儿态度的重要性。谋臣郝经在《班师议》中向忽必烈指出:"宋人方惧大敌,自救之师虽则毕集,未暇谋我。第吾国内空虚,塔察(即塔察儿)国王与李行省肱髀相依,在于背胁。西域诸胡窥觊关陇,隔绝旭烈(即旭烈兀)大王。病民诸奸各持两端,观望所立,莫不觊觎神器,染指垂涎。一有狡焉,或启戎心,先人举事,腹背受敌,大事去矣。"即是说宋人暂时不足为虑,塔察儿大王和盘踞山东一带的汉世侯李璮"肱髀相依",势力很大,旭烈兀大王远征未返,各种政治势力均处于观望的状态,这种情况下如果不早定大计,让阿里不哥率先行动起来,又或争取不到塔察儿大王的支持,很可能会"腹背受敌,大事去矣"。于是忽必烈把争取塔察儿的支持放到了至关重要的位置。郝经在给南宋丞相贾似道的书信中又说:"纵彼(阿里不哥)小有侵轶,则塔察国王一旅,足以平荡。其余三十余王,犹卷甲牧马,从容营卫。"意纵使阿里不哥南下侵扰,诸王塔察儿一支的兵力就足可以平定之,况且还有其余三十多宗王严阵以待。郝经的言论当然有夸张的成分,但却足可以说明塔察儿大王当时的实力和地位。(《元文类》卷十三《班师议》;《陵川集》卷三十八《复与宋国丞相论本朝兵乱书》)

于是,忽必烈命廉希宪赐膳宗王塔察儿,借以拉拢。在廉希宪的建言下,塔察儿同意承担推举忽必烈为汗的任务,即"许以身任其事"。在这一过程中,塔察儿的王傅官撒吉思发挥了重要的作用。当时撒吉思"驰见塔察儿,力言宜协心推戴世祖,塔察儿从之"。(《元史》卷一百二十六《廉希宪传》;《元史》卷一百三十四《撒吉思传》)

　　东道诸王塔察儿在这场汗位之争中之所以能站到忽必烈这边,一方面是忽必烈竭力拉拢的结果,另一方面也与塔察儿及其谋臣对当时政局的判断有关。在对政局的判断中,塔察儿不仅看到忽必烈与阿里不哥之间实力的对比,其个人与这两个政治集团的关系也是他首要考虑的内容。前已述及,蒙哥汗统治后期,塔察儿与蒙哥汗之间产生了矛盾。1257 年,蒙哥汗曾任命塔察儿统领东路蒙古军攻打南宋,不料塔察儿在首战不利的情况下撤兵回到自己的营地。结果蒙哥汗大怒,扬言要惩罚塔察儿,同时不得不重新起用忽必烈率领东路军攻宋。蒙哥汗的突然死去使塔察儿幸免受罚。在蒙哥汗死后,留守漠北的阿里不哥恰是蒙哥汗既定政治方针的代表,阿里不哥身边的大臣基本上都来自蒙哥汗原有的亲信。蒙哥汗对塔察儿惩罚的诏令此时也多少让塔察儿有些不安,所以面对同样曾失势于蒙哥汗且主动结交自己的忽必烈,塔察儿果断站到忽必烈一方。另外,忽必烈在经营漠南汉地及统领东道诸王征宋期间可能早已与以塔察儿为首的东道诸王建立了密切的关系。(杉山正明《忽必烈政权与东方三王家——再论鄂州之役前后》)

　　三　忽必烈和阿里不哥分别称汗

　　为应对阿里不哥准备在漠北称汗的企图,中统元年(1260)春三月, 由忽必烈自己召集的忽里台贵族会议在忽必烈藩府所在地开平举行。在与会的蒙古东、西道宗王中,以塔察儿为首的东道诸王是主流,与会的西道诸王不仅数量少,而且不具备代表性。在此次忽里台选汗会议上,塔察儿率领东道诸王率先劝进忽必烈即位。忽必烈礼节性地三次表示退让。在诸王、大臣的坚决请求下,忽必烈即大汗之位,时年四十六岁。据《史集》记载,这些蒙古宗王、贵族经商议后一致认为,"旭烈兀汗已去到大食(阿拉伯帝国)地区,察合台的子孙在远方,术赤的子孙也很遥远。与阿里不哥[勾结在一起]的人做了蠢事……如果如今我们不拥立一个合罕,我们怎么能生存呢?"这说明在蒙古帝国内部已形成了忽必烈与阿里不哥两大对立利益集团。(《史集》第二卷,第295页)

中统元年阴历四月,阿里不哥在漠北匆忙称汗。与忽必烈相比,阿里不哥更多地得到了西道诸王的支持。可以说忽必烈的突然称汗打乱了阿里不哥的部署,因为身在漠北并主持蒙古国事务的阿里不哥起初并没有料到忽必烈的行动会如此果断、迅速。同时,阿里不哥也是蒙古旧俗、旧制的代表,长期留居漠北使他在固守蒙古旧制方面显然比忽必烈做得好多了。蒙哥汗时期忽必烈统领漠南汉地的军国重事,在儒臣谋士的辅佐下,在汉地开始了改革蒙古旧俗、以汉法治汉地的尝试。可以说,忽必烈的改革措施早已为许多守旧的蒙古诸王所不满,故忽必烈与阿里不哥的汗位之争在一定意义上也是革新与守旧两种势力之间的较量。(杉山正明《忽必烈政权与东方三王家——再论鄂州之役前后》;孟繁清《试论忽必烈与阿里不哥之争》,《元史论丛》第二辑)

忽必烈和阿里不哥在漠南和漠北分别即位后,首先展开了外交上的较量。参与拥立忽必烈为汗的蒙古宗王们指派一百名急使到阿里不哥等处宣布:"我们这些宗王和异密们,商议之后,已一致拥立忽必烈合罕为合罕。"结果,这一百名急使被阿里不哥囚禁了起来。忽必烈即位后,为了与阿里不哥争夺对察合台汗国的控制权,任命察合台的后裔阿必失合为察合台汗国的首领,并送他去接管察合台汗国,阿必失合的长兄纳邻–合丹也被派遣随同阿必失合前往。当阿必失合、纳邻–合丹到达西夏境内时,他们被阿里不哥派来的急使追上,结果他们同上述一百名急使一起被囚禁在漠北和林城。为了争取更多的支持,阿里不哥也分别遣使到各地颁降诏旨,宣谕道:"旭烈兀汗、别儿哥和宗王们已同意并宣布了我为合罕,不要听忽必烈、塔察儿、也松格、也可–合丹和纳邻–合丹的话,也不要服从他们的命令。"兄弟二人曾经派出许多急使进行谈判和交涉。不过,双方都互不相让,只有诉诸武力。(《史集》第二卷,第294至296页)

四　忽必烈与阿里不哥争夺汗位的战争

从当时的形势来看,阿里不哥所统军主要是漠北大部分蒙古千户的军队,以及散处在秦、蜀、陇一带原来随从蒙哥汗征宋的部分军队。忽必烈统领的主要是蒙古征宋的东路军、南路军以及其他一些蒙古东道诸王、五投下、汉世侯的军队,据守着漠南汉地广阔的农耕地区。与据守漠北的阿里不哥相比,忽必烈所掌握的人力、物力资源占有绝对优势,尤其是蒙古东道诸王和五投下军团,更是具有极强的战斗力。正如忽必烈的谋臣郝经所言,忽必烈"奄有中夏,挟辅辽右、白霣、乐浪、玄菟、秽貊、朝鲜,面左燕、云、常、代,控引西夏、秦陇、吐蕃、云南","倍半于金源,五倍于契丹",而阿里不哥所守地"地穷荒徼,阴寒少水,草薄土瘠，大抵皆沙石也"。不仅如此，忽必烈卓越的军事才能及其笼络的一大批儒臣谋士也是阿里不哥阵营所无法比拟的。（《陵川集》卷三十八《复与宋国丞相论本朝兵乱书》）

面对与阿里不哥的战事，以漠南汉地为基础的忽必烈首先做的就是牢牢掌握汉地的控制权。此一时期汉地分布着众多据地自守的军阀，即汉世侯。汉世侯在归附蒙廷的同时又割据一方，享有较大的特权。中统元年五月，忽必烈下令设立十路宣抚司，即燕京路、益都济南等路、河南路、北京等路、平阳太原路、真定路、东平路、大名彰德等路、西京路、京兆等路。十路宣抚司是忽必烈临时派往地方代表朝廷宣谕一方的机构，具有明显的监司性质。忽必烈主要任命自己亲信的藩邸旧臣担任十路宣抚使，这样十路宣抚司就在监控汉地，调集汉地人力、物力资源等方面发挥着重要的作用。

忽必烈与阿里不哥之间的战事首先在陕西、四川、甘肃一带爆发。这一带的军队多为原蒙哥汗统领的征宋军队，蒙哥汗死后，这些军队中有的支持阿里不哥，有的支持忽必烈，也有的持观望态度。不过上述地区也是忽必烈经营多年的根据地，蒙哥汗曾将京兆之地分封给忽必烈，忽必烈奏准设立京兆宣抚司统管京兆之地和整个川陕地区。早在从鄂州征宋前线北返途中，忽必烈便采纳谋臣廉希宪的建议派赵良弼前往关右了解情况。忽必烈即位伊始，又任命八春、廉希宪、商挺为陕西四川等路宣抚使（即京兆等路宣抚使），赵良弼为参议。其中廉希宪、商挺、赵良弼本来就是蒙哥汗时期忽必烈奏准设置的京兆宣抚司的负责官员，对这一带的情况颇为熟悉。廉希宪等就任后审时度势、恩威并重，分化敌对势力，迅速控制了陕西、四川的形势，接管了大批的军队。与此同时，阿里不哥也派军队增援该地。中统元年九月，阿里不哥与忽必烈的军队在今甘肃山丹的耀碑谷展开决战。结果，忽必烈阵营大获全胜并斩杀阿里不哥军队统帅阿蓝答儿和浑答海。（《元史》卷一百二十六《廉希宪传》；《元史》卷四《世祖本纪一》）

在进行西线作战的同时，忽必烈还主动出击，进攻漠北。约在中统元年夏秋之交，忽必烈亲自督军进攻漠北统治中心和林。双方军队战于漠北巴昔乞之地，这一次阿里不哥的军队又遭惨败，阿里不哥被迫率军从和林逃到乞儿吉思地区（位于今叶尼塞河下游）。在逃走之前，阿里不哥将所囚禁的来自忽必烈一方的前述两位宗王和一百名急使全部杀掉了。其实，忽必烈军队的获胜也在情理之中，除去人数众多、英勇善战、纪律严明外，他的大军还有着十分充足的后勤保障，能够持久作战。而漠北的阿里不哥军队失去了汉地物资供应，开始面临着严重的给养困难，这在和林城中表现得特别明显。和林城的饮食通常是用大车从汉地运来的，当忽必烈封锁了从汉地通往和林的运输后，那里便开始了大饥荒，物价飞涨。阿里不哥陷入了绝境，他说道："最好是让早就担任宫廷职务，通晓各种事情、法度、规矩的察合台的儿子拜答儿的儿子阿鲁忽去掌管自己祖父的首邑和他的兀鲁思，以便把武器和粮食送来援助我们，并守卫质浑河（即阿姆河）边境，使旭烈兀的军队和（术赤兀鲁思首领）别儿哥的军队不能从那方面前来援助忽必烈。"于是阿里不哥便把阿鲁忽遣送回去，任命他执掌察合台汗国。不过，事与愿违，阿鲁忽执掌察合台汗国后，开始不听阿里不哥的命令，并逐渐倒向忽必烈的阵营。（《史集》第二卷，第 296 至 297 页）

当忽必烈到达和林时,擒获了阿里不哥全部四个斡耳朵和一些蒙古勋贵斡耳朵的留守人员,忽必烈将他们遣回并令其驻扎在各自的营地。那年冬天,忽必烈在汪吉-沐涟(今蒙古国翁金河)附近过了冬。这时惊魂未定的阿里不哥带着瘦弱饥饿的军队驻扎在谦谦州(位于今唐努山以北、叶尼塞河上游流域)边境,由于害怕忽必烈追击,阿里不哥派出急使请求忽必烈的饶恕,说道:"我们这些弟弟有罪,他们是出于无知而犯罪的,[你]是我的兄长,可以对此加以审判,无论你吩咐我到什么地方,我都会去,决不违背兄长的命令。我养壮了牲畜就来[见你],别儿哥、旭烈兀和阿鲁忽也将前来,我正在等待他们的到来。"忽必烈听罢高兴地说:"浪子们现在回头了,清醒过来,聪明起来,回心转意了,他们承认自己的过错了。"于是他回答说:"旭烈兀、别儿哥和阿鲁忽到那里时,让他们立即派急使来,他们的急使一到,我们就可以确定一下应当在何处聚会,首先应当让他们守信用,如果你们在他们到达之前就来,那更好。"这时忽必烈遣散了宗王的军队,让他们各自回到自己的分地,并命令东道诸王移相哥率十万军队留守和林,自己则在哈剌温-只敦地方他的帐殿里停驻下来。(《史集》第二卷,第298至299页)

在取得对阿里不哥作战的胜利后,整个蒙古帝国的形势发生了巨大的变化,驻守在中亚、西亚的旭烈兀和察合台兀鲁思的首领阿鲁忽都倾向于支持忽必烈,他们各自向忽必烈派出了使节,而忽必烈也派出使节以拉拢旭烈兀和阿鲁忽。忽必烈说道:"从质浑河岸到密昔儿的大门(今尼罗河),蒙古军队和大食人地区,应由你,旭烈兀掌管,你要好好防守,以博取我们祖先的美名。从阿勒台的彼方直到质浑河,可让阿鲁忽防守并掌管兀鲁思和各部落。而从阿勒台的这边直到海滨，则由我来防守。"这时，术赤兀鲁思的首领别儿哥也向忽必烈和阿里不哥双方派去了使节，劝他们和解。然而阿里不哥只是假意议和，其真正的用意是积蓄力量，等待时机。约在 1261 年秋，阿里不哥之军伪装投降戍守漠北的移相哥，趁移相哥放松警惕之时，对移相哥的军队发动突然袭击，结果阿里不哥之军大败移相哥的军队，横扫漠北，直指漠南。忽必烈闻讯后，迅速调集大量军队应战。十一月，双方军队在昔木土脑儿展开决战，忽必烈军队重创阿里不哥之军，阿里不哥率领残部向北逃窜。这时忽必烈却说："不要去追他们，他们都是些不懂事的孩子，[应当]使他们明白过来，后悔自己的行为。"十天之后，蒙哥汗的儿子阿速带率兵去支援阿里不哥。趁忽必烈的军队撤退之际，阿里不哥与阿速带商议好，折军回去，在失烈延塔兀之地与忽必烈军队遭遇。这场战争进行得非常惨烈，双方士兵由于路途遥远急速行军而大量死亡。同年冬天，双方均把军队撤到了自己的控制区，以养精蓄锐。(《史集》第二卷，第 299 至 301 页)

到 1262 年，阿里不哥与察合台汗国的首领阿鲁忽之间又爆发了战争。靠阿里不哥扶植而成为察合台汗国首领的阿鲁忽到任后，致力于强化自己在察合台汗国的统治，同时派军夺取术赤兀鲁思占据的撒麻耳干、不花剌和河中地区。这时，阿里不哥派来的使节到察合台汗国征集了大量的牲畜、马匹和武器。阿鲁忽眼红这批财物，便以各种借口加以扣留。于是阿里不哥的使者扬言："这批财物是我们奉阿里不哥诏命征收的，与阿鲁忽有什么相干？"此话触怒了阿鲁忽，于是他命令把这些使节抓起来，夺回了那批财物。这种情形下，阿鲁忽为了自保，开始倒向忽必烈。正如阿鲁忽的大臣所言："你(阿鲁忽)既已干出这样的罪行，[你]就失去了阿里不哥这样的靠山，尤其是兀鲁忽乃哈敦（即阿鲁忽之前察合台汗国的统治者）早已去[向他]告了状。我们经受不住他的责备和愤怒。因为我们已起来反对他，那我们就只好去归顺[忽必烈]合罕。"于是他们把阿里不哥的使节杀掉了。(《史集》第二卷，第302至303页)

阿里不哥听到这件事以后，极为愤怒，于是他就出兵去攻打阿鲁忽去了。这时，忽必烈统军趁机再次征服了漠北的和林城。当忽必烈准备去追击阿里不哥之时，忽必烈控制的汉地爆发了以汉世侯为首的叛乱，于是忽必烈迅速南下燕京。

阿鲁忽在与阿里不哥的战争中先胜后败。阿里不哥获胜后，经常举行宴饮，杀害和劫掠忽必烈的臣民，并凌辱他们。这时，阿里不哥的跟随者一个个找借口离开了他，他们说："他(阿里不哥)如此残酷地糟蹋成吉思汗征集起来的蒙古军队，我们怎能不感到愤怒而离开他呢?"就在1263年冬天，阿里不哥的军队大部分走掉了，其中跟随阿里不哥的蒙哥汗的儿子玉龙答失，率领很多千户长归附了忽必烈。这样阿里不哥身边只有阿速带及少数军队。当阿鲁忽得知阿里不哥势力衰弱，便出兵攻打他，阿里不哥已经走投无路。(《史集》第二卷，第304至306页)

五　阿里不哥的归降

至元元年(1264)七月，阿里不哥归降忽必烈。在阿里不哥抵达忽必烈驻地以后，忽必烈随即降旨集合了很多军队，然后命他进见。按照惯例，在此场合下，罪人的肩上要披上大帐的门帘觐见，阿里不哥就这样披盖着去见忽必烈。过了一会，他得到允许进入帐殿,但被拦住,站到了必阇赤所在的地方。身为同胞兄弟的忽必烈与阿里不哥此时都颇为难过,阿里不哥哭了起来,忽必烈也流下了眼泪。忽必烈擦去眼泪问道:"我亲爱的兄弟,在这场纷争中谁对了呢,是我们还是你们呢?"阿里不哥回答:"当时是我们,现在是你们。"看来阿里不哥仍坚持认为自己即位得到了众多蒙古宗王的支持,是合乎蒙古制度的。但胜者为王,败者为寇,在众多宗王纷纷倒向忽必烈,自己走投无路的情况下,自己理所当然是过错者了。在塔察儿的请求下,忽必烈赐座给阿里不哥,命他和宗王们同坐。于是众人就开始宴饮起来。

　　第二天早晨,忽必烈的大帐中聚集了大臣和宗王们,开始审讯阿里不哥的追随者。结果阿里不哥的十个大臣被处死,一些跟随他的宗王则被流放。几天后,忽必烈想接着审讯阿里不哥,但阿里不哥毕竟是自己的同胞兄弟,是蒙古黄金家族的成员,为防止激起宗王们,尤其是黄金家族成员的不满,忽必烈没有轻易审讯阿里不哥。为此他等待同胞兄弟旭烈兀、术赤兀鲁思首领别儿哥和察合台兀鲁思首领阿鲁忽的到来,但由于路途遥远,他们迟迟未到。于是在忽必烈的授意下,东道诸王塔察儿等宗王以及蒙汉大臣们便聚在一起,审讯了阿里不哥以及跟随他的蒙哥汗之子阿速带。宗王、大臣们商议:"我们应如何看待阿里不哥和阿速带的罪行呢?看在合罕(忽必烈)面上,赐他们活命吧。"忽必烈派一些急使到旭烈兀、别儿哥、阿鲁忽处将审讯的结果告知他们,并咨询他们的意见,旭烈兀和别儿哥均表示同意,并准备前去忽必烈处出席忽里台大会,只原由阿里不哥扶植即位的阿鲁忽提出了条件,他说:"我也是未经合罕和兄长旭烈兀同意继承察合台之位的,现在全体宗亲们聚集在一起,正可判定我当否[继位]，如果同意我[继位]，我才可发表意见。"可是没等到旭烈兀、别儿哥、阿鲁忽到来，1265 年的秋天，阿里不哥就病死了。忽必烈准备召开的由蒙古帝国内部各支主要势力参加的忽里台贵族会议一直没有举行，而没多久，旭烈兀、别儿哥、阿鲁忽都死去了。(《史集》第二卷，第 306 至 311 页)

第二节　蒙古帝国的分裂以及北方诸王的反叛

一　蒙古帝国的分裂

由成吉思汗一手建立的蒙古帝国一开始就是一个较为松散的联合体。成吉思汗根据黄金家族共权制的原则，把自己的诸弟、诸子分封到蒙古帝国的东西两翼，让他们各守封国，从而形成了东、西道诸王兀鲁思。东、西道诸王在自己的兀鲁思内拥有相当大的独立权。在这种体制下，一旦大汗的权威削弱，很容易造成帝国的分裂。由于发展空间狭小且紧邻中央兀鲁思，蒙古国时期东道诸王兀鲁思基本上仍处于大汗的控制之下。尤其是忽必烈即位后，开始加强中央集权，从而进一步削弱了东道诸王的特权。

与之不同的是，西道诸王兀鲁思从蒙古的第三任大汗贵由汗时期就开始有了分离的倾向。当时势力迅速扩张的术赤兀鲁思首领拔都由于不满贵由即位，借故不参加选举贵由为汗的忽里台大会。后来只是由于贵由汗的突然死去，贵由汗与拔都之间才避免了战争，也使得蒙古帝国能够继续维持统一的局面。贵由汗死后，由拔都支持的蒙哥汗即位，由于拔都与蒙哥汗之间的友好关系，术赤兀鲁思名义上仍听命于大汗。但此时的术赤兀鲁思实际上已是独立的汗国，蒙哥汗与拔都之间与其说是统属关系，不如说是联盟关系。与术赤兀鲁思的迅速崛起形成对照的是，窝阔台兀鲁思和察合台兀鲁思，尤其是窝阔台兀鲁思，受到了蒙哥汗与拔都的联合打击，势力大为削弱。

　　到蒙哥汗死后，忽必烈与阿里不哥之间爆发了争夺汗位的战争，汗位空虚之际，蒙古帝国加剧分裂。首先是早已不在大汗控制之下的术赤兀鲁思由于远离蒙古帝国的统治中心，已基本走向独立发展的道路，不过仍然承认大汗的宗主权。忽必烈时期，拔都的弟弟，术赤兀鲁思首领别儿哥死后，拔都的孙子忙哥帖木儿继位，忽必烈则予以册封。金帐汗国的疆界大致为：东起额尔齐斯河，西至第聂伯河，东北到保加尔，南至克里木和北高加索，东南面包括花剌子模北部和锡尔河下游地区，统治中心在伏尔加河流域的萨莱城。

　　蒙哥汗时期，蒙哥汗之弟旭烈兀奉命西征，控制着今高加索、伊朗、伊拉克等地。蒙哥汗死后，较晚得到他死讯的旭烈兀没有返回汗廷，而是坐观忽必烈与阿里不哥争夺汗位。忽必烈在与阿里不哥争夺汗位的战争中，为了拉拢旭烈兀势力，便授予了旭烈兀对控制区的统辖权。1264 年，忽必烈又册封旭烈兀为伊儿汗，伊儿汗国正式形成。旭烈兀死后，旭烈兀的长子阿八哈继承父位。伊儿汗国实质上也是一个独立的汗国，与忽必烈政权保持着名义上的宗藩关系。伊儿汗国的疆域东起阿姆河，西至地中海，北及高加索，南抵波斯湾，首府设在帖必力思（今伊朗大不里士）。蒙哥汗死后，1262 年，旭烈兀与术赤兀鲁思首领别儿哥之间爆发了战争。旭烈兀与别儿哥死后，他们的继承人阿八哈与忙哥帖木儿也多次作战。

　　察合台兀鲁思与术赤兀鲁思的情况有所不同。蒙哥汗即位后,曾对反对其即位的部分察合台系成员进行了清洗,削弱了察合台兀鲁思的势力。到蒙哥汗去世时,察合台兀鲁思仍在汗廷的实际控制之下。阿里不哥为了与忽必烈争夺察合台汗国的控制权,便扶植察合台的后裔阿鲁忽控制了察合台汗国。不料,阿鲁忽趁阿里不哥与忽必烈争战之际,独掌察合台汗国,不再听命于阿里不哥。

　　忽必烈在取得对阿里不哥的胜利后,也承认了阿鲁忽控制察合台汗国的权力,同时将东起阿尔泰山,西至阿姆河的土地划给阿鲁忽戍守。不过,在阿鲁忽死后,察合台长孙哈剌-旭烈兀的妻子兀鲁忽乃哈敦控制了察合台汗国,她扶植自己的儿子木八剌沙继承了阿鲁忽之位。先是察合台的后裔八剌向忽必烈进言说:"木八剌沙凭什么继承我的叔父阿鲁忽之位? 如果合罕降旨让我继承我的叔父之位,今后我将效劳奉命[于合罕]。"八剌曾经长期为忽必烈效力。为了控制察合台汗国,忽必烈降旨让八剌和木八剌沙一同掌管察合台兀鲁思。当八剌到达察合台兀鲁思后,见木八剌沙和兀鲁忽乃哈敦正掌着权,他就没有把忽必烈的诏敕拿出来。木八剌沙问八剌:"你来此的目的是什么?"八剌回答说:"我长期不在兀鲁思和家中;我的人已四处流散了。现在,请允许我来收集徒众并与你们一起游牧。"这些话投合了木八剌沙的心意。八剌不露声色,很有心计地和木八剌沙相处,并逐渐把战士们从各个角落收集到自己周围。于是八剌联合木八剌沙的大臣及一部分军队发动政变,废黜了木八剌沙,自己取而代之。八剌把木八剌沙贬为自己的猎夫长。

　　八剌依靠自己的阴谋手段,而不是依靠忽必烈的圣旨夺取察合台兀鲁思的权力，说明大汗和察合台兀鲁思之间的关系开始发生变化。忽必烈派八剌到察合台兀鲁思夺权，本是为了加强对西域的控制，但当八剌在察合台兀鲁思的统治日渐巩固以后，便不再听命于忽必烈，走向独立发展的道路。阿鲁忽的儿子出伯、合班以及他们的宗亲则脱离八剌，带着军队归附了忽必烈。而察合台兀鲁思，即察合台汗国的领土包括阿尔泰山至河中地区，斡耳朵设在阿力麻境内的忽牙思。(《史集》第二卷，第179至180、311页；刘迎胜《元朝与察合台汗国的关系》，《元史论丛》第三辑；内蒙古社会科学院历史所《蒙古族通史》，第110至131页)

蒙哥汗即位后，对反对自己的窝阔台系诸王进行了严厉的打击。窝阔台兀鲁思在阿尔泰山外的领地被分割成若干小块，分别授予未参与反对蒙哥汗的窝阔台系后裔。其中，封地在海押立的窝阔台汗孙海都的势力发展迅速。据载，海都是一个很聪明、能干而又狡猾的人，他把一切事情都安排得奸诈而又狡猾。海都的身份也非常特殊。海都的父亲合失是窝阔台汗第五子，曾最早被选为窝阔台汗的继承人，不过合失却因过度酗酒的恶习早于窝阔台汗死去。合失死后，合失之子海都曾被窝阔台指定继承在他之后那个人的汗位。显然，海都一出生就获得了将来可能继承汗位的资格，正是由于海都的这一身份，他才能够在窝阔台系遭到蒙哥汗的打击后脱颖而出，号召、团结窝阔台系诸王，并成为窝阔台兀鲁思的首领。(王晓欣《合失身份及相关问题再考》)

海都为扩张势力，曾在术赤兀鲁思首领别儿哥的支持下攻击过旭烈兀。在阿里不哥与忽必烈争夺汗位期间，海都支持阿里不哥即位，积极扩张自己的势力。当阿里不哥投降忽必烈后，海都感到了来自忽必烈的威胁，害怕受到惩处。他看到忽必烈忙于汉地事务，遂萌生了割据一方的念头。海都还和术赤兀鲁思首领别儿哥及其后的忙哥帖木儿建立了友好关系，在他们的帮助下夺取了一些地区。

在阿里不哥降附后，忽必烈向海都等窝阔台后裔派出了急使，想把他们拉拢过来。忽必烈说道："其他宗王们全都在这里，你们为何迟迟不来？我衷心希望当面会晤，我们一起把一切事情都商议好后，你们将获得各种恩典返回去。"海都无意听命忽必烈，他遣使说："我们的牲畜瘦了，等养肥之后，我就遵命［前来］。"他以此为借口推托了三年。不仅如此，海都还打击忽必烈在中亚的势力，并与察合台兀鲁思产生矛盾。于是察合台兀鲁思首领八剌受忽必烈之命进攻海都。这样，在河中和突厥斯坦就出现了以元廷为后盾的察合台汗国与术赤兀鲁思支持的窝阔台兀鲁思两大势力对峙的局面。在察合台兀鲁思首领八剌与海都的作战中，八剌先是取胜，随后又为海都和术赤兀鲁思的联军击败，势力大为削弱。这时，海都派与八剌有着友好关系的窝阔台后裔钦察前去讲和，并得到了八剌的响应。于是1269年春天，察合台兀鲁思、术赤兀鲁思以及窝阔台兀鲁思的宗王们在塔剌思草原和坚者克草原（今哈萨克斯坦塔拉兹西）召开忽里台大会，会上确认他们都是成吉思汗的后裔，三方也应像忽必烈和旭烈兀那样占有广袤的领地。为协调三方的矛盾，他们商定河中地区三分之二归八剌所有，三分之一归海都和忙哥帖木儿所有。同时他们还决定由八剌去夺取旭烈兀兀鲁思的领土，以扩大八剌军队的牧场、土地和畜群。这次会议在没有经过大汗同意的情况下举行，奠定了察合台、窝阔台两汗国长期合作，对抗元朝政府的基础。如果说忽必烈与阿里不哥的汗位之争使蒙古国的历史走向结束，那么此次大会则是蒙古国分裂为几个相互联系又相互独立的兀鲁思的标志。以后，他们只在名义上把元朝皇帝看做成吉思汗的继承人和黄金家族的总代表，而元朝皇帝直接统治的地区仅限于东方。（《史集》第三卷，第108 至 111 页，商务印书馆，1997 年；刘迎胜《论塔剌思会议》，《元史论丛》第四辑）

为了离间塔剌思会议结成的联盟，忽必烈试图联合与自己没有直接利益冲突的术赤兀鲁思，并选定与术赤家族有密切联系的铁连出使术赤兀鲁思，传达忽必烈的谕旨，但效果并不理想。术赤兀鲁思首领忙哥帖木儿虽承诺绝不支持叛逆活动，却只不过是搪塞之辞，他并没有真正放弃与海都的结盟。在塔剌思会议后，海都等西北宗王曾派使者质问忽必烈为什么要留居汉地，建都邑城郭，吸收汉法而改革蒙古旧制。看来，海都等西北宗王不仅要建立独立的汗国，还对忽必烈之施政极为不满。（《元史》卷一百三十四《铁连传》；《元史》卷一百二十五《高智耀传》）

蒙哥汗死后，蒙古帝国走向分裂。这其中，成吉思汗始建分封制，使得黄金家族成员可以裂土一方，建立自己的汗国是重要的原因。成吉思汗到蒙哥汗时期，伴随着蒙古帝国版图的扩张，蒙古汗廷已经很难统治如此辽阔的地域。而蒙哥汗死后，忽必烈与阿里不哥爆发了争夺汗位的斗争，这又为帝国的分裂提供了契机。忽必烈即位后，把统治中心从漠北迁到漠南汉地，把更多精力投入控制区的治理和加强集权，这是蒙古帝国分裂的又一原因。

二 宗王海都、昔里吉之乱

在阿里不哥降附后，世祖忽必烈曾试图阻止蒙古帝国的分裂。忽必烈遣使邀请各支宗王召开具有广泛代表性的忽里台大会，并对他们进行安抚。由于伊儿汗国首领旭烈兀、钦察汗国首领别儿哥、察合台汗国首领阿鲁忽相继死去，这次忽里台大会没能够如期召开。与此同时，伊儿汗国、钦察汗国、察合台汗国以及窝阔台系后王海都之间的争斗日趋激烈，此种背景下，召开由全体宗王参加的忽里台大会已不现实。1269 年，钦察汗国、察合台汗国以及宗王海都在塔剌思召开会议，结成联盟，形成了术赤、察合台、窝阔台三系与以忽必烈、旭烈兀为代表的拖雷系相对峙的局面，蒙古帝国分裂加剧。

面对此种局面，忽必烈采取的措施是拉拢钦察汗国，打击、防范与之邻近的宗王海都以及察合台汗国的势力。至元三年（1266），忽必烈任命皇子北平王那木罕出镇漠北，为打击海都的势力做好准备。忽必烈与西北宗王海都的战事始于至元五年（1268）。当时海都自阿力麻进军漠北，首先驱逐、击溃并洗劫了他们附近依附于蒙哥汗之子玉龙答失的纳邻，并与北平王那木罕大战于漠北的统治中心和林。（《元史》卷一百二十八《土土哈传》；《元史》卷六十三《地理志六》；《史集》第二卷，第 312 页；贾丛江《海都与窝阔台汗国的创建》，《西域研究》1999 年第 4 期）

有关此次和林之战，《马可波罗行纪》有详细记载："彼［海都］知大汗子名那木罕（Nomogan）者时镇哈剌和林（Karakoroum），而长老约翰（Pretre-Jean）孙阔里吉思（Georges）与之共同镇守，此二王亦有战骑甚众。海都国王预备既毕，即率师出国，疾行，沿途无抗者，抵于哈剌和林附近。时大汗子与新长老约翰已率大军驻此以待,盖彼等已闻海都率重军来侵,故为种种筹备,俾不受任何侵袭。及闻海都国王及其部众行抵附近,彼等奋勇迎敌。行至相距海都国王十哩之地卓帐结营。其敌逾六万骑,所为亦同。双方预备既毕,各分其军为六队。双方之众各持剑盾、骨朵(长柄短兵器,原称胍肵,后讹为骨朵)、弓矢及种种习用武器。应知鞑靼人之赴战也,每人例携弓一张,箭六十支,其中三十支是轻箭,镞小而锐,用以远射追敌;三十支是重箭,镞大而宽,用以破肤、穿臂、断敌弓弦,而使敌受大害。各人奉命携带如此,此外并持有骨朵、剑、矛,用以互相杀害……两军奋战既毕,开战之大角大鸣。每军有角一具,盖其俗大角未鸣时不许进战也。众军闻角鸣后,残忍激烈之血战开始,双方奋怒进击。双方死亡甚众,死者伤者遍地,马匹亦然。战中呼叱之声大起,雷霆之声不过是也。海都国王以身作则,大逞勇武以励士气。对方大汗子与长老约翰孙勇武亦不下海都,常赴酣战之处驰突,以显武功而励将士。我尚有何言欤?应知此战之久,为鞑靼人从来未经之酣战。各方奋勉,务求败敌,然皆不副所期,混战至于日暮,胜负未决。战争至于日落之时,各人退还营帐。其未负伤者疲劳已甚,至于不能站立。伤者双方并众,各视伤之轻重而为呻吟。个人亟须休息,甚愿安度此野而不欲战。及至黎明,海都国王闻谍报,大汗遣来重军援助其子,自量久持无益,遂命退军。比曙,上马驰还本国。大汗子与长老约翰孙见海都国王率军而退,不事追逐,盖彼等亦甚疲劳,亟愿休息也。海都国王及其部众疾驰不停,至于大突厥国撒麻耳干城,自是以后遂息战。"(《马可波罗行纪》,冯承钧译,上海书店,2001 年)

那木罕击溃海都的进攻后,元廷对海都从消极防御转为积极进攻。

至元七年(1270)六月,世祖忽必烈赐皇子那木罕所部马六千、牛三千、羊一万,赐北边戍军马二万、牛一千、羊五万。同年忽必烈还亲历漠北,视察军情,激励士气。是年那木罕率军出征海都,到至元八年(1271)占领了海都的重要根据地阿力麻,海都率军又远遁二千余里。到至元十二年(1275),元廷又任命木华黎的后裔安童以行中书省枢密院事的身份协助那木罕镇戍阿力麻。安童到任后率军大败隶属于海都的火和大王,彰显了元廷对海都的强势姿态。形势朝着有利于元廷的方向发展,元廷在西北面收复了大量的领地。(《元史》卷六《世祖本纪三》;《元史》卷一百三十四《刘容传》;《元史》卷六十三《地理志六》;贾丛江《海都与窝阔台汗国的创建》)

这一时期,海都在与元军的作战中遭到了不小的损失,但由于他控制了察合台汗国,其势力不仅没有衰弱,反而大大增强了。1269年塔剌思会议之后,海都支持察合台汗国的首领八剌去进攻旭烈兀建立的伊儿汗国,夺取呼罗珊地区,结果八剌被伊儿汗国的首领阿八哈汗所击败,他的大部分战士被阿八哈汗的军队所杀,剩下一小部分四散逃跑了。不过,此时海都背弃了与八剌的同盟,派军包围八剌的军队,当天夜里八剌就死去了。这时八剌帐中的很多部下、宗王转而效忠海都,至此,海都控制了察合台汗国。大约在至元十二年左右,由海都扶植即位的察合台汗国首领都哇和他的弟弟,率军围攻畏兀儿亦都护戍守的别失八里城(今新疆吉木萨尔北破城子),并一度占领该城。(《史集》第二卷,第180至183页)

元廷在增兵西北的同时,又派出了畏兀儿人昔班出使海都,希望能劝其罢兵,归附元廷。海都同意与元廷和解,退兵置驿。此后昔班又数次奉旨前往海都处,劝其亲朝忽必烈。有着丰富政治斗争经验的海都深知归附忽必烈绝对不会有好的下场,便以怕死为辞拒绝朝见忽必烈。这样,在元朝的西北边境,元廷与海都的势力对峙着,双方均欲伺机而动。(《元史》卷一百三十四《昔班传》)

元廷西北戍守军的兵变首先打破了僵局。至元十四年(1277)七月,出镇阿力麻的皇子那木罕属下部分诸王发动兵变,这些反叛诸王大部分是拖雷幼子阿里不哥的支持者以及对忽必烈心怀不满者。参与反叛的诸王主要有蒙哥汗之子昔里吉、蒙哥汗之弟岁哥都的儿子脱黑帖木儿,以及阿里不哥的两个儿子玉不忽儿、灭里帖木儿等。其中脱黑帖木儿最先萌发了反叛的念头。脱黑帖木儿与昔里吉在打猎时相遇,他们商议道:"我们把那木罕[和安童那颜]抓起来交给敌方吧。"脱黑帖木儿并且诱惑昔里吉说:"帝位将归于你,合罕使我们和我们的父亲们受了多少侮辱啊!"于是他们在夜里发动兵变,将元军主帅那木罕、阔阔出、安童抓住,并且把那木罕和阔阔出送到了钦察汗国首领忙哥帖木儿处,将安童送到了海都处。他们遣使对忙哥帖木儿和海都说:"你们有大德于我们,我们对此未忘,现将企图攻打你们的忽必烈合罕的宗王和异密们送交给你们;咱们不要互相算计,要联合起来打退敌人。"忙哥帖木儿和海都则传话给使节说:"我们很感谢你们,我们正希望你们这样做,请留驻于原地,因为[你们]那里水草很好。"但不管是忙哥帖木儿还是海都,更关注的还是自身的利益,至于联合诸王昔里吉等与强大的忽必烈政权发生冲突,他们已不热心。况且对海都来说,与其扶植一个本地区的竞争对手，还不如借元廷平定昔里吉等诸王的叛乱而坐收渔翁之利。因此忙哥帖木儿和海都都不愿给予昔里吉等以实质上的支持。(《史集》第二卷,第311至313页)

这种情况下,昔里吉等叛王转战漠北,威胁、引诱更多的蒙古诸王参与叛乱。叛乱诸王脱黑帖木儿来到了窝阔台和察合台后裔的斡耳朵帐殿,因为在他看来,不管是窝阔台家族还是察合台家族,长期以来对拖雷系政权都十分敌视。脱黑帖木儿抓住了主管那些斡耳朵帐殿的宗王撒里蛮和忙哥帖木儿的一个兄弟,并欺骗说,拔都的儿子们、海都和宗王们已联合起来反叛忽必烈,大军随后就到。不过脱黑帖木儿的谣言很快被揭穿了,但宗王撒里蛮等仍然加入了反叛的行列。另外,弘吉剌部驸马斡罗陈之弟只儿瓦台也举兵响应昔里吉之乱,裹胁并杀害兄长斡罗陈,还一度围攻应昌府(今内蒙古赤峰克什克腾旗达里诺尔湖西),忽必烈之女囊加真公主也被围困。但昔里吉等宗王的反叛并没有得到大部分蒙古诸王的支持。

较之海都之乱,昔里吉等宗王的反叛更直接危及到忽必烈政权的存亡。于是忽必烈迅速调集重军平叛。统军征伐南宋的大将伯颜临危受命,充当了平叛主帅。结果元廷军队迅速击溃反叛宗王的军事力量。这时反叛诸王之间开始反目,相互攻击,更无法组织力量抵抗元廷军队的进攻。到至元十九年(1282),昔里吉等反叛宗王大都归附元廷。至于被叛王劫持到钦察汗国的皇子那木罕,到至元十八年(1281)左右也被遣回元廷。当时钦察汗国首领忙哥帖木儿病死,脱脱蒙哥即位。为了争取忽必烈对其即位的支持,脱脱蒙哥在送回那木罕的同时遣使于忽必烈,说道:"我们听命[于陛下],我们都将来参加忽里勒台。"不久,诸王海都也遣返了拘禁在窝阔台兀鲁思的元廷将领安童和石天麟，以示和解。但海都仍然拒绝亲往忽必烈处参加忽里台大会，同时脱脱蒙哥等人也取消了参加忽里台大会的决定。元廷与几大独立汗国对峙的格局并没有多少改变。（《史集》第二卷，第316至317页）

　　世祖朝中后期，元廷在其西北边境与窝阔台汗国以及察合台汗国的争夺一直继续，互有胜负，边界没有太大变化。在世祖去世后，成宗即位。成宗继续强化西北防御，在天山南北分立曲先塔林都元帅府、北庭都元帅府。成宗还先后派叔父宁远王阔阔出、皇侄海山出镇漠北。

　　成宗大德五年（1301），元军与窝阔台汗国首领海都、察合台汗国首领都哇大战于阿尔泰山附近的铁坚古山，双方都损失惨重。在这次战役中，海都、都哇都负了伤，海都不久死去。海都死后，都哇联合元军迅速控制了海都所建立的窝阔台汗国的领地。海都及其所建立的窝阔台汗国在与元廷的长期争夺中以失败而告终。之后，察合台汗国首领都哇胁迫窝阔台汗国首领察八儿主动与元廷议和，承认元廷的宗主地位，并得到了成宗以及伊儿汗国、钦察汗国的积极回应，元廷的西北战事基本平息。（《史集》第二卷，第311至317页；刘迎胜《元朝与察合台汗国的关系》）

　　三　东道诸王的反叛

　　与成吉思汗诸子建立的西道诸王兀鲁思遥相呼应，成吉思汗诸弟在蒙古帝国的东翼建立了东道诸王兀鲁思。以成吉思汗诸弟斡惕赤斤家族为首的东道诸王，始封地在大兴安岭西麓，不过自蒙古国时期开始，东道诸王便越过大兴安岭向东北地区扩展自己的领地或势力范围，斡惕赤斤家族更是担当了镇戍东北的任务。东道诸王在自己领地内拥有相当大的支配权。作为蒙古黄金家族成员的东道诸王在蒙古帝国内的地位也极高，为历代大汗所敬重。同时，东道诸王兀鲁思构成了蒙古的东藩，是蒙古帝国的重要支柱。因此东道诸王一直是蒙古帝国内举足轻重的政治和军事力量。

前已述及，以斡惕赤斤家族首领塔察儿为首，东道诸王积极拥戴忽必烈继承汗位，在"忽里勒台上举行讨论以及商讨大事时，他（塔察儿）经常站在忽必烈合罕一边，威望很高"。但忽必烈即位后，东道诸王与元廷逐渐产生了矛盾。秉持蒙古黄金家族共权思想的东道诸王，认为自己也是忽必烈政权的共同管理者，他们不仅在自己领地内相对独立地行使特权，还经常擅发令旨，掠夺人口，肆意纵猎，欺凌百姓，甚至不把元廷的主要官员放在眼里，而这些都与忽必烈即位后附会汉法，加强中央集权的政策背道而驰。于是忽必烈开始逐步削弱宗藩的势力。虽然忽必烈在削藩过程中采取了怀柔与威胁并举的政策，但附会汉法，加强中央集权与蒙古旧制的根本对立，势必会导致忽必烈与许多藩王的矛盾。

忽必烈政权内部势力最大的蒙古宗王当数以斡惕赤斤家族为首的东道诸王。西道诸王兀鲁思逐渐走向独立的教训，加上西北藩王的叛乱，这些都促使忽必烈政权注意对东道诸王的防范和警惕。至元二十一年（1284），御史台中丞蒙古人亦力撒合任东北地区的主要官员北京宣慰使后，发现斡惕赤斤家族首领乃颜（Nayan）有反叛的迹象，便秘密上书忽必烈，建议加强对其的防备。为加强对东北地区的中央集权，元廷于至元二十三年（1286）设立了东京行省。东京行省设立后，一时间东道诸王惶惶不安。忽必烈害怕东京行省的设立会加速东道诸王的反叛，便在东京行省设立后不久废罢之。但元廷废罢东京行省的举动并没有起到安抚东道诸王的作用。势力强大的东道诸王已决意挑战忽必烈的权威，斡惕赤斤家族的首领乃颜联络诸王发动了叛乱，史称乃颜之乱。

至元二十四年（1287）四月，以乃颜为首的东道诸王发动叛乱。《史集》称："他（乃颜）与他的堂兄弟，如拙赤·合撒儿兀鲁黑（氏族、后裔）中的势都儿、额勒只带那颜兀鲁黑中的胜剌哈儿、阔列坚兀鲁黑中的也不干等宗王，与窝阔台合罕的儿子阔端的兀鲁黑以及忽必烈合罕左右的其他宗王们策划了阴谋，企图与海都勾结起来，反对合罕。"可见这场叛乱的参与者既有起决定作用的东道诸王，也有西北藩王和其他宗王、贵族势力。这样，在忽必烈政权内部，部分宗王、贵族势力与元廷之间的矛盾终于激化到了兵戎相见的地步，而这种矛盾实际上也是忽必烈附会汉法，加强中央集权的统治政策与蒙古旧制之间的矛盾。(《史集》第一卷第二分册，第 72 至 73 页;《元史》卷一百二十《亦力撒合传》;《元史》卷十四《世祖本纪十一》;《蒙兀儿史记》卷七十五《乃颜哈丹列传》)

在得到乃颜反叛的确切消息后，忽必烈采纳大臣阿沙不花的建议，首先安抚诸王，瓦解诸王间的反叛同盟，同时决定亲征乃颜。结果元廷的军队连破叛王哈丹、叛将塔不台的军队，在不里古都伯塔哈（大兴安岭西侧，内蒙古呼伦贝尔南部）之地，大败乃颜主力，擒乃颜于失列门林（今内蒙古巴林右旗西拉沐沦苏木），旋即斩之。随后忽必烈返回大都，御史大夫玉昔帖木儿统军继续剿灭残余的反叛势力。玉昔帖木儿之军擒乃颜余党塔不台、金家奴等，斩杀数人于军前。忽必烈擒斩乃颜后，叛乱诸王纷纷投降,战争暂告一段落。据相关史料记载,忽必烈亲征的本意并非要诛杀乃颜,而是欲迫使其迅速归降,于是忽必烈设军帐于象舆之上,亲自督战。忽必烈认为反叛军队看到自己一定会马上归降,但是两军交战之时,乃颜的军队不仅不投降,还尽力攻击忽必烈乘坐的象舆。于是忽必烈下令尽歼叛军。

至元二十五年(1288),趁西北藩王海都犯边之机,乃颜的残余势力哈丹、火鲁火孙等集聚力量复叛于辽东。同年四月,忽必烈命皇孙铁穆耳率将领玉昔帖木儿、土土哈、李庭、博罗欢等,从西路再次征讨,辽阳行省平章阇里帖木儿、薛阇干以及未参与叛乱而同属斡惕赤斤家族的诸王乃蛮带等都参与了剿灭哈丹反叛的战斗。此次征伐哈丹的战事主要集中在大兴安岭东麓的贵烈河一带。元军大败哈丹军队。时隆冬时节,元军声称来年春天再次发动进攻,而暗中火速行军,过黑龙江,直击哈丹巢穴,哈丹潜逃,元军在夷平哈丹居地,安抚当地民众后凯旋而还。之后哈丹之军不断骚扰托吾儿河(洮儿河)以及辽东开元、海阳和高丽国边境等地。至元二十七年(1290),哈丹率军窜入高丽,元军进入高丽作战。大将伯帖木儿为先锋,诸王乃蛮带及辽阳行省平章政事阇里帖木儿、薛阇干也奉命出击,连败哈丹之军。哈丹余党继续流窜于辽东女真之地,直到至元三十年(1293)左右,元军才基本上剿灭了哈丹的残余势力。(《元史》卷一百三十六《阿沙不花传》;《元史》卷一百一十九《玉昔帖木儿传》;《元史》卷十四、十五、十六《世祖本纪》;《侨吴集》卷十二《岳铉字周臣第二行状》;《高丽史》卷三十《忠烈王世家》)

元廷在平定乃颜、哈丹之乱后,便采取措施削弱东道诸王的势力,加强对东道诸王兀鲁思以及东北地区的控制,设立辽阳行省等政治、军事机构,增设通往东北的驿站等。

乃颜之乱爆发时,意大利人马可波罗正滞留在元廷。马可波罗在其《行纪》中对此次忽必烈督军与东道诸王乃颜作战,有详细而生动的描写:"时有一鞑靼君主名称乃颜……年事正幼,统治国土州郡甚多。自恃为君,国土甚大,幼年骄傲,盖其战士有三十万骑也……然彼自恃权重,不欲为大汗之臣,反欲夺取其国,遂遣使臣往约别一鞑靼君主海都(Kaidon)。海都者,乃颜之族而忽必烈之侄也,势颇强盛,亦怨大汗而不尽臣节。乃颜语之云:'我今聚全力往攻大汗,请亦举兵夹攻,而夺其国。'海都闻讯大喜,以为时机已至,乃答之曰'行将举兵以应'。于是集兵有十万骑。大汗闻悉此事之时,洞知彼等背理谋叛,立即筹备征讨,盖其为人英明,凡事皆不足使之惊异。并有言曰,若不讨诛此叛逆不忠之鞑靼二王,将永不居此大位……(忽必烈迅速征集好军队后)命其星者卜战之吉凶,星者卜后告之曰,可以大胆出兵,将必克敌获胜,大汗闻之甚喜。遂率军行,骑行二十日,抵一大原野。乃颜率其全军四十万骑屯驻其中。大汗士卒薄晓倏然进击,他人皆未虞其至,缘大汗曾遣谍把守诸路,往来之人悉被俘掳。乃颜不意其至,部众大惊。大汗军抵战场之时,乃颜适与其妻共卧帐中。忽必烈汗预知其宠爱此妇,常与同寝,故特秘密进军,薄晓击之。比曙,汗及全军至一阜上,乃颜及其众安然卓帐于此,以为无人能来此加害彼等。其自恃安宁不设防卫之理,盖其不知大汗之至,缘诸道业被大汗遣人防守,无人来报。且自恃处此野地,远距大汗有三十日程,不虞大汗率其全军疾行二十日而至也。大汗既至阜上,坐大木楼,四象承之,楼上树立旗帜,其高各处皆见。其众皆合三万人成列,各骑兵后多有一人执矛相随,步兵全队皆如是列阵,由是全地满布士卒,大汗备战之法如此。乃颜及其众见之大惊,立即列阵备战。当两军列阵之时,种种乐器之声及歌声群起,缘鞑靼人作战以前,各人习为歌唱,弹两弦乐器,其声颇可悦耳。弹唱久之,迄于鸣鼓之时,两军战争乃起,盖不闻其主大鼓声不敢进战也。当诸军列阵弹唱以后,大汗鼓鸣之时,乃颜亦鸣鼓,由是双方部众执弓弩、骨朵、刀矛而战,其迅捷可谓奇观。人见双方发矢蔽天,有如暴雨。人见双方骑卒坠马而死者为数甚众,陈尸满地。死伤之中,各处大声遍起,有如雷霆,盖此战殊烈,见人辄杀也。是战也,为现代从未见之剧战,从未见疆场之上战士、骑兵有如是之众者。盖双方之众有七十六万骑,可云多矣,而步卒之多尚未计焉。混战自晨至于日中,然上帝与道理皆以胜利属大汗。乃颜败创,其众不敌大汗部众之强,失气败走。乃颜及其诸臣悉被擒获,并其兵器执送大汗之前。乃颜为一受洗之基督教徒,旗帜之上以十字架为徽志,然此毫无裨于此。盖其与诸祖并受地于大汗,既为大汗之臣,不应背主而谋乱也。大汗闻知乃颜被擒,甚喜。命立处死,勿使人见,盖虑其为同族,恐见之悯而宥其死也。遂将其密裹于一毡中,往来拖曳,以至于死。盖大汗不欲天空、土地、太阳见帝族之血,故处死之法如此。"(《马可波罗行纪》)

第三节　年号、国号、都城、朝仪的确立

忽必烈即位后,在与阿里不哥进行军事较量的同时,加紧建年号、国号,定都邑,立朝仪等一系列工作,欲创建一个与大蒙古、汉地传统都有继承联系的元帝国。中统元年五月,刚刚登上汗位一个多月,忽必烈在刘秉忠等汉族臣僚的帮助下,择中统为

年号。至元八年十一月，又改国号为大元。

　　大蒙古国时期是用十二生肖纪年的。从成吉思汗到蒙哥汗四位大汗，都没有使用年号。忽必烈模仿汉地王朝制度，从儒家《春秋》《易经》等经典中，选定中统一词作为自己的年号。所谓中统就是中华开统，就是华夏中央王朝的正统。汉地历代王朝最讲究正统谁属，忽必烈政权以中统为年号，表明其以承继中原王朝的正统自命，而且致力于天下一家和大一统的目标。(《元史》卷四《世祖本纪一》;《元文类》卷十六《东昌路贺平宋表》)

　　蒙古前四汗时期的国号，为大蒙古国，即也可蒙古兀鲁思（Yeke Monggol Ulus）。汉人有时称之为大朝。忽必烈又取《易经》乾元之义，定大元为新国号，取代旧国号。"元也者，大也。大不足以尽之而谓之元者，大之至也。"大元不仅象征从成吉思汗到忽必烈的前所未有的大业，且隐含儒家经典至公之论，进而可以与三代相媲美，名正言顺地列于夏、商、周、秦、汉、隋、唐等大一统王朝序列。建年号和改国号，显然是忽必烈吸收汉地文化，改变其政权形式与内涵的两个重要步骤。(《元史》卷七《世祖本纪四》;《元文类》卷四十《经世大典序录·帝号》)

　　中统四年(1263)五月，忽必烈先将藩邸旧城开平府升为上都。至元元年八月，又颁布《建国都诏》，以燕京为中都，至元九年(1272)二月，改称大都。窝阔台汗所建草原都城和林则被废弃，改立宣慰司管理。国都的改变，意味着忽必烈政权的统治重心由漠北移至汉地，也意味着他对草原中心传统的部分背叛。(《元典章·诏令》卷一)

　　朝仪是至元六年(1269)十月由刘秉忠、许衡等主持订立，尚文、赵秉温、史杠等十余人也参与议论。未立朝仪之际，凡遇到称贺时节，大小官吏，不分贵贱，都聚集在忽必烈的帐殿前，熙熙攘攘，一片混乱。执法官嫌人员过多，甚至挥杖驱赶，逐去复来，顷刻数次。在四方邦国朝贡的场合，这确实有失体统，有碍大雅。不少汉族官员对此很不满意，屡有严格班序和严格传呼赞引及殿中纠察等呼吁。(《元朝名臣事略》卷十二《内翰王文忠公》)

刘秉忠等订立的朝仪，"颇采古礼"，"杂就金制"，大体是对汉、唐、金有关制度的承袭和变通。其内容包括：设仪仗于崇天门内外。教坊陈乐廷中。皇帝、皇后出阁升辇，升御榻。谒者传警，鸡人报时。妃嫔、诸王、驸马和丞相、百官分班行贺礼。具体礼节有鸣三鞭、两鞠躬、六拜、三舞蹈、三山呼、三叩头、三上香等。丞相祝赞曰："溥天率土，祈天地之洪福，同上皇帝、皇后亿万岁寿。"忽必烈对拟定的朝仪非常满意，遂为定制。至元八年二月，忽必烈还下令设立主管朝仪的侍仪司，以近侍赵秉温为礼部侍郎兼知侍仪司事。(《元史》卷六十七《礼乐志一》;《元文类》卷六十八《平章政事致仕尚公神道碑》;《滋溪文稿》卷二十二《赵文昭公行状》)

至元八年八月，忽必烈生日天寿节时，上述仪制正式启用。随后元旦朝贺，冬至进历，册立皇后、太子，诸国来朝等，也用此仪。忽必烈批准并实行的朝仪，渗透了很多蒙古旧俗。如皇帝、皇后列坐御榻，同受朝贺；朝仪结束后，还要举行蒙古传统的质孙宴等。质孙意为华丽的衣服，质孙宴包括宴饮、歌舞等内容，这又明显掺入蒙古草原风俗。据说刘秉忠奏上所定朝仪后，曾向忽必烈讲述汉高祖刘邦在制定朝仪后感慨"吾乃今知皇帝之贵也"的旧事，没想到忽必烈的反应竟是："汉高眼孔小，朕岂若是。"刘秉忠等所订立的朝仪为忽必烈增加了汉地皇帝式的独尊无二。对上述朝仪，忽必烈没有像刘邦那样喜出望外，也是有缘由的。忽必烈毕竟不像刘邦那样出身于小小亭长，作为成吉思汗嫡孙，大汗至高无上的威严、臣民匍匐叩首的场面，他在以往是经常见到的。（《元朝名臣事略》卷七《太保刘文正公》;《秋涧集》卷四十三《朝仪备录叙》)

马可波罗在其《行纪》中详尽描述了忽必烈大朝会时列席、宴饮的情况:"大汗开任何大朝会之时,其列席之法如下:大汗之席位置最高,坐于殿北,面南向。其第一妻坐其左。右方较低之处,诸皇子侄及亲属之座在焉。皇族等座更低,其坐处头与大汗之足平,其下诸大臣列坐于他席。妇女座位亦同,盖皇子侄及其他亲属之诸妻,坐于左方较低之处,诸大臣骑尉之妻坐处更低。各人席次皆由君主指定,务使诸席布置,大汗皆得见之,人数虽众,布置亦如此也。殿外往来者四万余人,缘有不少人贡献方物于君主,而此种人盖为贡献异物之外国人也。大汗所坐大殿内,有一处置一精金大瓮,内足容酒一桶。大瓮之四角,各列一小瓮,满盛精贵之香料。注大瓮之酒于小瓮,然后用精金大杓取酒。其杓之大,盛酒足供十人之饮。取酒后,以此大杓连同带柄之金盏二,置于两人间,使各人得用盏于杓中取酒。妇女取酒之法亦同。应知此种杓盏价值甚巨,大汗所藏杓盏及其他金银器皿数量之多,非亲见者未能信也。并应知者,献饮食于大汗之人,有大臣数人,皆用金绢巾蒙其口鼻,俾其气息不触大汗饮食之物。大汗饮时,众乐皆作,乐器无数。大汗持盏时,诸臣及列席诸人皆跪。大汗每次饮时,各人执礼皆如上述。至若食物,不必言之,盖君等应思及其物之丰饶。诸臣皆聚食于是,其妻偕其他妇女亦聚食于是。食毕撤席,有无数幻人、艺人来殿中,向大汗及其列席之人献技。其技之巧,足使众人欢笑。诸事皆毕,列席之人各还其邸。"

第四节　中书省、枢密院、御史台和御前奏闻制度

一　中书省总政务

蒙古国时期一直设有最高行政长官札鲁忽赤,掌管审刑断狱和民户分配。随着疆域扩大和政务日益繁多,汗廷怯薛执事中主管文书、印章的必阇赤长的作用日益突出,逐渐发展为仅次于札鲁忽赤的辅相之臣。汉人尊称其为中书令或丞相。札鲁忽赤和必阇赤长都是蒙古游牧官系列的中枢要员,虽然在职司上与后来的中书省有相似处,但它们和汉地王朝的宰执还是有本质的差异。

忽必烈即位后,模仿汉制,设置中书省宰执取代札鲁忽赤和必阇赤长。中统元年四月,王文统、张文谦首任平章政事和左丞。翌年,增为左、右丞相各两员,平章政事四员,左、右丞各一员,参知政事二员。宰执以下设管辖六曹、参与机务的若干参议及左、右司,还设左三部(吏、户、礼)和右三部(兵、刑、工)等,掌管各类政务。至元四年(1267)六月,中书省宰执精简为左、右丞相各一员,平章政事两员,左、右丞各一员,参知政事两员,号称八府。

中书省的职司与前朝相似,可以概括为"佐天子,理万机","统六官,率百司"。具体地说,大致包括议论朝政并协助皇帝决策,发布政令,监督所属六部等政务官署施政或亲自处理重要政务。(《元史》卷八十五《百官志一》;《元史》卷四、五《世祖本纪》)

中书省设立之初,其宰执及属员分为都省和燕京行省两部分。随忽必烈在开平活动的是都省,留燕京处理汉地事务的是

燕京行省。至元元年，上都和中都确定前后，燕京行省撤销，中书省在中都兴建了凤池坊北的正规衙署。但忽必烈岁时巡幸两都，中书省官员内部一直有随驾都省和留省、留守的临时分工。

忽必烈政权刚刚建立的中统年间，中书省宰执构成是以藩邸旧臣为主为特色，汉族官僚居半。然而在汉世侯李璮之乱以后，汉人担任宰执的人数明显减少，地位明显降低。汉人宰执比例和地位的降低，也是忽必烈的蒙古人、色目人、汉人、南人四等人政策在中书省内的直接体现。四等人是把元帝国境内的民众按征服的先后分做四个等级的族群。蒙古人为第一等，由西北诸族组成的色目人为第二等，长江以北原金朝统治区的汉族、契丹、女真人等为第三等，原南宋境内所辖南人为第四等。元朝歧视、压迫汉人、南人，优待蒙古人和色目人的具体规定，涉及到官职任用、刑罚、执把武器、荫叙等政治生活和社会生活的许多方面。

在模仿汉地宰辅制度的同时，忽必烈所建中书省一开始就融入了部分蒙古旧制，也注意保持蒙古贵族的长官和主导地位。中书省右丞相大多是蒙古人，长官国相对所议政事有裁定权。宰执群官合议，又带有蒙古忽里台会议的印痕。宰执属下还设有由皇帝、皇后、太子、宗王诸位下代表组成的断事官数十员，这又是蒙古国札鲁忽赤制的变易和延续。(《元朝名臣事略》卷七《丞相史忠武王》)

现据《元史·百官志》将元代中书省的主要官员配置及执掌情况概述如下：中书令一员，是中书省名义上的最高长官，常由皇太子兼任。右丞相、左丞相各一员，正一品，统领百官，地位仅次于中书令。中书省丞相辅佐皇帝，处理重要朝政。平章政事四员，从一品，掌国家机务，地位次于丞相，参预军国重事。右丞一员,正二品,左丞一员,正二品,辅佐丞相裁决庶务,号左右辖。参政二员,从二品,协助丞相参议大事,地位在右、左丞之后。中书省丞相,平章政事,左、右丞,参政均为宰执官员。中书省设有左、右司作为僚属,处理日常事务。左、右司各设郎中二员,正五品;员外郎二员,正六品;都事二员,正七品。除左、右司外,中书省还设有大量的属吏,如监印、知印,蒙古必阇赤、宣使等。

与其他朝代相似,中书省在处理全国政务之时,分成六部办公,吏、户、礼为左三部,兵、刑、工为右三部,各部设尚书、侍郎、郎中、员外郎,其中尚书为正三品,侍郎为正四品,郎中为从五品,员外郎为从六品。六部长官地位在中书省宰执官员之下。吏部执掌国家官吏的选授。户部掌天下户口、钱粮、田土。礼部掌天下礼乐、祭祀、朝会、宴享、贡举。兵部掌天下郡邑、邮驿、屯牧。刑部掌天下刑名法律。工部掌天下营造百工。

二 枢密院秉兵柄

自成吉思汗立国以来,左、中、右三万户是最高的军事统帅组织,军权由大汗、宗王、万户掌握。而当对外军事征服不断扩大,万户的设置逐渐由原来的三个扩大到数十个之际,万户原有的性质和地位就不复存在了。在一段时间内,大汗之下的军事统帅管理机构实际上是空缺的。中统四年,刚刚经过与阿里不哥角逐汗位战争和平定汉世侯李璮之乱的忽必烈,似乎深感朝廷军事指挥调遣的不便,遂于五月下令设立枢密院,既是沿用宋金制度和实行汉法的组成部分,也有弥补朝廷军事统帅管理机构阙如的用意。

枢密院设立之初,长官为兼判枢密院事的皇子燕王真金,尽管只是名义上的。同时设枢密副使两员，金枢密院事一员，实际掌管院务。史天泽和赵璧曾经较早担任枢密副使。至元七年增设同知枢密院事一员，位于副使之上，又设院判官一员。至元二十二年（1285）底，真金太子病逝，枢密院长官空缺。至元二十六年（1289）二月，忽必烈任命中书省右丞相伯颜以知枢密院事出镇和林。尽管伯颜并不在大都枢密院任职，但从他平宋回京已担任同知枢密院事和北边尚未正式设行枢密院或分枢密院来看，伯颜的知院一职至少是枢密院以知院为长官的前奏。《元史·百官志二》所云至元二十八年（1291）设知院，应是在此基础上的正式设置。（《元史》卷八十六《百官志二》；《元史》卷五《世祖本纪二》；《元史》卷十五《世祖本纪十二》）

枢密院有三项主要的职能：军队的管领与调发，军官的奏举与铨选，军人的赏罚与存恤。枢密院设立后，确实在调兵遣将、协助忽必烈应付各种战事及屯戍等方面发挥了很好的作用。就连军士修大都城墙，也需要枢密院调遣。当然，枢密院调遣军队大多是奉忽必烈命令行事的，没有忽必烈的命令，枢密院不敢擅自调动较多的军队。（李涵、杨果《元枢密院制度述略》，《蒙古史研究》第三辑，内蒙古大学出版社，1989年；《元史》卷十三《世祖本纪十》）

从枢密院设立之日起，忽必烈即实行蒙古人及色目人充当长官，汉人及南人担任佐贰（副职）的政策。汉人担任枢密院官职，又大致以至元十九年为界，至元十九年以前，忽必烈对汉族臣僚充分信任。每岁皇帝北幸上都时，枢密副使张易等还能留守大都并总领本院庶务。至元十九年，张易因擅自调离军士帮助王著杀权臣阿合马而获罪被杀，此后忽必烈对汉族臣僚的疑惧渐深，不仅减少了汉人枢密院官的任用，还明令取消了汉官留

守大都枢密院的资格。（李涵、杨果《元枢密院制度述略》）

枢密院和中书省，号称忽必烈的左右手，其职权比宋、金等朝也要广泛一些。设枢密院确立了从地方到中央的千户、万户—统军司（或元帅府、行枢密院）—枢密院的军事指挥系统，便于有效地节制和管理蒙古诸大千户、汉地诸万户及侍卫亲军等各类军队，便于把军权集中于中央。从某种意义上说，枢密院之设立，也是忽必烈惩治和避免汉世侯专权及建设汉地式中央官署的步骤之一。

三　御史台司黜陟

中书省、枢密院等官府建立以后，官僚机构内部的吏治和效率，又开始令忽必烈大伤脑筋。在一些大臣的建言下，至元五年七月，忽必烈下令设立御史台，以右丞相塔察儿为首任御史大夫，张雄飞则担任侍御史，此外还设御史中丞、治书侍御史等。御史台的职司主要是纠察百官贪赃不法和谏言政治得失。忽必烈还颇感慨地说："中书朕左手，枢密朕右手，御史台朕医两手。"御史台充当天子耳目鹰犬，监督军政官署的用场，已被忽必烈领悟得相当透彻。（《元史》卷八十六《百官志二》；《草木子》卷三下《杂制篇》）

御史台由台院、殿中司、察院三部分组成。台院是御史台的首脑机关，设大夫、中丞、侍御史若干员。御史大夫从一品，御史中丞正二品，侍御史从二品，治书侍御史正三品。殿中司设殿中侍御史，正四品，专门纠肃朝仪和监督大臣奏事等。察院设监察御史三十二员，专掌举刺百官善恶和讽谏政治得失。

御史台官员任用，依然是蒙古人居长，参用一定数量的汉人。御史大夫开始就贯彻非蒙古国姓不授的原则，而且以蒙古勋旧贵胄大根脚为主。御史台设立伊始,忽必烈就颁布《立御史台条画》,规定其纠弹不法、上书言事、照刷文卷以及监督刑狱、铨选等职司。随后忽必烈又下令建立隶属于御史台的四道按察司。后来又改建二十二道肃政廉访司,还增立江南、陕西二个行御史台。

与唐、宋、金御史台相比,忽必烈建立的御史台,具有品秩高,自成与中书省、枢密院鼎立的系统,台谏合一,地方监察高度完善等特色。御史台的建立使忽必烈在实行汉法官制方面走到了最高点,从而给元帝国的朝政添加了新的监督机制。立台数月,即追理侵欺粮粟近二十万石,在整顿吏治方面取得了较为明显的成效。

忽必烈知人善任,使用了一批杰出人才担任台察相关职务,也是御史台成效显著的重要原因。然而,忽必烈凭借御史台监察百官的同时,又相继任用阿合马、卢世荣、桑哥等理财大臣,替他搜刮财富,而当御史台官员检举纠劾阿合马、卢世荣、桑哥等的违法行为时,忽必烈则站在这些理财大臣一边,予以包庇、袒护。更有甚者,一些御史台官员纠弹理财大臣的不法反遭报复。忽必烈对被纠劾权臣的纵容庇护,助长了他们的嚣张气焰,致使相当长的时期内中书省(尚书省)与御史台对立,省臣压制台察的情况十分严重。御史台官甚至被“视之如仇雠,百般诅抑”,为全身远祸,只得闭口不言。御史台的正常职能受到很大限制和阻扰。(《紫山大全集》卷二十三《民间疾苦状》)

其实,忽必烈并非不察阿合马、桑哥等权臣的违法,也并非不知道台察官的重要,只是他要从事灭南宋、平定蒙古叛王及海外征伐等大规模的军事活动,需要权臣为其敛财养兵,因此只好暂时压抑御史台监察官。阿合马被杀后，忽必烈任命崔彧出任御史中丞。不久，崔彧因奏劾上任不足十日的右丞卢世荣而被罢职。而当桑哥垮台后，忽必烈再次任命崔彧为御史中丞，整顿台纲。这些均能说明忽必烈对台察官和理财官交互重用、取其所需的真实用意。(《柳待制集》卷八《杜思敬谥文定》;《元史》卷十二《世祖本纪九》;《元史》卷二百五《桑哥传》)

在中书省、枢密院、御史台之外，元朝中央还设有其他一些主要机构或官员。例如三公，太师、太傅、太保各一员，正一品。不过元代的三公仅是一种荣誉头衔，世祖朝三公之职常缺，而仅置太保一员。大宗正府秩从一品，主要掌管蒙古人的刑政。大司农司秩正二品，掌农桑、水利、学校、饥荒之事。翰林兼国史院秩正二品，掌拟写诏令、修国史及备顾问。蒙古翰林院秩从二品，掌译写一切文字及颁降玺书。集贤院秩从二品，掌提调学校、征求隐逸、召集贤良。宣政院秩从一品，掌佛教僧徒及吐蕃之境。宣徽院秩正三品，掌供宫廷饮食宴享。光禄寺秩正三品，掌起运米曲诸事，领尚饮、尚醞局及沿路酒坊，各路布种事。太常礼仪院秩正二品，掌大礼乐、祭享宗庙社稷、封赠谥号等事。典瑞院秩正二品，掌宝玺、金银符牌。太史院秩正二品，掌天文历数之事。太医院秩正二品，掌医事，制奉御药物，领各属医职。将作院秩正二品，掌"成造金玉、珠翠、犀象、宝贝、冠佩、器皿，织造刺绣、段匹、纱罗，异样百色造作"。

四 御前奏闻制度

蒙古草原传统的忽里台贵族会议盛行于蒙古国时期。从相关史料中，我们可以发现，蒙古窝阔台汗时期已初步形成了枢要

元世祖皇帝

即色辰諱呼必費睿宗第四子在位三十八年起

宋理宗景定元年庚申終于元貞三年乙酉

大臣的奏闻制度。忽必烈建立元朝后，枢要大臣奏闻逐步成熟，并随着中书省、枢密院、御史台的相继建立，完成了向省、院、台大臣奏闻的过渡。(《元史》卷一百五十八《许衡传》;《秋涧集》卷八十一《中堂事记》;《元史》卷二百六《王文统传》)

　　正如一些学者指出的那样，"元代不行常朝"，没有皇帝"定期上朝接见百官，讨论政务的制度"。但忽必烈以降各个皇帝不是没有视朝，而是采取了省、院、台大臣奏闻的特殊方式，进行最高决策。这种奏闻方式与汉地王朝百官均能参加的常朝有较大区别，即时间不固定，地点不固定，参与者也只是少数省、院、台亲贵大臣及怯薛近侍。(张帆《元代宰相制度研究》，第 108 页，北京大学出版社，1997 年;《礼部集》卷十九《江西乡试策问》)

　　为什么忽必烈不实行汉地式的常朝呢? 为什么忽必烈会采用省、院、台大臣奏闻的特殊视朝方式呢? 这可以从两方面予以回答。其一，自元世祖忽必烈始，蒙古统治者在部分吸收汉法、运用汉法的同时，仍较多保留了蒙古草原旧俗。保持蒙汉政治和文化的二元结构及蒙古贵族的特权支配，这始终是元帝国的重要国策。受此国策的影响，蒙古统治者虽然逐步降低了忽里台贵族会议在最高决策中的比重，但不愿意也不可能照搬汉地式的常朝。其二，元代朝廷用语一般是蒙古语，忽必烈等大部分蒙古皇帝不懂汉语，大部分汉族臣僚又不懂蒙古语，君臣间的上奏和听政，不能不受语言隔阂较严重的制约，而需要借助译员做中介。这种情况下，忽必烈自然会用少数蒙古人和熟悉蒙古语的色目人、汉人大臣的省、院、台奏闻来代替汉地式的常朝。

　　在官方文书等史料中，除了记载省、院、台大臣奏闻举办的年月日外，又加缀四怯薛番值次第、日期，如"也可怯薛第二日","安童怯薛第一日","阿都台怯薛第一日"等。而且这类加缀始终如一,未见变动。这应是蒙古怯薛番值制度渗入省、院、台大臣奏闻在日期记录上的具体反映。

省、院、台大臣奏闻举办时间不固定,场所或两都宫内各殿,或巡幸途中纳钵(皇帝牙帐),变化多端,靡有定所。这或许是忽必烈朝省、院、台大臣奏闻显得不甚正规而容易被人们忽视的重要原因。

出席省、院、台大臣奏闻的,除了主持人皇帝外,还有上奏大臣与陪奏怯薛执事两个组成部分。上奏大臣主要来自中书省(尚书省)、枢密院、御史台、宣政院等四个枢要官府,其中尤以中书省官员比例最高,间或有秘书监、司农司等个别司监。这与元代中书省、枢密院、御史台、宣政院长期拥有独立上奏权,以及中书省总辖百官上奏的制度密切吻合。

关于上奏大臣的人数,元朝人郑介夫说:"今朝廷……得奏事者,又止二三大臣及近幸数人而已。"张养浩也说:"今省、台奏事,多则三人,少则一人,其余同僚,皆不得预。"以上说法似乎符合忽必烈朝的情况。上奏大臣仅仅二三人,很可能是忽必烈等皇帝沿用蒙古那颜及伴当旧俗,看重少数大臣、长官上奏所致。(《历代名臣奏议》卷六十七《治道》;《归田类稿》卷二《时政书》)

怯薛近侍以陪奏者的身份参与省、院、台大臣奏闻,是元代朝政值得注意的现象。陪奏的怯薛执事大抵是依其所在的四怯薛番值,分别负责皇帝的生活服侍、护驾、文书记录、圣旨书写等职事。但在陪奏时,有些怯薛执事官的实际作用并不限于其原有职司,而是重在辅佐皇帝裁决机密政务,军政财刑,无不涉及。

省、院、台大臣奏闻的参加官员,由上奏大臣和陪奏怯薛两部分人员组成，表面上看似乎是偶然的。事实上，它反映了忽必烈朝以降省、院、台外廷官和怯薛内廷官的内外衔接，及其在省、院、台大臣奏闻中各自所处的位置和功用。怯薛执事是蒙古国时期草原游牧官的核心部分，也是蒙古汗廷的基本职官。中书省、枢密院、御史台则是自忽必烈开始建立的汉地式枢要官府。二者长期在内廷和外廷并存，且有一定的分工合作。怯薛执事实际上类似于汉代的内朝官，省、院、台大臣则类似于外朝官。二者以陪奏和上奏两种角色参加省、院、台大臣奏闻，从而使其在某种意义上成为皇帝主持下的内廷怯薛，外廷省、院、台大臣联席决策的形式。

　　省、院、台大臣奏闻的议政内容相当广泛，涉及到国家治理的各个层面。而具体的奏闻程序一般是上奏、拟议、决策。省、院、台大臣奏闻时，不乏中书省、御史台官员的争论，但忽必烈在其中拥有最高决策权。忽必烈在奏闻后所下达的圣旨多半比较具体，且带有针对性，不只是对省、院、台大臣上奏意见的简单同意或否定，而是要加入皇帝个人的一些决断意见。

第五节　怯薛宿卫及侍卫军制度

一　怯薛宿卫制度

　　怯薛，蒙古语番值护卫的意思，即护卫军。在大蒙古国建立后，成吉思汗将怯薛组织扩充至万人。蒙古国时期，怯薛制度一直延续，成为蒙古大汗身旁不可缺少的御用军团，而且万人怯薛大抵是随汗位的传承移交给后任大汗的。1259年，蒙哥汗猝死于征宋战争前线，大部分怯薛宿卫护送蒙哥汗的灵柩回到漠北本土，只有一部分在前线临时抽调的怯薛宿卫散归到各部。也就是说，在忽必烈与阿里不哥争夺汗位之际，原属蒙哥汗的万人怯薛组织大部分留居漠北，在漠北即位的阿里不哥应该统领了这支军队的多数，当然也有一部分怯薛军南下投奔忽必烈。所以在忽必烈即位后，首先要完成的一项重要任务就是重建万人怯薛宿卫组织。(《元朝秘史》第 269 节;《元朝名臣事略》卷七《丞相史忠武王》;《元史》卷一百二十《察罕传》;《秋涧集》卷八十一《中堂事记》)

忽必烈首先将自己的一部分藩邸宿卫吸收进新组建的万人怯薛行列，并沿用传统的怯薛选拔方式，降诏以诸路官员子弟和其他贵胄充当怯薛，并亲自审阅拣选。这样，忽必烈的万人怯薛组织较快地被建立起来了。忽必烈拣选铁哥入怯薛组织颇为有趣。忽必烈即位不久，一次巡幸香山永安寺时，偶见墙壁上书写着畏兀儿字，问起何人所书，寺内僧人回答是那摩国师的侄子铁哥所书。那摩国师曾经出面缓和蒙哥汗与忽必烈之间的矛盾，而这场矛盾的化解对忽必烈来讲实在是太重要了。忽必烈没有忘记这段与那摩国师的旧情，于是便主动召见铁哥。忽必烈见铁哥容仪秀丽、语音清亮，非常喜欢，就将其编入怯薛宿卫之列。(《元史》卷一百三十四《唐仁祖传》;《元史》卷一百二十五《铁哥传》)

忽必烈的万人怯薛依然遵循成吉思汗的旧制，分做四部分，名曰四怯薛。每三日一轮值，申、酉、戌三日，第一怯薛当值;亥、子、丑三日，第二怯薛当值;寅、卯、辰三日，第三怯薛当值;巳、午、未三日，第四怯薛当值。关于忽必烈的四大怯薛，马可波罗有如下记述:"应知大汗之禁卫，命贵人为之，数有一万二千骑，名称怯薛丹(Quesitan)，法兰西语犹言'忠于君主之骑士'也。设禁卫者，并非对人有所疑惧，特表示其尊严而已。此一万二千人四将领之,每将各将三千人。而此三千人卫守宫内三昼夜,饮食亦在宫中。三昼夜满,离宫而去,由别一三千人卫守,时日亦同,期满复易他人。由是大汗常有名称怯薛丹之禁卫三千骑更番宿卫。此一万二千人轮番守卫,各有定日。周而复始,终年如此……但在昼间,未番上之怯薛丹不得离开宫中。惟奉大汗使命,或因本人家事,而经怯薛长许可者,始能放行。设若有重大理由,如父兄及其他亲属之丧,抑非立归必有重大损害之类,则应请求大汗许可。然在夜中,此九千人可以还家。"(《马可波罗行纪》,第218至219页)

成吉思汗建国后组建的怯薛军,人数为一万人。元朝时期,最多扩充至一万五千人。因此马可波罗记述忽必烈有一万二千怯薛宿卫军,应该是可信的。

在怯薛组织中,怯薛长全面负责大汗的起居、饮食、服御和昼夜警卫等。怯薛长之下,为各种名目的怯薛执事,如博尔赤、速古儿赤、必阇赤、火儿赤、云都赤、哈剌赤、阿塔赤、昔宝赤、贵赤等等。

博尔赤,蒙古语"亲烹饪以奉上饮食者"之意,负责大汗的用膳饮食。速古儿赤,蒙古语"掌内府尚供衣服者"之意。必阇赤,蒙古语"为天子主史书者"之意,具体职司主要是替大汗掌管文书。火儿赤,蒙古语"主弓矢者"之意。云都赤,即是带刀环卫者。哈剌赤,源自蒙古语哈剌(黑)。蒙哥汗西征时,钦察部班都察举族迎降,后这一部族又随忽必烈远征大理和鄂州,侍从左右,率部众百人撞黑马乳以进,故称哈剌赤。由此,怯薛执事中又有了哈剌赤之名目。阿塔赤,蒙古语"养马放牧人"之意。昔宝赤,即是掌鹰者。贵赤,蒙古语"跑步者"之意。元人张昱《辇下曲》曾有如此描述:"放教贵赤一齐行,平地风生有翅身。未解刻期争拜下,御前成个赏金银。"怯薛执事中又有掌朝仪者。如木华黎国王后裔硕德因通敏有才干,忽必烈即位初,进入宿卫,典朝仪。掌管宫廷帐殿,嫔妃、臣子行止等礼仪,应是典朝仪者的主要任务。

扈从大汗亲征,依然是忽必烈新组建的万人怯薛的另一项重要义务。在扈从亲征中,亲近怯薛执事,尤其是怯薛长的主要职责不是上阵杀敌,而是朝夕护卫大汗。在忽必烈看来,受命征战、立功疆场的将帅固然重要,朝夕拱卫的怯薛近侍更是须臾不可少。另外,怯薛近侍奉大汗之命出使各地,也为数甚多。如硕德先后以近臣的身份奉使辽东和西域,速古儿赤亦力撒合曾奉使河西。

在履行上述宿卫、服侍义务的过程中,怯薛人员尤其是近侍,又与忽必烈结成了非常亲密的主从关系。怯薛源于蒙古草原上的那可儿,贵族与那可儿之间的主从关系曾经是十二、十三世纪蒙古游牧社会关系的核心。从成吉思汗到忽必烈,一直将草原贵族与那可儿的主从领属,稳定移植于万人怯薛中。无论怯薛人员入仕或免官,都保持对大汗终身不得变更的隶属与依附。忽必烈始终把怯薛当做最亲近、最可信赖的人员。由于怯薛的前身那可儿是替贵族服役的自由人,上述领属关系和皇帝与宦官之间的主奴关系也有所不同。它并不意味着怯薛社会地位低下,相反,怯薛的身份能给怯薛歹带来尊贵的根脚,乃是成为显贵和参预朝政的凭借。

蒙古国初期的怯薛组织,兼有禁卫亲兵、宫廷服侍、行政差遣等职能。忽必烈建立元朝后,设立中书省、枢密院执掌行政和军事,怯薛即主要从事较单纯的宫廷服侍和宿卫,其行政职能显著衰退。然而忽必烈在位期间，怯薛仍以影响御前决策、挟制宰相等形式参预朝政。

在皇帝圣旨及官方文书中，总是把陪奏的怯薛执事官与中书省、枢密院重臣书于一纸。这似乎说明，参与陪奏的怯薛与朝廷重臣同样具有参预机务的合法权力。当然，并非所有的怯薛人员都可以参预朝政，只有经忽必烈特许的少数亲近怯薛才有这样的资格或权力。木华黎后裔脱脱充任忽必烈的怯薛宿卫士，因随从忽必烈亲征东道诸王乃颜，拼死杀敌，深受器重，由是得以预闻机密之事。(《元史》卷一百一十九《木华黎传》)

元制百官上奏皇帝，须经中书省等枢要机关。然而内廷亲近怯薛却可以超越中书省等机构，"随时献纳"。这种隔越奏闻，比起"三日一奏事"的中书省官员，显然便利得多。(《牧庵集》卷十五《董文忠神道碑》;《秋涧集》卷八十一《中堂事记》)

中书省等充任朝廷行政中枢后，怯薛组织与中书省、枢密院，长期处于既矛盾冲突又内外协同配合的复杂状态。怯薛人员或以圣旨胁迫，或暗中弹劾，或以内线相助，进行了一系列以内驭外、挟制朝廷重臣的活动。

怯薛人员担任朝廷官员后，怯薛的宿卫身份始终不变。尤其是在京城官员，白日赴所在衙门处理政务，夜间仍须按照原有的番值顺序，宿卫、服侍皇帝。忽必烈病危之际，不仅在京的宿卫大臣、中书省平章不忽木入侍病榻，担任福建行省平章的怯薛近侍彻里也特意驰还京师，入侍医药。而当中书省右丞相安童等罢职后，仍然可以继续掌管原属怯薛歹或负责怯薛中的执事。在这个意义上说，怯薛人员任职朝廷官署，只是暂时的，其在怯薛中的执事、服侍，才是长期或终身的。就蒙古人而言，似乎后

者更被看重。(《元朝名臣事略》卷四《平章鲁国文贞公》、《平章武宁正宪王》;《元朝名臣事略》卷一《丞相东平忠宪王》)

忽必烈在位时期，基本上不排斥汉人和南人充当怯薛歹，怯薛组织仍然和过去一样保持着众多的民族成分。不过从元代中期开始，汉人和南人充当怯薛歹受到了限制。怯薛歹享有很高的政治地位，实际上已成为元朝中枢的一个特殊政治集团。不仅如此，怯薛歹在经济上也享有极高的待遇。怯薛歹的口粮与各种日常物品，原来都要自备，但从元世祖朝中期开始，逐渐改由国家供养。而朝廷所设的一些中央机构，如蒙古翰林院、大宗正府、宣徽院、尚饮局等，主要官员往往也来自怯薛。(史卫民《元代军事史》，第246至251页，军事科学出版社，1998年)

二　侍卫军制度

在重组万人怯薛的同时，忽必烈着手创设了以汉人兵员为主的侍卫亲军。侍卫亲军原名武卫军。中统元年，忽必烈采纳汉人姚枢等的建议从中原世侯军阀抽调军队以戍卫京师。第一批征集来京师宿卫的汉军就有六千五百人，后来增加到三万人左右。至元元年十月，忽必烈改武卫军为左、右翼侍卫亲军，还把征调的范围进一步扩大到东北女真、高丽、契丹等部族或遗民，其用意显然是让这些兵员与中原世侯麾下所抽兵互相牵制，以便朝廷控制。至元八年七月，左、右翼侍卫亲军又扩建为左、中、右三卫，而兵士民族成分又增入少量蒙古人、阿速人、钦察人及南宋降军。(《牧庵集》卷十五《中书左丞姚文献公神道碑》;《道园学古录》卷二十《董文用行状》;《元史》卷四、五、六、七《世祖本纪》;《元史》卷九十九《兵志二》)

至元十六年（1279）以后，侍卫亲军的规模和结构逐渐扩大，形成了以汉人、南人为主的五卫和色目人、蒙古人单独组建的卫军两大集团。

至元十六年，忽必烈在原有的左、中、右三卫基础上下令增置前、后卫军，合为五卫军。新抽调的兵员主要是江淮行省所属两万新附军精锐、部分征宋北归汉军以及巩昌汪总帅麾下一千兵卒。此外，大批阿速人也被编入前、后二卫军。前、后、左、中、右五卫军象征着五方，人数最多。（《元史》卷十《世祖本纪七》；《元史》卷九十九《兵志二》）

色目及蒙古卫军的单独组建始于至元十八年，主要含有唐兀卫、钦察卫和蒙古侍卫亲军等。唐兀卫的兵员为西夏人。原先西夏遗民组成的唐兀军或河西军大多隶属于蒙古军。至元十八年，元廷设置唐兀卫亲军都指挥使司，总领河西军三千人，唐兀卫由此产生。设置钦察卫的直接原因是土土哈的显赫军功。蒙古西征之际，一批突厥系的钦察人被裹胁掳掠东来。其中土土哈等钦察人随从蒙古军征战有功，特别是驰骋北边与蒙古叛王作战，屡建功勋。至元二十三年三月，在特许土土哈收集钦察族人充其队伍的基础上，忽必烈下令组建钦察卫亲军都指挥使司。钦察卫之立，是对土土哈的赏赐和回报，同时也使忽必烈拥有了一支英勇善战的色目卫军。（《元史》卷九十八、九十九《兵志》；《元史》卷十四《世祖本纪十一》）

忽必烈征服南宋以后，部分蒙古军自江南北撤，另组成蒙古侍卫军。至元十七年（1280）八月，蒙古侍卫总管府被改编为蒙古侍卫亲军都指挥使司，于是侍卫亲军行列也有了蒙古军。贵赤本来是由怯薛中善跑步者组成，至元十三年（1276），忽必烈诏荡析离居及僧道、漏籍诸色不当差者万余人充任贵赤，让康里氏明安统领。明安率领贵赤军团每岁扈从出入，至元二十一年又奉命北征。至元二十四年正式设立贵赤亲军都指挥使司，明安担任达鲁花赤。（《元史》卷一百二十三《抄儿传》、《怯怯里传》；《元史》卷十一《世祖本纪八》；《元史》卷一百三十五《明安传》）

以上前、后、左、中、右五卫亲军，唐兀卫，钦察卫，蒙古侍卫亲军及贵赤亲军，共同组成了忽必烈时期的侍卫亲军。它虽然属于中央宿卫军，但在兵员构成、管理、番值、军事职能等方面，与怯薛差异明显，而和汉地传统的禁卫军类似。

侍卫亲军的管理，糅合蒙古、金朝旧制于一体，诸卫长官仿金制设都指挥使和副都指挥使，其下实行蒙古军制，设千户、百户、十户，其上又隶属于枢密院。平时侍卫亲军兵士和其他军户一样，也实行相关的赡养地、贴军户等制度，同时需要提供车马装具等。侍卫亲军的番值基本沿袭唐宋禁军的轮番践更制度，迄至元二十二年二月，还形成了固定的规则：以十人为率，七人、三人，分为两番。十月放七人回家备资装，正月复役；正月放其余三人回家备资装，四月复役。周而复始，轮番更值休息。与怯薛专门负责皇帝宫城、斡耳朵防卫不同，侍卫亲军除了守卫大都、上都外，又须镇戍朝廷直辖区腹里（元对中书省直辖地区的通称，指黄河以北、太行山以东及以西的地区），还要以中央常备精锐部队的身份奉命赴边地征战。（《元史》卷十三、十七《世祖本纪》；以上侍卫军制度主要参阅史卫民《元代侍卫亲军建置沿革考述》，《元史论丛》第四辑）

忽必烈在中央宿卫军问题上，既重建蒙古国式的怯薛，又创设汉地式的侍卫亲军，维持了蒙汉二元并存的格局。从数量上看，上述侍卫亲军合计已达八万左右，几乎相当于怯薛人数的七八倍。成宗朝以后，更扩展到三十余个，人数就更多了。这种情况下，尽管怯薛的内廷宿卫、服侍功能始终无法替代，但侍卫亲军的中央常备精锐部队角色越来越突出，其军事地位和作用也越来越重要。

第六节　两都制的确立与两都巡幸

一　上都开平

蒙哥汗时期，忽必烈受命总领漠南汉地军国事务后，南下驻扎在原来金蒙交界的桓州、昌州、抚州一带金莲川（今滦河上源一带）地区。此地原名曷里浒东川，因夏季盛开美丽的金莲花，金世宗时易名金莲川。忽必烈在金莲川召集、延揽大量人才，形成了金莲川幕府集团。金莲川幕府集团后来成为忽必烈夺取和巩固汗位的主要智囊团。出于长期经营漠南汉地的需要，蒙哥汗六年（1256），忽必烈准备在驻帐附近修建城池、宫室，于是命令藩府之臣刘秉忠占卜吉祥，选择地点。刘秉忠选定了桓州以东、滦水（今闪电河）以北的龙岗（今内蒙古正蓝旗北）之地。此地"龙岗蟠其阴，滦江经其阳，四山拱卫，佳气葱郁"，"展亲会朝"，"道里得中"，既是辽阔坦荡的天然牧场，也适宜建城。兴建新城花了三年时间，先建宫室，后筑宫城。竣工后，新城被命名为开平。开平城的兴建，使忽必烈藩府得以较稳定地迁徙至北连朔漠、南控中原的金莲川一带，对忽必烈履行总领漠南使命和接受汉文化，均大有帮助。（《秋涧集》卷八十一《中堂事记》；《元文类》卷二十二《上都华严寺碑》）

关于开平城的兴建，在民间还有忽必烈向龙借地建城的传说。"相传刘太保(刘秉忠)建都时,因地有龙池,不能干涸,乃奏世祖当借地于龙。"忽必烈于是依照刘秉忠的建言举行了借地的仪式。是夜三更天,雷声大震,龙池之龙腾空而起,离开此地,次日正常施工,以土筑地基。这一传说说明了开平城修建之时,排干积水是一项比较艰巨的工程。而《史集》中的有关记载恰恰印证了这一说法:为了修建宫殿,忽必烈与谋臣们进行了商议,"全体一致认为,最好的地点是开平府城旁草地中间的一个湖。人们便起议把它排干。在该国中有一种用来代替木柴的石头,这种石头被大量地收集起来,还收集了许多煤;人们用石灰和碎砖把那个湖和它的源头填满;熔了很多锡进行加固。在升起达一人之高后,再在上面铺上石板……在那石板上面,建造了一座中国风格的宫殿"。(《至正直记》卷一《上都避暑》;《史集》第二卷,第325页;陈高华、史卫民《元上都》,第24至25页,吉林教育出版社,1988年)

中统元年三月,忽必烈在开平举行忽里台贵族会议,被推举为第五任大汗。之后忽必烈与幼弟阿里不哥之间爆发了争夺汗位的战争,结果忽必烈击败了控制漠北的阿里不哥,夺取了在漠北的和林旧都。然而,政治、经济、军事等方面的形势或原因,致使忽必烈不愿意也不可能继续以和林为都城,作为国家统治中心。

窝阔台汗建都和林以来,和林城内居民的粮食,主要依赖汉地,多是用大车自南向北转运。忽必烈在位的三十余年里,朝廷经常运送粮食赈济和林城的居民。假如继续以和林为都城,势必造成粮食等物资长途转输的更大负担和压力。更为重要的是,忽必烈总领漠南汉地多年,即汗位之地又在开平,他的主要统治基础已在漠南和中原奠定。漠北和林长期就是与之争位的阿里不哥的势力范围，而且这里也是固守蒙古旧俗的蒙古诸王的聚集区。在忽必烈看来，继续以和林为都城，继续走草原帝国的旧路，不利于蒙汉统治阶层的联合，不利于对中原汉地的管理和控制。而在藩邸旧臣的影响下，一心附会汉法的忽必烈日益意识到稳定和控制汉地的重要性，可以说忽必烈放弃漠北和林，实际上就是改革蒙古旧制、践行汉法的重要的一环。

忽必烈即位后的三四年里，多数时间驻于开平城，开平已是有都城之实而无都城之名。为了加强开平城的建设，中统二年（1261）十二月，忽必烈"初立宫殿府，秩正四品，专职营缮"。中统四年五月，忽必烈正式定开平为上都，设立上都路总管府，随后又开始了大规模的上都营建。（《元史》卷四、五《世祖本纪》）

上都城由宫城、皇城、外城组成，皇城在全城的东南角，宫城则在皇城的中部偏北。上都宫城的主体建筑为大安阁，始建于至元三年十二月。大安阁原是宋金故都汴梁的熙春阁，被拆到千里之外的金莲川，稍加损益而成。据说，汴梁熙春阁拆下的木材多以万计，水浮陆辇，动用了大量的人力、物力运抵上都。元代诗人笔下，都把大安阁当成元上都的象征，如"大安御阁势穹窿，华阙中天壮上京"，"大安阁是广寒宫，尺五青天八面风"。忽必烈临朝、议政、接见臣下等重要仪式，经常在这里举行。大安阁内设有专门的御榻以及祭祀神明的礼器。《马可波罗行纪》中记载，大安阁"甚美，其房舍内皆涂金，绘种种鸟兽花木，工巧之极，技术之佳，见之足以娱人心目"。（《近光集》卷一《次韵王师鲁待制史院题壁二首》；《至正集》卷二十七《竹枝十首和继学韵》；陈高华、史卫民《元上都》，第 100 至 101 页）

除大安阁外，上都的汉地建筑还有至元八年十一月建成的万安阁。波斯史家拉施特说"在(上都)城的中央修建了一座宫殿和[另外一座]较小的宫殿",估计指的就是大安阁和万安阁。元人汪元量赋诗描写万安阁的早朝和宫廷侍从夜值:"凤衔紫诏下云端,千载明良际会难。金阙早朝天表近,玉堂夜直月光寒。"(《史集》第二卷,第325页;《增订湖山类稿》卷三《万安殿夜直》)

在大安阁、万安阁之外,见于记载的上都宫殿还有洪禧殿、水晶殿、香殿、宣文阁、睿思阁、仁春阁、鹿顶阁、歇山殿、崇寿殿、楠木亭、隆德殿、清宁殿、统天阁等。

上都的外城大体上呈正方形,每边长约两千两百米,城墙(不包括皇城部分)全用黄土版筑。外城的北部是皇家的园林,又称北苑。皇城在外城的东南角,亦呈正方形,每边长约一千四百米。皇城的东、南墙是外城东、南墙的一部分。上都城的东、南、西都有关厢,同时在东、西各有一座规模巨大的粮仓。(陈高华、史卫民《元上都》,第104至116页)

上都体现草原风格的宫殿为失剌斡耳朵。失剌又作昔剌,蒙古语意为黄色。忽必烈定都开平后,沿袭窝阔台汗和林旧例,设置失剌斡耳朵,作为自己在上都的行在和宴游之所,即离宫。正如诗云:"西内西城外,周围十里中。草阴迷辇路,山色护离宫。翠殿光凝雾,璇题影曳虹。鸣銮时一幸,草木尽祥风。"(《近光集》卷一《上京杂诗十首》)

此外上都皇城中的草地四周筑有围墙。各式各样的野兽飞禽在草地上生息繁衍,如麋鹿、鹰、兔等。忽必烈时常在围墙内纵马追逐麋鹿,一则取鹿肉喂鹰,二则消遣娱乐。(《马可波罗行纪》;《史集》第二卷,第325页)

在上都城内,忽必烈还建起了孔子庙、佛寺、道观及城隍

庙。孔子庙和城隍庙先后建于至元四年和至元五年。忽必烈在上
都所建佛寺，主要是龙光华严寺和乾元寺。龙光华严寺建于忽
必烈即位前的 1258 年，位于上都皇城的东北角。乾元寺建于至
元十一年（1274），位于上都皇城的西北角。龙光华严寺是禅宗寺
院，乾元寺是藏传佛教寺院。上都道观主要有位于城东、西的正
一教派崇真宫、全真教派长春宫、太一教派太一宫以及寿宁宫
等。不难看出，上都城的上述宗教文化设施，是儒、佛、道三教并
立。（陈高华、史卫民《元上都》，第 195 至 204 页）

　　上都作为忽必烈建造的草原都城，既具有汉地式都城的风
貌，又带有蒙古草原行国的特色。它地处漠北蒙古与汉地的交
通要冲，对加强蒙古宗王的向心力和元朝廷控制大漠南北，意义
非凡。

　　由于忽必烈实行两都巡幸制，上都城内除上都留守司以外
的诸官属因系季节性分司扈从，故其衙署建筑均不正规，扈从官
员的住宿也颇为简陋。元初担任中书省左、右司都事和翰林院
编修的王恽曾赋诗描述他在上都的住所："土屋黯灯板榻虚，一
瓶一钵似僧居。"原平章政事廉希宪至元十五年（1278）扈从上都
时，也是暂住在华严寺。一般蒙古及色目贵族、官宦应该是在毡
帐中住宿的。宋本《上京杂诗》曰："西关轮舆多似雨，东关毡房
乱如云。"可以为证。元人郑思肖云上都"四时雨雪，人咸作土窖
居宿。北去竟无屋宇，毡帐铺架作房"，大体符合实际，也反映了
忽必烈所建元上都草原都城特有的人文地理风貌。（《秋涧集》卷
十五《开平夏日言怀》;《元朝名臣事略》卷七《平章廉文正王》;《永乐大典》卷
七千七百二，第四册，第 3578 页，中华书局 1986 年影印本;《郑思肖集·大
义叙略》，第 180 页，上海古籍出版社，1991 年）

忽必烈在上都举行的祭祀主要是祭天和祭祖。"祀天于旧桓州西北郊,皇族之外,皆不得预礼也。"关于祭天的详细情况,马可波罗在其《行纪》中记载道:"每年八月二十八日,大汗离此地时,尽取此类牝马之乳,洒之地上。缘其星者及偶像教徒曾有言曰,每年八月二十八日,宜洒乳于地,俾地上空中之神灵得享,而保佑大汗及其妻女财产,以及国内臣民,与夫牲畜、马匹、谷麦等物。洒乳以后,大汗始行。"至元十三年五月初一,忽必烈又派遣伯颜等大臣赴上都近郊祭祀天地和祖宗,告以平宋大捷。(《秋涧集》卷八十一《中堂事记》;《元史》卷九《世祖本纪六》)

二 大都汗八里

大都,突厥语称做汗八里,意为汗城。大都城的前身为辽南京(又称燕京)和金中都。1215年蒙古攻下金朝中都城,复改中都为燕京。蒙古灭金后,蒙廷在燕京设立行尚书省,派断事官进行管理,燕京也因此成了蒙古控制汉地的中心。不过,饱经战火和掳掠的燕京早已残破不堪,"可怜一片繁华地,空见春风长绿蒿"。蒙哥汗时期,忽必烈负责总领漠南汉地军事,蒙古札剌亦儿部首领、木华黎国王的后裔霸都鲁献策忽必烈,认为燕京才是蒙古大汗理想的驻跸之所。他讲:"幽燕之地,龙蟠虎踞,形势雄伟,南控江淮,北连朔漠,且天子必居中以受四方朝觐。大王果欲经营天下,驻跸之所,非燕不可。"而霸都鲁这番建议改变了忽必烈劝说蒙哥汗驻跸回鹘的打算,忽必烈恍然大悟:"非卿言,我几失之。"当然,一心固守蒙古传统的蒙哥汗是不会迁都燕京的,而忽必烈后来也未向蒙哥汗提及此事。忽必烈与霸都鲁的对话对将来迁都于燕京产生了深远的影响。后来忽必烈

讲,自己能够居燕京以临天下,实霸都鲁之力也。(《国朝文类》卷六《燕城书事》;《元史》卷一百一十九《木华黎传》)

忽必烈即汗位之初四五年,一直把开平作为国家权力的中心。这也在情理之中,在政权尚未稳固之际,把自己的藩府所在地作为实际上的国都是个十分稳妥的做法。当时中书省设在开平,燕京仅设行中书省。但随着政权的巩固以及汉地事务越来越繁重,作为中书省组成部分的燕京行省日益受到忽必烈的重视。忽必烈频繁召集燕京行中书省官员赴开平奏事和面领圣旨,自己则常于冬季驻帐燕京郊外。忽必烈此举正是其力主附会汉法、加强中央集权的体现,也说明忽必烈政权的统治中心已经渐渐偏离漠北本土。中统四年五月,忽必烈改开平为上都。次年八月又改燕京为中都(后改名大都)。于是两都制正式确立,营建大都也随之开始。

大都的皇城和宫城,始建于至元三年,至元十一年大体竣工。皇城、宫城以外的官民廨舍和城墙等,至元四年开始兴建,因为工程浩大,至元二十年(1283)才基本建成。至元十九年,元廷废罢负责兴建大都的宫殿府行工部,置大都留守司,兼本路都总管,知少府监事。二十一年,别置大都路都总管府治民事,并少府监归留守司。这样,大都的管理机构也逐步建立起来。

同上都一样,大都的主要设计者也是刘秉忠。参与选择建筑方位和绘制城郭经纬、祖社朝市图形的还有赵秉温等。负责指挥监督施工的则是汉军万户张柔、张弘略父子以及行工部尚书段桢等。(《元史》卷一百五十七《刘秉忠传》;《元史》卷一百四十七《张柔传》;《滋溪文稿》卷二十二《赵文昭公行状》;《道园学古录》卷二十三《大都城隍庙碑》;陈高华《元大都》,第36至38页,北京出版社,1982年)

　　大都的建筑结构从里向外依次是宫城、皇城和城墙。大都皇城在城市南部中央地区。皇城的城门涂成红色，又称红门。皇城的四周种有参天大树。皇城之内以太液池为中心，围绕着三大建筑群，即宫城、隆福宫（太子东宫，至元十一年兴建）、兴圣宫（皇太后居所，武宗时修建）。宫城处于全城的南北中轴线上，城墙是用砖砌的。宫城主要建筑是大明殿和延春阁。

　　大明殿是皇宫的正殿，位置偏南，东西二百尺，南北一百二十尺，高九十尺，另有柱廊、寝殿。大明殿建筑样式和风格主要沿袭汉地皇宫传统，与此同时，又呈现出不少蒙古草原特色。如殿内中心设置的皇帝七宝云龙御榻，因蒙古大汗与皇后并坐的习俗，添设皇后位。而诸王、百官、怯薛官侍宴的坐床，又重列左右。另置木质银裹漆瓮一个，金云龙蜿绕之，高一丈七尺，容量五十余石，专供宫廷饮酒之用。此外，至元七年，忽必烈采纳帝师八思巴的意见，在大明殿御座之上放置一个白伞盖，伞盖用素缎制成，又用泥金字书写梵文于伞盖上，以伏邪魔。这是忽必烈皈依佛教后，喇嘛帝师为大明殿打下的印记。以后每年二月十五日，作佛事于大明殿，设仪仗迎白伞盖，然后周游皇城内外，为国祈福。大明殿主要用于皇帝即位、正月元旦、庆寿等大朝会，是宫城内的主殿。据说，忽必烈还特意将成吉思汗漠北创业之地的青草一株，移植于大明殿丹墀前，欲使后世子孙不忘勤俭之节，名之曰"誓俭草"。（《南村辍耕录》卷二十一《宫阙制度》；《元史》卷七十七《祭祀志六》；《析津志辑佚·岁纪》；《草木子》卷四上《谈薮篇》）

　　延春阁位于大明殿以北，东西一百五十尺，南北九十尺，高一百尺，结构为三檐重屋，另有柱廊和寝殿，是皇宫中最高的建筑。忽必烈建立元朝后，长期沿袭蒙古国岁时赏赐、朝会赏赐等旧制,常在延春阁赏赐诸王权贵和文武百官。至元中期,忽必烈曾在延春阁大范围赏赐群臣,包括怯薛卫士在内的官员奉命十人为列,上前领赏。至元二十八年叛王哈丹被诛后,忽必烈又在延春阁陈列所缴获的金银器,召来诸侯王、将帅慷慨赏赐,蒙古忙兀部贵族博罗欢即受赐金银器五百两。(《南村辍耕录》卷二十一《宫阙制度》;《元史》卷一百六十《王思廉传》;《元史》卷一百二十一《博罗欢传》)

此外,大都城内比较重要的宫殿还有万寿山广寒殿和隆福宫。关于万寿山广寒殿,元末陶宗仪云"其山皆以玲珑石叠垒,峰峦隐映,松桧隆郁,秀若天成"。有名的渎山大玉海(酒缸)就放置在广寒殿中。隆福宫是专供太子真金居住的。

大都的城墙和城门也颇有特殊之处。大都的城墙是采用传统的夯土版筑方法修建的,基部宽,顶部窄,横截面呈梯形。马可波罗描述道:"墙基宽十步,高二十步……愈高愈窄,所以上面只有三步宽了。"至元八年,忽必烈还听从千户王庆瑞的建议,未葺石砌城,而是以苇草排编遮盖土墙,来防雨水摧塌,这就是所谓的苇城之策,也是元大都城墙与其他朝代不一样的地方。不过,苇城并不能完全解决土墙防雨问题,所以经常出现"雨坏城墙"的事情。据说,忽必烈晚年曾下令运来石头,欲加固城墙,因其逝世未能如愿。(《常山贞石志》卷十七《王公神道碑铭》;《史集》第二卷,第324页)

大都长方形的城墙四周共开十一门。东面三座:光熙门、崇仁门、齐化门。西面三座:平则门、和义门、肃清门。南面三座:文明门(哈达门)、丽正门、顺承门。北面两座:建德门、安贞门。大都城门没有筑成对称偶数,偏偏开为十一门,据说是该城设计者刘秉忠附会传说中哪吒形象,蓄意构成三头六臂两足状:南面三门象征三头,东西六门象征六臂,北面两门象征两足。乃欲借用哪吒的法力,护卫都城,降伏龙王,解除缺水之患。刘秉忠这样做,无非是要为大都增添一些神秘色彩。对深信上天诸神的忽必烈来说,这番设计当然是令人满意的。元末张昱曾赋诗赞叹大都的苇草覆城和十一门:"大都周遭十一门,草苫土筑哪吒城。谶言若以砖石裹,长似天王衣甲兵。"

大都城中心还建有钟楼和鼓楼,一北一南,雄敞高明,俯瞰城埋。其鼓奏钟鸣,既报告时辰和控制居民的作息,也便于实行夜禁。(《农田余话》卷一;《可闲老人集》卷二《辇下曲》;参阅陈学霖《元大都城建造传说探源》,《汉学研究》第五卷第一期,1987年)

大都城建好后,曾大规模迁民以居,近臣、旧族的赐第多集中在内城西部。原金燕京旧城被废,保留下来的惟有佛寺、道观和若干民房。那么元朝为什么没有利用金朝的中都,而是在中都附近另建新都呢?有学者认为这主要是考虑到水利方面的问题,旧都没有很好的水源。也有学者认为这与蒙古原有的风俗有关,"当一个斡耳朵曾在一个地方安置时,在它搬走以后,只要那里有任何曾经烧过火的痕迹,就没有一个人敢经过它曾经安置过的地点,不管是骑马还是步行"。(《出使蒙古记》,第205至206页)

忽必烈还在大都建起太庙,用来祭祀列祖列宗。燕京太庙始建于中统四年三月,完工于至元三年。这以前,忽必烈已在汉族士大夫的影响下初步制作了祖宗神位、祭器、法服等。一段时间内,神位暂设于开平的中书省,中书省官署变动之际,祖宗神位又一度迁至上都圣安寺及瑞像殿。至元三年十月,大都太庙建成,忽必烈命令中书平章赵璧等集议,并决定在原有太庙七室的基础上,增为八室,又制定尊谥、庙号。至元十四年,旧太庙楹柱腐朽，忽必烈降诏新建太庙于大都。三年后，新太庙正式使用，旧太庙废弃。

太庙神主开始是刘秉忠依宋朝礼制以栗木制成。至元六年十二月，帝师八思巴奉忽必烈圣旨制造木质金表牌位，代替栗木神主，特称金主。至元十三年，金主题名又依蒙古风俗略做改动，太祖改称成吉思皇帝，睿宗改称太上皇也可那颜，诸皇后则直题其名讳。(《元史》卷七十四《祭祀志三》)

忽必烈还随时听取掌管祭祀官员的意见，不断完善太庙祭祀及相关制度。不过，忽必烈在大都太庙祭祀中并没有完全倒向汉法典制，而是有意无意地加入了不少蒙古及藏传佛教的成分。第一，宗庙祭祀祝祷之文，用蒙古文书写，以蒙古巫祝致辞。第二，祭祀所用常馔以外，自至元十三年九月，增加野猪、鹿、羊、葡萄酒等。一度又禁用豢养之猪及牛。第三，至元六年十二月，始命帝师八思巴及其弟益怜真作佛事于太庙七昼夜。尽管大都太庙是忽必烈所建，但他一开始就让诸王、宰执及必阇赤摄行其事，本人一直未尝亲自祭祀。(《元史》卷七十四《祭祀志三》;《元史》卷七《世祖本纪四》;《元史》卷九《世祖本纪六》)

此外，忽必烈沿用汉地祭祀先人遗像的影堂之俗，在大都一带设立影堂以祭祀祖先。起初，忽必烈仅在父母分邑真定路(治今河北正定)玉华宫立孝思殿，布置拖雷夫妇御容影堂，逢忌日依照《宋会要》所定礼仪，派官员前往祭祀。至元十五年十一月，忽必烈命令翰林学士承旨和礼霍孙画太祖成吉思汗御容。翌年二月，又命画太上皇拖雷御容，与太宗窝阔台御容一并置于大都翰林院，由院官春秋致祭。据说，当画师奉诏将所画成吉思汗和拖雷御容呈献忽必烈时，因为画肖其人，忽必烈看罢，不由为之动情,"泣下沾衿"。

后来,诸帝后御容影堂祭祀逐渐正规,所奉祖宗御容,主要用纹绮局织锦制成。忽必烈和察必皇后死后,其影堂御容置于尼泊尔工匠阿尼哥所建藏传佛教建筑大圣寿万安寺(即今白塔寺)内。真金太子的影堂也置于此寺。堂内设祭器,藏玉册、玉宝等。祭祀也由最初的忌日祭祀,扩展为常祭、节祭。到文宗时,影堂统一改称神御殿。(《元史》卷七十五《祭祀志四》;《析津志辑佚·祀庙》;《秋涧集》卷四十四《杂著》)

三 两都岁时巡幸

在两都制度确定以后,忽必烈便开始在上都、大都间岁时巡幸。每年二月,有时也在三月,忽必烈从大都出发赴上都。秋八月或九月,又自上都返回大都。春秋恒时,岁岁如此,未曾中辍。据载,从大都有四条道路通往上都,"大抵两都相望,不满千里,往来者有四道焉,曰驿路,曰东路二,曰西路。东路二者,一由黑谷,一由古北口"。通常元人赴上都多经由驿路。从忽必烈朝起,皇帝巡行总是自东路辇路赴上都,西道返回大都。巡行期间,后妃、太子和蒙古诸王随行。由于两都巡幸,朝廷官员又有扈从、留守之别,"宰执下大臣下至百司庶府,各以其职分官扈从"。通常,中书省、枢密院、御史台的主要官员及部分僚属必须扈从上都。在汉族文臣笔下,扈从上都的中书省、御史台官员被称为"上都分省"、"上都分台"。实际上,扈从上都的均为中书省、枢密院、御史台主要官员,且因其不离权力源头大汗左右,所以他们始终充当中书省、枢密院、御史台的核心。具体到中书省,扈从上都的才是都省,留守大都的仅是留省。元朝皇帝巡幸上都期间，一部分怯薛及侍卫亲军随从，主要担任守卫任务。
（《扈从集·前序》;《金华黄先生文集》卷八《上都御史台殿中司题名记》;陈
高华、史卫民《元上都》，第32至61页）

忽必烈经常在上都和往返两都途中举行省、院、台大臣奏
闻或大臣集议，决定军国大事。无论省、院、台大臣扈从，还是巡
幸途中举行省、院、台大臣奏闻或集议，在汉地都是不可思议的，
但从蒙古游牧帝国行朝、行国习俗来看，又是可以理解的。

从忽必烈开始，两都巡幸还有了一定的迎送仪式。春季，忽
必烈离大都赴上都前夕，往往在万岁山广寒殿大宴文武百官。
秋天，忽必烈自上都返回大都时，大都留守官员又要专程至居庸
关北口或龙虎台迎接。（《南村辍耕录》卷一《万岁山》;《秋涧集》卷二十
三《奉和寅甫学士九日迎銮北口高韵》）

在巡幸期间，忽必烈还沿用蒙古旧俗，经常放鹰打猎。忽必
烈在冬春之际的狩猎，一般正月出发，三月初以前返回。开始时
在大都近郊，后来多在大都东南的柳林。

马可波罗在其《行纪》中还饶有兴趣地讲到忽必烈乘象舆
打猎的情景："大汗有两男爵，是亲兄弟，一名伯颜（Bayan），一名
明安（Mingam）。人称此二人曰古尼赤（Cunici），此言管理番犬之
人也。弟兄两人各统万人，每万人衣皆同色，此万人衣一色，彼
万人衣又一色，此万人衣朱色，彼万人衣蓝色，每从君主出猎时，
即衣此衣，俾为人识。每万人队有二千人，各有大犬一二头或二
头以上。由于犬数甚众，大汗出猎时，其一男爵古尼赤将所部万
人，携犬五千头，从右行，别一男爵古尼赤率所部从左行。相约
并途行，中间留有围道，广二日程，围中禽兽无不被捕者。所以
其猎同猎犬、猎人之举动，颇可观。君主偕诸男爵骑行旷野行猎

时，可见此种大犬无数，驰逐于熊、鹿或他兽之后，左右奔驰，其状极堪娱目也……君主驻跸于其都城，逾阳历12月、1月、2月共三阅月后，阳历3月初即从都城首途南下，至于海洋，其距离有二日程。行时携打捕鹰人万人，海青五百头，鹰鹞及他种飞禽甚众，亦有苍鹰（autours），皆备沿诸河流行猎之用。然君等切勿以为所携禽鸟皆聚于一处，可以随意分配各所。每所分配禽鸟一二百，或二百以上，为数不等。此种打捕鹰人以其行猎所获多献大汗。君主携其海青及其他禽鸟行猎之时，如前所述。此外尚有万人，以供守卫，其人名称脱思高儿（Toscaors），此言守卫之人也。以两人为一队，警卫各处，散布之地甚广。各人有一小笛及一头巾，以备唤鸟、持鸟之用，俾君主放鸟之时，放鸟人勿须随之。盖前此所言散布各处之人，守卫周密，鸟飞之处不用追随，鸟须救助时，此辈立能赴之也。君主之鸟，爪上各悬一小牌，以便认识。诸男爵之鸟亦然，牌上勒鸟主同打捕鹰人之名，鸟如为人所得，立时归还其主，如不识其主，则持交一男爵名曰不剌儿忽赤（Boulargoutchi）者，此言保管无主之物者也……此男爵常位于众人易见之处，立其旌旗，俾拾物及失物者易见，而使凡失物皆得还原主。君主由此路径赴海洋，其地距其汗八里都城有二日程，沿途景物甚丽，世界赏心娱目之事无逾此者。大汗坐木楼甚丽，四象承之。楼内布金锦，楼外覆狮皮。携最良之海青十二头。扈从备应对者有男爵数人。其他男爵则在周围骑随，时语之曰：'陛下，鹤过。'大汗闻言，立开楼门视之，取其最宠之海青放之。此鸟数捕物于大汗前，大汗在楼中卧床观之，甚乐。侍从之诸男爵亦然。故余敢言世界之人，娱乐之甚，能为之优，无有逾大汗者。"

马可波罗所记忽必烈乘象與打猎的情节颇为有趣。许多汉文史籍不约而同地记述道：元朝驾驭象舆的大象来自南方金齿、缅国、占城、交趾等，为其政权被征服后的贡纳。大象平时圈养在大都皇城北面湖泊岸边，大汗行幸时，命令擅长驭象的蕃官骑在一只象上，导引象舆前进。象舆前面另有前峰树皂旗，后峰扎小旗，五色璀玉，毛结璎珞的骆驼。一人鸣驼鼓于上，一则威震远迩，替皇帝清道，二则先行试验桥梁和路上的积水，以保证象舆顺利通过。（《元史》卷七十九《舆服志二》；《牧庵集》卷十九《资德大夫云南行省右丞李公神道碑》）

忽必烈不仅飞放打猎时乘象舆，大都、上都春去秋归，征讨东道诸王乃颜也经常是乘象舆。元人赋诗咏其事曰："当年大驾幸滦京，象背前驱幄殿行。"象舆中除忽必烈外，常有宿卫之士参乘。乘坐象舆，岁时往来于两都之间，甚至用于亲征和行猎，这的确是以前蒙古大汗和汉地王朝的皇帝所未曾有的。象舆比较平稳，不影响坐卧休息，又极具皇帝的威严，这无疑令忽必烈十分惬意。

然而，象舆并不绝对安全。至元后期，吏部尚书刘好礼向中书省提出建议："象力最巨，上往还两都，乘舆象驾，万一有变，从者虽多，力何能及？"刘好礼建言不久，果然发生了忽必烈行猎归来，大象被伶人蒙彩毳扮狮子舞所惊吓，狂奔不可遏止的紧急情况。幸亏参舆宿卫贺胜奋不顾身地跳到大象前面挡住去路，后到的人又割断靮索，放纵受惊大象逸去，才保住忽必烈的安全。贺胜为此受伤，忽必烈亲自慰问贺胜的伤情，还特意派遣太医为他医治和护理。（《道园学古录》卷十三《贺丞相神道碑》；《道园学古录》卷十八《贺丞相墓志铭》；《可闲老人集》卷二《辇下曲》；《元史》卷一百七十九《贺胜传》；《元史》卷一百六十七《刘好礼传》；《史集》第二卷，第 352 页）

皇帝巡幸上都,由扈从军队、宗王、后妃、大臣等组成浩浩荡荡的皇帝仪仗,以下诗句就是时人对皇帝仪仗的描写:"翠华慰民望,时暑将北巡。牛羊及骡马,日过千百群。庐严周宿卫,万骑若屯云。毡房贮窈窕,玉食罗膻荤。珍缨饰驼象,铃韵遥相闻。"(《纯白斋类稿》卷二《京华杂兴诗二十首》)

第七节　忽必烈的后妃与皇子、皇孙

一　察必皇后及其他后妃

察必皇后出身于弘吉剌部族,她的父亲是该部有名的首领按陈。按陈的妹妹孛儿台嫁给了成吉思汗,被尊为光献翼圣皇后,是术赤、察合台、窝阔台、拖雷四皇子的母亲。按陈本人于1215年被赐号国舅。窝阔台汗降圣旨说:"(弘吉剌部)生女世以为后,生男世尚公主。"由此,弘吉剌部成了蒙古诸部中与黄金家族世代联姻的主要姻亲部族。察必嫁给忽必烈,可谓亲上加亲,家世愈贵。(《元史》卷一百一十四《后妃传一》;《元史》卷一百一十八《特薛禅传》)

察必容貌秀丽,禀赋娴雅,颇得忽必烈喜爱。她聪明敏捷,晓达事机,在忽必烈即位前后,还能左右匡正,给予忽必烈有力的支持和帮助。1259年蒙哥汗猝死钓鱼城之际,忽必烈远在攻宋前线。忽必烈的幼弟阿里不哥图谋在漠北自立为汗,暗中派阿蓝答儿乘驿传抽取兵丁。察必在派使者责问阿蓝答儿擅自调兵原因的同时,又派出急使赶到鄂州军中通报忽必烈,劝其赶快北返。忽必烈闻讯,颇为震惊,遂果敢决定与宋军议和北返,先解决汗位归属问题。因此,在汗位谁属的关键时刻,察必留守

辅佐功不可没。(《元史》卷四《世祖本纪一》;《史集》第二卷,第 290 页)

中统初年,察必被立为皇后。此时,她更注意运用自己的地位,辅弼忽必烈处理好朝政。一天,四怯薛官奏请割大都近郊土地以供怯薛宿卫牧马,忽必烈予以批准,是察必的劝谏,使忽必烈收回成命,此后更停止割地牧马。在忽必烈北征阿里不哥之际,察必皇后留守燕京。当时,包括姚枢在内的藩邸旧臣大多外出担任十道宣抚使。察必皇后特意遣使把出任东平宣抚使的姚枢召回燕京,以教授儿子读书和帮助处理朝廷疑难之事。(《元文类》卷六十《中书左丞姚公神道碑》)

至元十年(1273)三月,察必皇后正式受册封,上尊号为贞懿昭圣顺天睿文光应皇后。

有趣的是,在忽必烈吸收汉法的同时,察必皇后也部分接受了汉文化。在听到汉人文臣王思廉读《资治通鉴》,其中有唐太宗杀魏徵语和长孙皇后进谏之事时,察必皇后有所领悟,劝其择善言进讲忽必烈。受忽必烈的影响,察必皇后还注意节俭,保持蒙古草原妇女勤劳本分,自己动手缝制衣物。至元十八年二月,察必皇后在大都逝世。成宗朝追谥昭睿顺圣皇后。

忽必烈的另一位皇后南必也是弘吉剌氏。南必皇后是纳陈那颜之孙仙童之女,也是察必的侄女。至元二十年正月被纳为皇后,继守察必原先的斡耳朵。《史集》中说,察必皇后死后一年,忽必烈把南必皇后引进察必的禹儿惕和帐殿,因为她是察必皇后的侄女。《元史》卷一百六《后妃表》也将南必列在世祖第二斡耳朵察必皇后之后。南必生一子,名为铁蔑赤。

忽必烈晚年,南必颇参预朝政。因忽必烈年事已高,宰相大臣往往难以朝见,若有政事,经常通过南必奏闻。忽必烈死后,

南必皇后也参加了拥立成宗的上都忽里台贵族会议。(《元史》卷一百一十四《后妃传一》;《史集》第二卷,第 376 页)

忽必烈的其他后妃还有,第一斡耳朵帖古伦大皇后,第三斡耳朵塔剌海皇后、奴罕皇后,第四斡耳朵伯要兀真皇后、阔阔伦皇后。察必皇后和南必皇后则属于第二斡耳朵。忽必烈又有八八罕妃子、撒不忽妃子和泰定三年(1326)奉诏守忽必烈斡耳朵的速哥答里皇后。

有关忽必烈之体貌和后妃的情况,《马可波罗行纪》中有如下的记述:"君主的君主,名称忽必烈的大汗之体貌如下:不长不短,中等身材,筋肉四肢配置适宜,面上朱白分明,眼黑,鼻正。有妇四人为正妇,此四妇诞生之长子,于父亲死后依礼应承袭帝位。此四妇名称皇后,然各人别有他名。四妇各有宫廷甚广,各处至少有美丽侍女三百,并有武侍臣甚众,及其他男女不少,由是每处合有万人。大汗每次欲与此四妇之一人共寝时,召之至其室内,有时亦亲往就之。尚有妃嫔不少,兹请为君等叙其选择之法。鞑靼有一部落名称弘吉剌,其人甚美。每年由此部贡献室女百人于大汗。命宫中老妇与之共处,共寝一室,试其气息之良恶,肢体是否健全。体貌美善健全者,命之轮番侍主。六人一班,三日三夜一易。君主内寝之事,悉由此种侍女司之,君主惟意所欲。三日三夜期满,另由其他侍女六人更番入侍。全年如是。概用三日三夜六人轮番入侍之法。"

二 诸皇子、皇孙

忽必烈诸皇子,见于记载的有十二个。依照蒙古子以母贵的习俗,十二皇子亦有嫡庶之别。察必皇后所生嫡子有四人:朵儿只、真金、忙哥剌、那木罕。其他后妃所生庶子八人,曰忽哥赤、爱牙赤、奥鲁赤、阔阔出、脱欢、忽都鲁帖木儿、忽里带、铁蔑赤。

忽必烈比较重视皇子的教育。早在为藩王时期,忽必烈即命令名儒姚枢教授真金《孝经》,讲授完毕,又准备饭食以飨姚枢。姚枢随从忽必烈南征大理,即令儒士窦默继续教真金。临行,忽必烈赏赐玉带钩给窦默,还特意嘱咐:"此金内府物也,汝老人,佩服为宜。且太子见之,与见朕无异,庶几知所敬畏。"此后,忽必烈命令王府"主文书,讲说帐中"的汉人侍从董文用给那木罕、忽哥赤教授儒家经书。至元元年八月,忽必烈又委任李槃为皇子忙哥剌说书官,高道为那木罕说书官。至元二十七年,应太子妃阔阔真的请求,忽必烈又命令已担任翰林学士承旨的董文用为皇孙铁穆耳等讲授儒学经书。董文用在讲授儒学经书要旨的同时,还附入国朝故事,"丁咛譬喻,反复开悟",他自己则受到皇孙的礼遇和尊重。(《元史》卷一百一十五《裕宗传》;《元史》卷五《世祖本纪二》;《元朝名臣事略》卷八《内翰窦文正公》;《元朝名臣事略》卷十四《内翰董忠穆公》)

由于忽必烈悉心安排,忽必烈诸皇子及皇孙都不同程度地学习和接受了汉文化。除了汉文化,忽必烈也注意皇子、皇孙的佛学教育。忽必烈曾诏命在御前诵说佛家经典的近侍畏兀儿人大乘都为皇孙阿难答之师。在阿难答嗣为安西王离京出镇时,忽必烈批准大乘都跟随。(《雪楼集》卷八《秦国先墓碑》)

或许是忽必烈皈依藏传佛教的缘故,帝师八思巴对诸皇子及皇孙的影响也比较大。八思巴异母弟异希迥乃很早就担任皇子忽哥赤的宗教老师。至元九年五月,八思巴在临洮为忽哥赤撰写《授皇子忽哥赤口诀》。有关八思巴与皇子、皇孙的交游情

况，文献中有很多相关的记载。（陈庆英《雪域圣僧——帝师八思巴传》，中国藏学出版社，2002年）

因为忽必烈和察必皇后皈依佛门以及八思巴授教戒、赠诗、祈祷等活动，皇子真金、忙哥剌、那木罕、忽哥赤、奥鲁赤及其子孙，大多数也成了藏传佛教的信徒。

由于窝阔台汗颁布圣旨，弘吉剌氏生女世以为后，生男世尚公主，忽必烈子孙和蒙古弘吉剌部上层联姻最为频繁。忽必烈的女儿和孙女也有很多下嫁到弘吉剌部。另外，忽必烈子孙与汪古部的联姻，同样是世代相续。基于族外婚原则的世代联姻，始于成吉思汗时代，相继造就了与黄金家族保持世代联姻关系的弘吉剌、汪古、亦乞列思、斡亦剌等四个蒙古诸部中地位颇高的姻亲部落。不过到忽必烈时期，上述四大姻亲部族已大致缩小为弘吉剌、汪古二部，亦乞列思、斡亦剌二部虽然仍有数例与忽必烈家族的通婚，但已缺乏连续性。1274年，高丽忠烈王娶忽必烈之女为妻，从此大部分高丽国王均娶蒙古公主为妻，由此蒙元皇室增加了一个新的姻族，而且与联姻蒙古皇室的高昌亦都护类似，也来自被征服的内属国。

此时的世代联姻关系还导致一些近亲结婚的消极现象。就忽必烈家族而言，不难举出近亲联姻的事例。如弘吉剌部斡罗陈尚忽必烈女襄加真公主，而斡罗陈之女失怜答里又成了忽必烈之孙铁穆耳的妻子。联姻范围变窄，某些近亲婚姻势必带来皇室人口质量的下降，成宗铁穆耳所立皇太子德寿夭亡以及元后期多数皇帝寿命不长，或许与此有某种因果关系。另外，忽必烈女襄加真公主的两次改嫁和被前夫之弟收继，说明入元以后，贵为皇女、公主的忽必烈家族女性成员，并不讲究汉地式的贞节观念,依然按照蒙古草原古老的收继婚俗处理自身婚配。

忽必烈本人对子孙的婚配也比较关心。据说,真金太子妃阔阔真就是由忽必烈亲自选定。

一次,忽必烈外出田猎,途中口渴,行至一座牧民毡房。见一名少女正在劳作,于是向她索要马奶酒。少女回答:"马湩有之,但我父母诸兄皆不在,我女子难以与汝。"忽必烈闻此言欲离去,少女又说:"我独居此,汝自来自去,于理不宜。我父母即归,姑待之。"很快,女子的父母果然归来,拿出马奶酒让忽必烈喝个痛快。事后忽必烈感叹道:"得此等女子为人家妇,岂不美耶!"不久,忽必烈与大臣们商议替真金太子选妃,提出几个人选,忽必烈都没有应允。一位老臣回忆起忽必烈对那位少女的赞誉之言,又得知她尚未许嫁,于是向忽必烈推荐此少女。忽必烈非常欣喜,终于纳此女为太子妃。她就是弘吉剌氏阔阔真,又名伯蓝也怯赤。此外,忽必烈曾把汉族侍女郭氏赐给皇孙答剌麻八剌为妻,郭氏生子名阿木哥。(《元史》卷一百一十六《后妃传二》)

三　真金太子

自成吉思汗建国以来,汗位继承始终缺乏固定的制度。忽里台贵族会议推举,大汗生前指定,各宗室支系的军事、政治实力等因素,都在发挥作用。蒙古草原家产分配习俗中长子优先与幼子守家的冲突,日益增长的汗权与忽里台贵族政治权力的冲突,各宗室支系之间的利益矛盾,均会在汗位继承问题上交织、汇集而至爆发,每当汗位交替的时候,经常出现汗位争夺危机和政局的动荡。从窝阔台汗到贵由汗,从贵由汗到蒙哥汗,从蒙哥汗到忽必烈汗,汗位争夺愈演愈烈,甚至引发了军事对抗,造成蒙古帝国的分裂。

忽必烈建立元朝后，在一批汉族儒臣的辅佐下，把定国本和解决汗位继承问题，当做行汉法的组成部分，积极开展了这方面的探索与改革。所谓定国本，就是用汉地传统的嫡长子继承制度及预立太子，改变蒙古国汗位继承的混乱状况。

真金是忽必烈第二子，察必皇后所生。因长子朵儿只早年病逝，真金实际相当于嫡长子。真金的少年时代，伴随着忽必烈总领漠南和尝试以汉法治汉地的改革。他从十岁起，就按照忽必烈的命令，跟随藩邸著名儒士姚枢读《孝经》，每日以三纲五常、先哲格言熏陶性情。姚枢跟随忽必烈远征大理，另一名儒窦默接替姚枢成为真金的老师。刘秉忠的学生王恂此时也被忽必烈任命为伴读，长期辅导真金。

1259 年忽必烈率兵南征鄂州之际，真金跟随其母察必留守开平。当时，阿里不哥图谋在漠北自立为大汗，其党羽脱里赤括兵于漠南诸州，阿蓝答儿发兵于漠北诸部，乘传行至距开平仅百余里处。察必派人质问阿蓝答儿："发兵大事，太祖皇帝曾孙真金在此，何故不令知之？"阿蓝答儿无言以对。后来忽必烈在鄂州城下与贾似道议和北归，谋臣郝经即提议召真金镇燕京，与阿里不哥所委派的燕京断事官脱里赤相抗衡。虽然当时真金年仅十七岁，但他在很大程度上已能代表忽必烈支系，在成吉思汗黄金家族中具有重要的地位。(《元史》卷四《世祖本纪一》;《陵川集》卷三十二《班师议》)

忽必烈即汗位后，真金于中统二年十二月受封燕王，守中书令。枢密院立，又兼判枢密院事。真金是忽必烈诸皇子中第一个封王爵者，按照后来元朝确定的王爵制度，燕王属于第一等金

世祖皇帝后
徹伯爾

印兽纽一字王,其王号又隐含着国邑在燕地。所以,在与真金关系密切的汉族儒臣看来,由于封爵和充任中书省、枢密院长官,真金已接近储君的地位。

忽必烈正式册立燕王真金为皇太子是在至元十年。对真金的册封体现了忽必烈对旧有汗位继承方式的祖述变通和锐意改革。从对真金的册文中还可以看到,忽必烈从成吉思汗祖制遗训中为自己册立真金太子找到了一定的合法依据,同时也摆脱了蒙古草原继承法与贵族会议推戴旧俗的纠缠。不过忽必烈册立真金为太子引发了皇幼子那木罕的不满,忽必烈为此生了气,将那木罕大骂一顿。(《史集》第二卷,第 352 页)

真金被立为太子那一年九月,应刘秉忠等提议,忽必烈设置东宫宫师府和詹事院,使其隶属于太子真金。真金太子东宫还设立了附属的侍卫亲军,这支侍卫亲军包括蒙古军和汉军两部分,拥有由蒙古军和汉军组成的两支侍卫亲军无疑增加了太子在朝廷中的权势。真金太子还和其他皇子一样,享封食邑、岁赐等,且所封食邑数量超过其他嫡皇子。

真金崇尚儒术,在东宫宫师府和詹事院等官属周围,招徕、聚集了一个不大不小的汉人儒臣群体。真金在身旁汉族儒臣的影响下,逐步儒化。迄真金监国前后,他已经能够翻阅汉文儒学书籍,对汉唐君臣施政得失和礼法遗事,也可以津津乐道,评头论足了。由于众多儒臣在东宫长期宣传儒家文化,真金太子成为忽必烈子孙中最早儒化的重要人物。当忽必烈在统治中后期对汉法产生厌倦或倒退情绪,真金太子就充任了继续汉法改革的支持者。在义与利的问题上,真金大抵是遵循儒家重义理而轻财利的原则来处理的。

阿合马专权之际，真金厌恶他奸恶，"未尝少假颜色"。《史集》在谈到真金太子与阿合马的关系时，有如下描述："汉人异密们由于嫉妒而仇视。真金也对他没有好感，甚至有一次用弓打他的头，把他的脸打破了。当他到了合罕处，[合罕]就问道：'你的脸怎么啦？'他回答道：'被马踢了。'[正好]真金在场，他就生气地说：'你说得无耻，[这是]真金打的。'还有一次，他[甚至]当着合罕的面狠狠地用拳头打了他。阿合马一直都怕他。"（《史集》第二卷，第 340 至 341 页）

对受阿合马排挤的一些汉法派儒臣，真金不断予以支持。一些汉法派儒臣也呼吁真金痛下决心，在剪除阿合马奸党中，发挥更积极的作用。真金并没有辜负这些儒臣的期望，他虽然没能说服忽必烈除掉阿合马，但反对阿合马的政治态度是十分鲜明的。后来，王著、高和尚刺杀阿合马之所以能成功，重要原因之一就是他们利用阿合马唯独害怕真金的心理，冒充太子真金哄骗阿合马出迎。

至元十六年，忽必烈在太一道教主李居寿和近侍、符宝郎董文忠的怂恿下，正式批准真金太子监国，史称真金监国。真金监国，明于听断，凡是四方州郡科敛、挽漕、造作、和市，关系到百姓休戚的，接受启白，即日奏请皇帝罢止。真金太子监国是汉法派儒臣官员的一个胜利，它虽然是由太一道教主李居寿和近侍董文忠出面促成的，但背后支持力量主要是汉法派儒臣官僚群体。（《元史》卷二百二《释老传》；《元史》卷十《世祖本纪七》；《元史》卷一百一十五《裕宗传》；《元史》卷一百四十八《董文忠传》；《牧庵集》卷十五《董文忠神道碑》）

由于许衡、姚枢、窦默等代表人物相继逝世，忽必烈朝中后期,汉法派儒臣官员几乎没有什么主帅级人物。真金太子监国,至少使朝廷有了一位可以为汉法派儒臣官员撑腰的政治代表,以与权臣阿合马及卢世荣相抗衡。故忽必烈朝中后期,汉法派儒臣官员在朝廷中书省等枢要衙门势力较弱,仅有安童、和礼霍孙等短暂掌权,而阿合马及卢世荣背后的支持者则是忽必烈。

真金监国虽然给汉法派儒臣官员带来了一定的高层支持,但这并不意味着他们能借助真金的力量在朝廷占据上风。随着政治理念和政策倾向差异的加深,真金太子与忽必烈之间的分歧或裂痕也在扩大。

至元二十二年,江南行御史台监察御史上封事说:忽必烈"春秋高,宜禅位于皇太子,皇后不宜预外事"。御史台官员接到此奏章后,觉得非同小可,于是秘密扣压下来,未予转奏。阿合马党羽答即古阿散等得知此消息,借钩考朝廷诸司钱谷之名,欲拘收内外百司案牍,以揭发南台御史的奏章。御史台专司案牍的首领官都事尚文,执意扣留这份奏章,不肯交付。(《菊潭集》卷二《平章政事致仕尚公神道碑》;《元史》卷一百一十四《后妃传一》)

答即古阿散随即将此情况报告忽必烈,忽必烈命令宗正府官员薛彻干赴御史台索取。尚文感到事情紧急,立即秉报御史大夫玉昔帖木儿。玉昔帖木儿急忙与中书省丞相安童商议,入宫主动奏明事情原委。忽必烈听罢,为之震怒,质问玉昔帖木儿和安童:"汝等无罪耶?"安童进奏曰:"臣等无所逃罪,但此辈名载刑书,此举动摇人心,宜选重臣为之长,庶靖纷扰。"安童这番上奏,使忽必烈怒气稍解,终于批准了二人的上奏。结果,答即古阿散及其党羽以奸赃罪被处死,南台御史的禅位奏章之事,也就不了了之。

　　遗憾的是，体弱多病的真金太子听到父皇震怒的消息,恐惧不安,不久即谢世,年仅四十三岁。真金之死,的确是汉法派儒臣官员在与答即古阿散及其党羽的较量中付出的代价。寄托于真金的较彻底的汉法改革希望随之破灭。此后，桑哥的专权跋扈和汉法派儒臣官员所受的压抑,均超过阿合马当政时期,或许果与真金的谢世有关。(《元史》卷一百一十五《裕宗传》;《元史》卷一百七十《尚文传》)

　　四　皇孙甘麻剌与铁穆耳总兵漠北

　　甘麻剌是真金长子,阔阔真所生,自幼由祖母察必皇后抚育,日侍忽必烈,未尝离左右。至元二十三年,甘麻剌奉命出镇漠北，与北安王那木罕分镇漠北东西两地。那木罕偏重于守护太祖四大斡耳朵、统领漠北各大千户及控御防范东道诸王,甘麻剌的使命则重在统领称海(元代漠北西部重镇,在今蒙古国科布多省哈腊湖西南)一带的元军,并直接与叛王海都作战。至元二十六年,叛王海都率兵大举东犯,甘麻剌所部与海都在杭爱岭一带展开激战。由于海都的军队抢先占据险要地形,元军作战失利,惟有土土哈率领的钦察军勇往直前,与敌鏖战,掩护主帅甘麻剌突围而走。杭爱岭战败后,元军全线溃退,和林一度被海都攻占。

　　至元二十六年七月,忽必烈亲征,收复和林,又改命伯颜以知枢密院事镇和林。甘麻剌奉旨率部曲南撤至大都附近的柳林休整。《元史·显宗传》"世祖以其居边日久,特命猎于柳林之地"等语,乃是有意掩饰甘麻剌在漠北战绩欠佳,被迫撤离原镇戍地的一套遁词。至元二十七年冬,忽必烈正式将甘麻剌调离漠北,封其为梁王,出镇云南。直到那木罕死去,甘麻剌才于至元二十九年(1292)由梁王改封晋王,代替那木罕"统领太祖四大斡耳朵及军马、达达国土"。沿袭北安王那木罕旧例,晋王甘麻刺是以整个蒙古本土为镇戍或监护对象。作为成吉思汗产业的蒙古中央兀鲁思及四大斡耳朵,都被置于晋王的统领之下。(《元史》卷一百一十五《显宗传》;《元史》卷一百二十八《土土哈传》;《元史》卷一百二十七《伯颜传》;《元史》卷十五《世祖本纪十二》)

甘麻刺性情仁厚,小心谨慎,从无妄言,言语直率而无隐瞒。且信仰佛教,御下有恩,管束部众颇严。在柳林休整期间,甘麻刺担心廪膳分配不均,命令左右近臣掌管,分给随从兵士。又特意训诫部众:汝等饮食既足,若复侵渔百姓,那将是自取罪谴,不要后悔。赴云南途中,随从兵卒、马驼不下千百计,经中山、怀孟等地,未曾横取于民众。这些对他日后争夺皇位也有一定的影响。(《元史》卷一百一十五《显宗传》)

铁穆耳是真金太子的第三子,生于至元二年(1265)九月,其母也是阔阔真。至元二十四年东道诸王乃颜之乱爆发后,铁穆耳奉命率军征伐,立下战功,并从此登上了政治舞台。至元三十年六月,忽必烈命令铁穆耳总兵漠北,以知枢密院事玉昔帖木儿辅佐以行。自甘麻刺在杭爱岭战败,忽必烈亲征收复和林,元廷本来把北边的军事防务交给了平定南宋的统帅伯颜。伯颜担任和林知枢密院事,全权负责对付海都的防御和作战,其间元军多守势。这时有人劾奏伯颜久居北边,与海都通好,因仍保守,无尺寸之功。忽必烈颇信此言,所以让铁穆耳偕玉昔帖木儿取代伯颜总兵北边。

当时铁穆耳对卸任的统帅伯颜依然颇为尊重。他举酒为伯颜饯行,询问道:"公去,将何以教我？"伯颜举着杯中酒说:"可慎者,惟此与女色耳。军中固当严纪律,而恩德不可偏废。冬夏营驻,循旧为便。"对于伯颜的忠告,铁穆耳全部采纳。伯颜告诫铁穆耳慎于酒色,也是有的放失。据说铁穆耳是个酒鬼,忽必烈曾想方设法规劝和责备他,都无济于事,甚至杖责他三次,还派护卫监视和阻止他酗酒。后来直到即位,铁穆耳才自动改掉了酗酒的嗜好。(《元史》卷一百二十七《伯颜传》;《史集》第二卷,第355页)

铁穆耳于至元三十年取代伯颜担任北边抵御叛王海都的元军统帅。这个角色和位置,与兄长甘麻刺几乎同等重要。同时,铁穆耳总兵漠北的一个特殊之处是持有其父真金所用的皇太子宝。铁穆耳赴北边之初,忽必烈并未授予此印章。皇太子宝是铁穆耳赴北边途中临时召回上都授予的。奉命召回铁穆耳的是著名回回政治家赛典赤·赡思丁之孙伯颜平章。此人取了一个与前述知枢密院事相同的名字。劝说忽必烈让铁穆耳承嗣其父皇太子印章的还有大汗近侍阿鲁浑萨里,奉命将皇太子宝送到铁穆耳府邸的也是此人。持有了皇太子宝实际上等于预先获得了其父真金太子的储君地位。这样,铁穆耳比起兄长甘麻刺,在出镇漠北以外,又多出一项重要的政治资本。(《史集》第二卷,第355页;《元史》卷十七《世祖本纪十四》;《秋涧集》卷十三《大行皇帝挽辞八首》)

第八节　元世祖朝的若干重要大臣

一　王文统、刘秉忠、史天泽

忽必烈即位伊始,储积无几和国用不足是其所面临的首要难题。忽必烈先是把这方面的事情,交给了中书省平章政事王文统全权负责。王文统,字以道,金朝北京路大定府(今内蒙古宁城)人,曾得中经义进士。年轻时搜集、阅读历代奇谋诡计之书,"好以言撼人"。金元之际,王文统以布衣游说各地军阀诸侯,受益都世侯李璮的赏识,留为幕僚,军旅之事都要听其谋划决策。李璮还命儿子彦简拜王文统为师,王文统则将女儿嫁给李璮,两人的关系由此更为密切。王文统足智多谋,名声在外。早在忽必烈作为藩王率兵进攻南宋鄂州之际,刘秉忠、张易即向忽必烈举荐王文统。忽必烈即汗位伊始,迅速将王文统提拔至朝廷,授以中书省首任平章政事,掌管日常政务和财政。(《元史》卷二百六《王文统传》;《元史》卷一百二十六《廉希宪传》)

王文统理财颇有方略,忽必烈对其经邦理财之术非常赏识,不时"纶音抚慰","且有恨其见晚之叹"。念及王文统年龄较大,忽必烈特许其不必劳于奏请,平时可运筹于中书省,遇大事则陈奏。王文统的理财活动包括三个方面的内容:整顿户籍和差发;食盐榷卖;推行中统钞。王文统的理财取得了较大的成功,不仅受到了忽必烈的赞赏,就连与王文统有政见分歧的大臣姚枢也承认,此一时期"民安赋役,府库粗实,仓廪粗完,钞法粗行,国用粗足,官吏迁转,政事更新",王文统有功于焉。(《秋涧集》卷八十一《中堂事记·中统二年四月》;《牧庵集》卷十五《中书左丞姚文献公神道碑》)

除了王文统,刘秉忠和史天泽也是中统年间帮助忽必烈奠定元帝国基本规模的重要宰辅。

刘秉忠北上投靠忽必烈非常早,是忽必烈藩王幕府的重要成员。忽必烈即位后,他一直充当忽必烈的主要谋臣。诸如中统建元纪岁,建国号,定都邑,颁章服,立朝仪,立中书省,置十路宣抚司,议定官制等,他都是首倡者和积极推进者。忽必烈对刘秉忠深信不疑,几乎是言听计从。中统初,忽必烈曾命令专门为刘秉忠修建上都南屏山庵堂,还册授光禄大夫和三公之一的太保。刘秉忠的成功之处,在于他兼通佛、道、儒三学,又居漠北多年,熟悉蒙古习俗,故能够糅合蒙古旧典、中原汉法而成一代新制,以为忽必烈君临大漠南北所用。(《元史》卷一百五十七《刘秉忠传》;《元朝名臣事略》卷七《太保刘文正公》)

史天泽是投靠蒙古政权较早,势力最大的汉地世侯之一。他又是拖雷家族真定分地的守土臣,故与蒙哥、忽必烈等一直保持着特殊的亲密关系。忽必烈总领漠南,他被委任为河南经略使,负责河南一带的屯田、兵戎等。蒙哥汗亲征川蜀,他又率兵从征,还奉命掌管御前宿卫。中统二年五月,史天泽担任中书省右丞相,这也是所有汉人和汉世侯中唯一身居此要职的。他主持中书省,定省规十条,使政务处理有章可循。他又奏罢各种占役行为,实行统一赋税科差规则。他在多员宰辅中间弥缝协调,委曲论列,又在皇帝和宰臣之间上传下达,使汉法在忽必烈政权草创阶段得以较顺利地推行。(《元朝名臣事略》卷七《丞相史忠武王》)

二 汉世侯李璮

李璮,字松寿,是金元之际山东南部豪强军阀李全的养子。蒙古攻金之际,李全趁势起兵山东潍州,先降于南宋,后又归附蒙古。李全攻南宋阵亡后,李璮承袭其职领益都行省,所控制的地盘扩大到山东半岛和淮河以北,而且得以专制其地。他修城储粮,集聚力量,常常不听朝廷调遣。

忽必烈即位后,北上亲征阿里不哥,汉地诸万户世侯奉命率兵从征,李璮"既不身先六军",也未发一兵一卒。他还有意干扰忽必烈暂时与南宋修好议和的策略，暗中侵宋，轻启边衅，借此向朝廷索取箭矢十万、益都路盐课及官银，千方百计扩充所部的兵力和军备。这样，拥兵五六万的李璮就成为汉地世侯中桀骜不驯和心怀贰志的危险人物。(《元史》卷二百六《李璮传》;《元史》卷四《世祖本纪一》;《元文类》卷五十《济南大都督张公行状》)

中统三年(1262)二月，李璮趁忽必烈再次北征阿里不哥的机会，举兵反叛。对李璮叛乱，忽必烈事先是有所察觉和防备的。但因为元廷在与阿里不哥的战争中投入了大量的蒙古军和汉军精锐，尚未见胜负，而内地守备空虚，忽必烈无力顾及东南，故不得不采用加封大都督、赐金银符、拨付盐课官银等办法暂时稳住李璮。不久，李璮秘密安排私驿将留质于燕京的儿子李彦简召回益都，其谋反之迹已现。

李璮起兵反叛后，先设法取得南宋的支持，又以反蒙归宋为旗号传檄各路，希望能得到众多汉地世侯的响应。不过，形势的发展却出乎李璮的预料，不仅南宋方面未给予他多少实质性的支持，汉地世侯响应者更是寥寥无几，李璮只能孤军作战。忽必烈在获悉李璮举兵叛乱后，曾颁布一份诏书，历数和揭露李璮背信弃义、反叛朝廷的罪恶，然后调集各路蒙古军、汉军征讨李璮，李璮之乱被迅速平定。同年七月，被围困在济南城的李璮走投无路，亲手杀死爱妾，然后乘舟入大明湖投水，由于没有溺死，被元军捕获。

做了俘虏的李璮被绑缚到宗王合必赤帐前，接受审问。参与平叛的东平万户严忠范问道:"此是何等做作？"李璮反问道:"你每与我相约，却又不来！"元军的另一名主帅史天泽又问:"忽必烈有甚亏你处？"李璮依然反问道:"你有文书约俺起兵，何故背盟？"史天泽等反被问得十分被动,于是就用"宜即诛之,以安人心"的理由,下令将李璮肢解,枭首军门。(《纪录汇编》卷二百二《前闻记·李璮》;《元史》卷二百五《李璮传》)

史天泽没有按照惯例献俘朝廷,却擅自命令杀掉李璮,虽然不能肯定他与李璮串通反叛,但至少表明其担心李璮更多地泄露汉世侯间议论朝政、诉说不满的秘密。

李璮的反叛招来了与李璮关系密切的中书平章政事王文统的杀身之祸。李璮举兵后,许多人揭发王文统暗中遣其子王荛与李璮通消息。中统三年二月,忽必烈下令以与李璮同谋之罪诛王文统及其子荛,还诏谕天下,说明王文统负国恩而被极刑的真相。(《元史》卷二百六《王文统传》)

随后,一些忽必烈的藩邸旧臣,如廉希宪、商挺、赵良弼、游显等也受到牵连或追究。或许是受到王文统受重用却同谋逆乱的刺激,忽必烈对这些亲近旧臣的追究、调查也十分严厉。忽必烈对汉世侯军阀昔日与李璮的关系,却没有深究。忽必烈心里十分清楚:汉世侯军阀与李璮的私下交通肯定不会少,一味追究下去,可能会把他们逼到和元政权对抗的地步。况且他们已用率兵征伐李璮的行动表白了对朝廷的忠诚。对忽必烈来说,最迫切的不是追究旧事,而是利用汉世侯害怕被追究的心理,削夺他们的权力,彻底改造汉世侯制度。

于是忽必烈采取了一系列的措施,罢黜汉世侯,收揽权纲。这些措施包括:军民分职,军民官不能由同一人担任,同时每个世侯之家,或军或民,或将或相,只保留一人任官;罢诸侯世守,立迁转法;设置诸路转运司;撤销世侯封邑;易兵而将,切断其与旧部兵卒的隶属及联系;设立监战万户和十路奥鲁总管。通过罢黜汉世侯,忽必烈铲除了危害元王朝的地方军政势力,迅速在汉地构建了中央集权的路、府、州、县秩序。这就彻底解决了汉世侯制度的弊端,此堪称对李璮之乱的积极而高明的善后。

三　阿合马专权

蒙元时期,西亚、中亚及欧洲来华的诸色人概称色目人,或曰回回人。色目人或回回人为主的理财臣僚很早就登上大蒙古国的政治舞台,并形成一股重要势力。忽必烈即位后,起用汉人王文统理财,原右丞相回回人祃祃被贬职,其手下一批回回人也受到打击和罢黜,色目理财臣僚由此在朝廷暂时失势。

王文统刚刚被诛,那些曾经受到王文统压抑的回回人趁机攻击汉人官僚,他们进言说,回回人虽然有时侵盗国家钱物,但不会像汉人敢为反逆。这类攻击,居心叵测,正中忽必烈下怀。可以说,李璮之乱后,忽必烈对汉人官僚已由充分信任转向使用中加以戒备防范了。与此同时,忽必烈蓄意采取了借用色目人,压抑和牵制汉人的策略。这项策略直接带来了一个重要的人事安排,就是色目理财大臣阿合马登上政坛并专宠二十年。

阿合马原来是中亚花剌子模费纳克忒的一名穆斯林商人,蒙古西征时被掳掠东来,充当弘吉剌部按陈的属民或奴仆。阿合马可能是作为斡耳朵侍臣或陪嫁的媵人,随弘吉剌部察必皇后进入忽必烈宫廷的。

汉文史书记载,阿合马和汉人李德辉偕侍于忽必烈藩邸,时间大约是贵由汗二年(1247)以后。可见阿合马也算是忽必烈藩邸旧臣,只是他的身份非汉族儒士,而是回回商贾和皇后媵人,是察必皇后及忽必烈的家奴。忽必烈即汗位不久,阿合马就

担任了上都留守同知兼太仓史，开始替忽必烈掌管宫廷仓廪钱谷。(《元朝名臣事略》卷十一《左丞李忠宣公》)

中统三年二月，擅长理财的中书平章王文统被杀，忽必烈身旁缺乏得力的理财大臣，随即提拔阿合马领中书左、右部兼诸路都转运使，专门委以财赋之任。此时中书省之下仅设左三部和右三部，阿合马担任的领中书省左、右部，似乎相当于左三部和右三部之长。

居阿合马之上，还有中书平章回回人赛典赤·赡思丁，王文统死后曾奉旨兼领钞法和工部造作。至元元年赛典赤·赡思丁调任陕西四川行省平章。阿合马趁势独揽朝廷理财大权。他领左、右司掌管财政后，宠眷日隆，更踌躇满志。不久，阿合马党羽内部互相攻击，忽必烈遂下令中书省推问审查阿合马，平章政事廉希宪具体负责穷治其事。阿合马一度受杖责，他所领的左、右部事权，也归还了有司。(《秋涧集》卷八十二《中堂事记》;《元史》卷五《世祖本纪二》;《元朝名臣事略》卷七《平章廉文正王》)

至元元年八月，阿合马凭借其理财聚敛的本事，终于爬上了中书省平章政事的宝座。之后他青云直上，官职和权势越来越大。至元三年正月，阿合马又兼制国用使司。至元七年设立尚书省时，他担任了尚书省平章政事。至元九年尚书省并入中书省，他继续位居平章政事，后又升任左丞相。较长一段时间，阿合马一直掌管元帝国的财政，多数情况下还主持朝廷庶政。

阿合马担任平章政事等职期间，主要从事理财聚敛，这也是他长期受到忽必烈宠爱和器重的原因。阿合马理财的具体措施主要有以下几项:官办矿冶;增收商税、榷盐等;检括户口及推广钞法。阿合马的理财能力和业绩迎合了忽必烈急于富国和嗜利黩武的需要。而他善于玩弄权术，利用各种方式拉拢对自己有用的人，同时想方设法讨好忽必烈。忽必烈对阿合马颇为赏识，"授以政柄，言无不从"。(《元史》卷十《世祖本纪七》;《元史》卷二百五《阿合马传》)

在阿合马恃宠专权期间，站在阿合马对立面，与他展开激烈较量和斗争的，主要是许衡、廉希宪、张文谦为首的一批儒臣。支持他们的还有接受儒学影响的蒙古勋贵和皇太子真金。传统的义与利，汉法与蒙古法、回回法的斗争，忽必烈利用色目人与汉人的矛盾等，交织在一起，可谓错综复杂，但阿合马却凭借着取宠忽必烈，纠集私党，迫害异己，在这场与儒臣的斗争中占了上风。他"内通货贿，外示威刑，廷中相视，无敢论列"。

随着权势的膨胀，阿合马的专横暴虐和贪赃荒淫也越发不可收拾。他一门子侄占据要津，中书省及六部官员中，党羽竟多达七百一十四人。他霸占附郭民间美田，占有府邸、宅院七十余所，分置子女妻妾，也匿藏着搜刮、贪赃而得的大量珍宝奇货。他还经常强索他人美妻艳女而偿以官爵，既败坏吏治，又引起了朝野的愤慨。(《元史》卷十二《世祖本纪九》;《元史》卷一百六十八《何荣祖传》)

阿合马近二十年恃宠专权，在贵族、官僚中树起了一批政敌，尤其是引起了汉族士大夫的强烈愤慨。在众怒难遏的情势下，至元十九年，终于发生了王著杀阿合马事件。此事件的主谋是王著和高和尚。二人在北边从军时相识，南归后，受汉族吏民憎恨阿合马舆论的影响，秘密策划以暗杀手段除掉阿合马。王著还私下铸造一把大铜锤，发誓用铜锤击杀阿合马，为民除害。(《秋涧集》卷九《义侠行》;《道园学古录》卷十七《徽政院使张忠献公神道

碑》;《元史》卷二百五《阿合马传》)

至元十九年三月,忽必烈照例北上巡幸,至察罕脑儿(今河北沽源),太子真金从行,左丞相阿合马和枢密院副使张易等留守大都。鉴于阿合马平素警戒防备甚严,白日常以护卫相随,夜间寝所诡秘不定,王著、高和尚二人决定伪装太子真金,谎称其回大都作佛事,引出阿合马后下手。王著等首先骗取了中书省、枢密院、太子东宫官员的信任。王著本人还驰骑会见阿合马,面告太子真金将至,命令留在大都的中书省官员全部在东宫前迎接。伪太子在马上先是唤中书省官员上前,叱责阿合马数语。王著即牵起阿合马,以袖中铜锤猛击其脑袋,阿合马当场毙命。元廷官员方看出有诈,命卫士拼力捕贼,留守司达鲁花赤博敦持梃击伪太子坠地,王著被擒,高和尚等逃窜。(《元史》卷二百五《阿合马传》;《元史》卷一百六十九《高觽传》、《张九思传》;《道园学古录》卷十七《徽政院使张忠献公神道碑》;《史集》第二卷,第344页)

此事件中追随王著、高和尚的人数,汉文记载不详。《史集》载,王著、高和尚在大都北的同党多达数千。据说阿合马被杀后,"军民尽分脔阿合马之肉而食,贫人亦莫不典衣,歌饮相庆,燕市酒三日俱空"。(郑所南《心史》)

忽必烈在得知阿合马被暗杀后,立即下令予以严厉镇压。三天后,王著、高和尚等被诛于街市,王著的同党有数百人也被杀。在处置暗杀阿合马事件的过程中,枢密副使张易也受到牵连而被杀。根据一些文献记载,张易很可能直接参与,至少积极支持或纵容了王著和高和尚暗杀阿合马的行动。(《元史》卷二百五《阿合马传》;《秋涧集》卷九《义侠行》;《郑思肖集·大义叙略》)

王著为除阿合马而被杀,受到许多汉族士大夫的高度赞誉和讴歌,甚至一部分蒙古贵族、官僚,对王著杀阿合马也持同情态度。然而经过该事件,忽必烈对汉族官僚愈发不信任,他还亲自盘问了身旁的汉人宿卫。在忽必烈看来,大都汉族吏民杀阿合马的暴动,矛头所向既是阿合马,也是蒙元政权。他的盘问和追查涉及到身旁亲近宿卫王思廉和另一位藩邸旧臣张文谦。

忽必烈对阿合马的处理,也富有戏剧性。阿合马被杀之初,忽必烈曾降旨重金办理其丧事, 派朝廷大臣为之礼葬, 极尽哀荣。对于阿合马及其诸子的种种罪过,明确下令一概不问。四十日后,忽必烈从两名商人处得知,阿合马将他们献给忽必烈的一颗巨钻私自扣留,据为己有。经查实后,忽必烈大为震怒。他采纳两名商人提出的处置意见,下令将阿合马发墓剖棺,戮尸于通玄门外,纵犬食其肉。百官士庶,围观称快。其家属和巨额财产被籍没,奴婢被放纵为民。子侄和一些党羽皆被杀,有些还施以醢刑或剥皮。(《元史》卷十二《世祖本纪九》;《元史》卷二百五《阿合马传》;《郑思肖集·大义叙略》)

四　和礼霍孙以儒治国及其失败

阿合马被杀后,忽必烈在至元十九年四月,委任和礼霍孙为中书省右丞相,主持朝政。和礼霍孙是蒙古贵胄,宿卫大臣,原任蒙古翰林学士承旨。

和礼霍孙主持朝政期间,主要做了三件事,即惩治阿合马党羽,裁减冗官,重用儒士和奏开科举。在汉族儒臣许衡、姚枢、窦默等与阿合马抗争失败并相继谢世后, 和礼霍孙代表受汉法浸润、影响较深的部分蒙古官宦,试图以上述措施,继续老一代儒臣未竟的汉法改革。

　　和礼霍孙的所作所为得到太子真金的全力支持。他任右丞相之初，太子真金即加勉励："阿合马死于盗手，汝任中书，诚有便国利民者，毋惮更张。苟或沮挠，我当力持之。"太子真金还对担任中书省参议和左司郎中的何玮、徐琰说："汝等学孔子之道，今始得行，宜尽平生所学，力行之。"（《元史》卷一百一十五《裕宗传》）

　　但是，忽必烈对和礼霍孙雅重儒术而"讳言财利事"感到不满，也对动摇蒙古贵族入仕特权的科举之议十分恼火。就在和礼霍孙奏请开科举一个月后，忽必烈解除了他的丞相职务，改命卢世荣入相理财。这就意味着忽必烈强行终止了和礼霍孙和真金的汉法改革，重新把朝政拉回到以理财为中心的轨道上。

　　五　卢世荣立法治财及被杀

　　卢世荣是大名路（今河北大名）人，阿合马秉国时，以财贿踏入仕途，担任过江西榷茶使，后获罪去职。卢世荣受忽必烈重用，虽说事出偶然，却也有不可逆转的背景。和礼霍孙主政两年，讳言财利，朝廷财政出现较严重的问题。由于镇压北边诸王叛乱，对外大规模征伐日本、安南、缅国，朝廷财政入不敷出，根本无法满足忽必烈的政治需要。当掌管佛教的总制院使桑哥举荐卢世荣，并称其有理财之术时，忽必烈立即召见卢世荣。在听取卢世荣的奏言应对后，忽必烈感到满意。

　　至元二十一年十一月，忽必烈特意安排卢世荣和和礼霍孙为首的中书省官员进行御前辩论，辩论的中心内容是中书省应当做的事情。和礼霍孙等虽然"守正不挠"，卢世荣的理财富国之论却受到忽必烈的赏识和支持，最终占了上风。于是右丞相和礼霍孙、右丞麦术丁、参政张雄飞和温迪罕皆被罢黜，从北边回朝不久的安童被任命为中书省右丞相，卢世荣任中书右丞，史枢为左丞，不鲁迷失海牙、撒的迷失为参政，拜降为参议。据说，后四人皆是卢世荣所举荐。安童虽然是成吉思汗四功臣之一木华黎后裔和至元前期的右丞相，但被叛王海都拘禁近十年，忽必烈对他的亲宠已非昔比，此时的中书省，实际由卢世荣控制。

卢世荣上任后，重新纠集阿合马原先使用的一些理财官吏，作为其理财班底和基本力量，通过整顿钞法，举办官营或官商联营的工商业，以権买和官府垄断直接获取大量财赋。(《元史》卷十三《世祖本纪十》;《元史》卷二百五《卢世荣传》;《元朝名臣事略》卷四《平章鲁国文贞公》;《元史》卷九十三、九十四《食货志》)

在卢世荣掌管财政期间，忽必烈对他是极为信任的，这表明忽必烈高度重视理财，也披露了他豪爽耿直和用人不疑的品格。卢世荣上任不足十日，御史中丞崔彧攻击卢世荣不可为宰相，然而此时崔彧攻击卢世荣的言辞，却让忽必烈大为恼怒。崔彧竟因此受到逮系按问和罢官的惩罚。或许是倚势恃宠心理的作用，卢世荣当权期间肆无忌惮，十分跋扈，甚至不把右丞相安童放在眼里。他事先不禀白丞相安童，擅支中统钞二十万锭，擅升六部为二品。他还不与枢密院商量，擅自调动军队。对于包括台察官在内的不同政见者，卢世荣则是采取压制打击的态度。(《元史》卷二百五《卢世荣传》;《元史》卷一百七十三《崔彧传》)

卢世荣的理财，触犯了很多权贵的利益，又因专横跋扈，打击台察官，引起了台察官和汉法派官僚的强烈不满。太子真金对以理财邀功、侥幸得宠的卢世荣，也持严厉批评态度，曾说："财非天降，安得岁取赢乎！恐生民膏血，竭于此也。岂惟害民，实国之大蠹。"(《元史》卷一百一十五《裕宗传》)

至元二十二年二月，右丞相安童协助台察官恢复了被卢世荣奏罢的江南行御史台。江南行御史台的恢复对卢世荣是一个有分量的打击，也是安童等中书省大臣与台察官成功的联合行动，这意味着卢世荣开始走向颓势。同年四月，监察御史陈天祥上疏弹劾卢世荣奸恶，弹文由御史大夫玉昔帖木儿转奏忽必烈。忽必烈听罢震动很大，于是命令陈天祥与卢世荣同赴上都，在驾前当面对质。抵达上都当日，忽必烈自宫内传旨：将卢世荣绑缚宫门之外。对卢世荣的声讨问罪很快进入高潮。先是御史中丞阿剌帖木儿、郭佑，侍御史白秃剌帖木儿，中书省参政撒的迷失等奉命鞫问卢世荣，得其所承认的擅支钞、擅调兵等罪状十条奏上。接着，御史中丞阿剌帖木儿、监察御史陈天祥与卢世荣对质于忽必烈驾前，陈天祥再次阐述弹劾之辞及余言未尽者，忽必烈连连称善。卢世荣随即被正式逮捕下狱。至元二十二年十一月，忽必烈降旨诛卢世荣，割其肉以喂鹰隼猎兽。上任不久的宰相卢世荣就这样以事败被杀为结局匆匆退出了政治舞台。(《元史》卷十三《世祖本纪十》；《元史》卷二百五《卢世荣传》；《归田类稿》卷十《资德大夫中书右丞陈公神道碑》）

卢世荣被杀后，以安童为首的新中书省很快纠正了卢世荣当权时的一些弊政。

然而不久，就有阿合马余党答即古阿散等声称"海内财谷，省、院、台内外监守里魁什长率有欺蠹"，奏请实施大规模的钩考。忽必烈批准了这一计划，还委派脱里察安、答即古阿散等专门"考核中书省"，特地另设官署，赐三品官印。又有"私聚群不逞之徒"到御史台寻衅闹事。钩考主要针对前任宰相所掌钱谷，对现任宰相也有妨碍，因此受到新任中书省参政郭佑等人的坚决抵制。据说,答即古阿散等另有叵测居心,那就是借检核百司案牍之机,揭发南台御史奏请忽必烈禅位于真金太子的奏章,以打击真金、安童为首的汉法派儒臣集团。后御史大夫玉昔帖木儿、中书省右丞相安童抢先劾奏答即古阿散奸赃之罪,答即古阿散及其党人蔡仲英、李蹊坐罪被杀。足见围绕钩考钱谷,汉法派儒臣官僚与阿合马余党间的斗争仍非常激烈。(《元史》卷十三《世祖本纪十》;《元史》卷一百七十《尚文传》;《元史》卷一百六十三《张雄飞传》;《元文类》卷六十八《平章政事致仕尚公神道碑》)

六　桑哥专擅国政

至元二十四年闰二月,安童为首的新中书省执政告一段落,权臣桑哥开始把持朝政。这一变动,又是以总制院使桑哥奉特旨拟定中书省宰相人选,以及麦术丁等中书省官员理财失败为前奏的。

前述卢世荣入相掌管财政,就是桑哥的举荐。至元二十三年七月,桑哥居然草拟中书省官员候选名单奏上。桑哥虽然任职总制院使,但肯定不会有擅自拟定中书省官员的权力,此次草拟,事先得到忽必烈的特旨。忽必烈甚至说:"廷中有所建置,人才进退,桑哥咸与闻焉"。看来桑哥此时所持有的特权,有元一代几乎是独一无二,可见他入相前夕已得到信任和亲宠。(《元史》卷十四《世祖本纪十一》;《元史》卷二百五《桑哥传》)

此一时期朝廷财政的入不敷出及理财大臣的无能,是桑哥把持朝政及财政方面的背景。元廷大规模征伐交趾、缅国以及防备东道诸王的叛乱,这些都需要充足的财政支持。恰在此时,京师大都发生饥荒,朝廷不得不动用官仓赈济,但是朝廷财政状况并不乐观。至元二十四年闰二月，中书省官员上奏财政严重不足。中书省官员中主管财政的是右丞回回人麦术丁，此人早在和礼霍孙执政时就担任右丞，比较廉洁，但两度入相，理财并未见有显著成绩。此时，不仅右丞麦术丁感到无奈、焦急，忽必烈也为朝廷财政的入不敷出及理财大臣的无能而深感忧虑。至元二十四年闰二月，在大都近郊打猎的忽必烈，召集大臣开会议论钞法。麦术丁将议论的结果上奏，立尚书省主管财政，这就意味着麦术丁等承认自己理财失败而被迫把理财大权交给桑哥为首的尚书省。

桑哥是吐蕃人，通晓蒙、汉、畏兀儿、藏多种语言，起初充任帝师八思巴的译史和忽必烈的侍从官速古儿赤。桑哥随八思巴来京并多次被派遣到忽必烈驾前奏事，受到忽必烈的注意和喜欢，特召为大汗近臣。至元十一年左右，桑哥担任总制院使，负责管理佛教，兼治吐蕃之事。桑哥为人狡猾豪横，办事干练，好言财利，尤其是后者，颇为忽必烈器重。

至元二十四年闰二月，忽必烈颁诏在中书省之外另设尚书省，两省各设官六员。尚书省以桑哥、铁木儿为平章政事，阿鲁浑萨里为右丞，叶李为左丞，马绍为参知政事。数日后，户部尚书忻都增补为参政。又诏告天下，以中书省六部改属尚书省，称尚书六部，改行中书省为行尚书省。

同年十月，桑哥理财初见成效，忽必烈对他宠信眷顾有加，决定给之为首的尚书省人员加官进爵。桑哥被任命为尚书省右丞相，兼总制院使，品秩与中书省右丞相相同。

至元二十五年，桑哥奏准总制院改为宣政院，秩从一品。忽必烈又任命桑哥为开府仪同三司，尚书省右丞相兼宣政院使，领功德使司事。此时,桑哥本人的品秩为正一品第一,位在安童之上。(《元史》卷二百五《桑哥传》;《元史》卷十四《世祖本纪十一》)

桑哥掌管尚书省后,更定钞法、钩考钱谷,尤其是他实行的钩考,遍及全国,征集数量巨大,这确实给国库暂时增添了一笔可观的收入。然而钩考在民间引起了很大的骚动。随着钩考日益峻刻,反对钩考的意见也相继出现,一些儒臣把辽阳行省大宁路一带发生的特大地震与钩考相附会。于是,至元二十七年忽必烈降旨停止钩考,以弭天变。另外,从至元二十六年闰十月开始,桑哥还奏请忽必烈批准改行赤裸裸的增加课税的办法来补充国库。(《元史》卷九十四《食货志二》;《元史》卷二百五《桑哥传》)

桑哥凭借理财才能及其所获得的宠信,很快上升为地位类似阿合马的另一位权臣。元人或曰:桑哥"贪暴残忍,又十倍于阿合马"。此言带有贬斥之意,不一定客观,但桑哥的专横跋扈,比起阿合马的确是有过之而无不及。桑哥担任丞相后,每日钟初鸣即坐于尚书省听事,六部官迟到者要受笞责。对行省丞相,宣慰司及路、府、州、县官,桑哥也往往以"稽缓误事"和"慢令之罪",派遣使臣施以笞责之罚。桑哥如此行事,除了提高行政效率外,更增强了自己一人之下、万人之上的权势。忽必烈对此做法,几乎是全力支持。(《南村辍耕录》卷二十二《数谶》;《松雪斋集》附录《大元故翰林学士承旨赵公行状》)

至元二十六年,桑哥党羽唆使大都民史吉等请求为桑哥立德政碑以颂其德。忽必烈对桑哥宠幸正隆,于是答复说:"民欲立则立之,仍以告桑哥,使其喜也。"忽必烈还特意命令擅长草拟诏令文稿的翰林学士阎复为桑哥撰写碑文。碑名曰《桑哥辅政碑》,又名《王公辅政之碑》,树立于尚书省官衙前。又建碑亭覆盖其上,碑亭的墙也被涂成红色。

后来,忽必烈还特旨允许怯薛秃鲁花散班护卫及侍卫亲军一百人充任桑哥的导从,又准许他每天视察内帑诸库可以乘坐小舆。忽必烈特别以"听人议之,汝乘之可也"等语,消除桑哥乘坐小舆的顾虑。忽必烈的宠爱支持,无疑助长了桑哥的权势和气焰。(《元史》卷二百五《桑哥传》;《元史》卷一百六十《阎复传》)

桑哥得势当权以后,接受贿赂,卖官鬻爵,劣迹昭彰。史书记载,桑哥"以刑爵为货而贩之,咸走其门,入贵价以买所欲。贵价入,则当刑者脱,求爵者得"。不四年,纪纲大紊,人心骇愕。桑哥的专权与跋扈又表现在他对以御史台为首的台察官的压制打击。他一度想把御史大夫玉昔帖木儿贬谪江南,可见其气焰之嚣张。(《元史》卷二百五《桑哥传》;《元史》卷十五、十六《世祖本纪》;《道园学古录》卷二十《翰林学士承旨董公行状》)

桑哥卓有成效的聚敛理财、铁腕政治以及专横跋扈,虽然得到了忽必烈较牢固的青睐与宠信,但也引起了众多官僚、贵族的强烈怨愤和反对。反对桑哥的臣僚主要有两部分人,一是汉法派儒臣官员,二是受到某些限制或伤害的蒙古权贵及怯薛宿卫。这两部分中,汉法派儒臣官员反对桑哥由来已久,几乎是和桑哥入相掌权同时开始,而蒙古权贵和怯薛宿卫反对桑哥稍晚。

忽必烈看到桑哥已犯众怒,于至元二十八年正月先罢免了桑哥的官职。随后忽必烈派近侍率怯薛三百前往桑哥家抄没,抄得的金宝充栋溢宇,其他物品计算价值,也相当于皇室内帑的一半。忽必烈看到被搬来的两箱珍珠和贵重物品,甚为恼怒。三月,忽必烈下令扑倒桑哥辅政碑,并将桑哥逮捕下狱。七月,桑哥伏诛。(《元史》卷二百五《桑哥传》;《元史》卷十六、十七《世祖本纪》)

至元二十八年初,忽必烈对桑哥的处理,只是罢职问罪,而且大抵是迫于蒙古权贵及怯薛宿卫的压力。桑哥家被抄,其受贿、窝赃巨额珍宝而不上贡,令忽必烈大为恼火,这也是忽必烈对桑哥的看法急转而下,最终于七月杀掉桑哥的直接原因。

总的来说,桑哥是个有争议的复杂人物。他理财变钞,钩考钱谷,殚精竭虑,有力地支撑了世祖朝的财政,而同时他贪赃受贿,恶声狼藉。

七　完泽、不忽木当政

桑哥获罪后,忽必烈于至元二十八年五月废罢尚书省,重新组建中书省,以总揽朝廷庶政。他任命完泽为右丞相,不忽木、麦术丁为平章政事,何祖荣为右丞,马绍为左丞,贺胜、高鬎为参知政事。忽必烈在位最后三年,实际上是完泽与不忽木当政。

不忽木的政治倾向与桑哥相左。忽必烈欲用卢世荣,曾垂询于不忽木,不忽木坚决反对,忽必烈当时很不高兴。桑哥则对不忽木深为嫉恨,曾指着不忽木对其妻说:"他日籍我家者,此人也。"(《元史》卷一百三十《不忽木传》)

对于王恂和许衡以儒术教导出来的不忽木得以入相,汉人官僚自然感到十分欣喜。不忽木本人的政治态度,自然会影响到至元二十八年以后的朝廷政策。完泽和不忽木当政后,首先是重新起用受桑哥压抑迫害的官员,永远停止钩考钱谷,同时积极整顿台察,强化监察机构。不忽木还特别注意在桑哥急敛暴征之后与民轻徭薄赋和休养生息。

右丞相完泽是蒙古怯薛大臣线真之子。他长期担任太子东宫长官,并监管东宫卫兵。他做事小心缜密,真金太子对他甚为器重,曾称赞他:"亲善远恶,君之急务。善人如完泽者,群臣中岂易得哉!"真金死后,完泽曾两次随皇孙铁穆耳征戍北边。但是忽必烈对完泽并不十分信任。有人揭发完泽徇私,忽必烈召来不忽木询问。不忽木替完泽辩护,并建议当面对质,以究真伪,忽必烈依其言而行。对质结果,揭发者屈服,忽必烈大怒,命令左右批打其面颊,而后驱逐之。(《元朝名臣事略》卷四《平章鲁国文贞公》;《元史》卷一百三十《不忽木传》、《完泽传》)

如果将忽必烈在位三十五年中的元初五年,以及阿合马专权的二十年算做前两个阶段,自至元十九年到忽必烈逝世的后十余年,似乎可以视为第三阶段,亦即忽必烈七十岁到八十岁的暮年时期。这后十年间,忽必烈已完成统一南北的任务,但他并没有志得意满和停滞不前。与北边海都、乃颜等叛王的战争,海外用兵征伐,镇压江南民众反抗,喇嘛僧作佛事和对蒙古诸王的赏赐等等,都是暮年时期忽必烈不得不应付的大事。为此,忽必烈依然需要敛财大臣为其办理财政,筹集经费。在和礼霍孙等无法胜任理财的情况下,忽必烈先后用卢世荣立法治财,桑哥实施至元钞、钩考等。卢、桑二人,特别是桑哥,理财成效颇著,却又恃宠专横肆虐,得罪蒙古勋贵、怯薛、汉族儒臣等多方面人士。在这些人的激烈反对下,忽必烈不得不杀掉卢世荣和桑哥。在这段时期内,忽必烈藩邸汉族儒臣老死身亡,一个个在政坛上消失,汉法派儒臣的政治代表,改由受他们熏陶而发生一定儒化的真金太子、安童丞相及不忽木等担任,他们和卢世荣、桑哥激烈争斗并交替掌权。可以说忽必烈暮年之际,朝堂之上依然是腥风血雨,不得安宁,充满了戏剧性的事变和冲突。由于忽必烈身旁汉人精英匮乏,导致他改而重用叶李、赵孟頫等南人名士的奇怪现象。尽管如此，年逾古稀的忽必烈仍然以出色政治家的雄才大略，左右着朝廷大局，仍然按照自己的理念和意志，统治和支配着庞大的元帝国。

八　帝师八思巴

八思巴是藏传佛教萨迦派首领萨迦班智达的侄子，生于1235年。1246年，八思巴随从伯父萨迦班智达到凉州，拜见窝阔台之子阔端大王，并奉阔端大王的命令继续学习佛法。1253年夏，忽必烈远征大理，途经六盘山，首次见到了八思巴。忽必烈征服大理北返，八思巴又主动朝见了忽必烈。这期间，八思巴的博学与忠诚给忽必烈留下了深刻的印象。1254年，忽必烈尊八思巴为上师，赐给八思巴"优礼僧人令旨"，特别强调对八思巴及萨迦派所在后藏地区寺院僧人的政治保护。（王辅仁、陈庆英《蒙藏关系史略》，第26页，中国社会科学出版社，1985年）

1258年，八思巴参加了忽必烈在开平举行的佛道大辩论，表现出色，这又加深了忽必烈对佛教，尤其是吐蕃喇嘛教和八思巴个人的崇信。

中统元年忽必烈即位后，立刻尊八思巴为国师，"授以玉印，任中原法主，统天下教门"。这意味着藏传佛教已经凌驾于汉地佛教以及其他宗教之上，成为元朝的国教。八思巴还为忽必烈和察必皇后举行了灌顶仪式，灌顶象征着忽必烈与察必完全皈依了藏传佛教。（《历代佛祖通载》卷三十三《八思巴行状》；王辅仁、陈庆英《蒙藏关系史略》，第35页）

八思巴的重要贡献之一是奉忽必烈的命令，发明了蒙古新字，俗称八思巴字或国字。成吉思汗建国前后，曾命人以畏兀儿字书写蒙古语，从而诞生了畏兀儿体蒙文。不过忽必烈对此不甚满意，非常希望能够创制一种代表大元帝国的新文字。八思巴经过一段时间的努力，终于创造出了新的文字。至元六年，忽必烈下诏书将八思巴字颁行天下，要求"凡有玺书颁降者，并用蒙古新字"。忽必烈对于推广八思巴字可谓不遗余力。(《元史》卷二百二《八思巴传》)

皈依藏传佛教后，忽必烈十分虔诚。当时元大都的很多建筑以及朝仪、风俗都有藏传佛教的印迹。忽必烈曾命令僧人以黄金为泥，缮写《大藏经》一部，贮以七宝珐琅函，希望流传万世。史载，此次写经耗费黄金三千二百四十四两。忽必烈还在帝师喇嘛们的建议下修建了一批藏传佛教的寺院。

八思巴还经常为忽必烈及皇后、皇子讲经说法，祈福祝寿，广作佛事，佑国护民，皇室则赐予其大量的赏赐。八思巴死后，亦怜真、答耳麻八剌剌吉塔、亦摄思连真、乞剌斯八斡节儿等相继担任忽必烈的帝师，而奉喇嘛教主为帝师作为一项制度，也为后世蒙元皇帝所沿袭。

第三章　元成宗时期的蒙古宫廷

　　元成宗铁穆耳(1265—1307)，在位十三年，享年四十二岁。他在位时期，谨慎奉行世祖朝定制，强调宽宥惟和，因此也被称为守成之君。不过，到成宗朝后期，成宗连年疾病，卧床不起，国家政事委由皇后与权臣处理。成宗朝滥赐、冗官与腐败等弊政接连出现，不过由于有着世祖朝打下的良好基础，成宗朝政仍然基本按照世祖朝的既定政策勉强维持。

第一节　铁穆耳嗣汗位

一　三大臣受遗诏及传国玉玺的突然出现

　　至元三十一年(1294)正月，元世祖忽必烈在大都紫檀殿去世，在位三十五年，享年八十岁。同年五月，尊谥为圣德神功文武皇帝，庙号世祖，蒙古语尊称为薛禅皇帝；先皇后察必同时被尊谥为昭睿顺圣皇后。元廷沿袭旧制，保留了忽必烈后妃的宫帐，并设官进行管理。《元史·世祖本纪》载："世祖度量弘广，知人善任使，信用儒术，用能以夏变夷，立经陈纪，所以为一代之制

者，规模宏远矣。"（《元史》卷十七《世祖本纪十四》；《元史》卷九十《百官志六》）

国师八思巴的弟子尼泊尔人阿尼哥，在私邸为忽必烈举办水陆大会四十九日，超度亡灵。他又亲自用彩锦绘织忽必烈和察必皇后的御容，奉安于大护国仁王寺和大圣寿万安寺别殿。大护国仁王寺和大圣寿万安寺等藏传佛教寺院，随之成了忽必烈帝后的祭祀影堂所在，后来又称神御殿。（《雪楼集》卷七《凉国敏慧公神道碑》；《元史》卷七十五《祭祀志四》）

忽必烈病危之际，曾将御史大夫玉昔帖木儿、知枢密院事伯颜及中书省平章不忽木召至禁中接受遗诏。此三人，族属身份稍异，但都是忽必烈最亲信的大臣。玉昔帖木儿是成吉思汗勋臣博尔术之孙，久任御史大夫，平定东道诸王之乱有功，又以枢密院长官辅佐皇孙铁穆耳总兵漠北。忽必烈曾赐号玉昔帖木儿月吕鲁那颜，意为能官。知枢密院事伯颜曾是元廷平定南宋的主帅，位高权重，虽然不久前被忽必烈自漠北军队统帅的官职上调回，依然是朝廷中一位显赫大臣。康里（钦察别部，今属哈萨克斯坦）人不忽木并非蒙古大臣，但以近侍兼平章政事深受宠信。忽必烈病重期间，不忽木突破"非国人勋旧不得入卧内"的旧制，以近侍的身份日视医药，不离忽必烈左右。

当时中书省右丞相完泽是朝中官爵、名份最高的官员。完泽因自己没能够到禁中接受遗诏，特意赶到忽必烈卧病的紫檀殿前，却被宿卫拦住禁止入内。完泽心里很是不平，于是他质问伯颜，自己的年龄、地位均在不忽木之上，为何没有资格接受遗诏？伯颜的回答是，假使丞相拥有不忽木的远见卓识，他们又何必如此辛劳呢？完泽无言以对，十分尴尬。完泽又将此事禀告南必皇后，南必皇后召玉昔帖木儿、伯颜、不忽木三人询问。玉昔帖木儿表示他绝对不会辜负忽必烈的托付，并希望皇后不要过问。面对领有忽必烈遗诏的三位顾命大臣，南必皇后也无可奈何。其实还有一个背景，完泽虽贵为右丞相，但他原先是太子东宫的詹事长和怯薛长，并非忽必烈亲近怯薛，他没有通籍禁中的特权。忽必烈对他的熟悉、信赖，也不及三位受遗诏的大臣。（《元史》卷十七《世祖本纪十四》;《元史》卷一百三十《不忽木传》）

至元三十一年正月初二，即忽必烈逝世前夕，负责翻译的御史台通事阔阔术，向正在番值宿卫的御史中丞崔彧报告：成吉思汗勋臣木华黎后裔，前通政院同知硕德，本人死后，财产散失，家计窘迫至极，硕德的妻子脱脱真身患痼疾，一子仅九岁，无奈拿出家中收藏的一块珍玉托阔阔术出售，以给日用所需。阔阔术是蒙古人，只认识珍玉是印章，不认识上面的文字，因此来报告崔彧。

崔彧听罢又是惊奇，又是疑惑，暂将这块珍玉保管。崔彧回到宅邸取出此玉观察，只见玉印颜色青绿而玄，光彩照人，印面上刻有篆字八个，笔画流畅，位置匀适，皆若虫鸟鱼龙之状。崔彧大为惊骇，连忙召来精通篆文的监察御史杨桓仔细辨认。杨桓解读为"受命于天，既寿永昌"，进而断定是前朝的传国宝玺。

忽必烈逝世后八日，崔彧即偕同监察御史杨桓和御史台都事阔阔术，直趋东宫。通过侍卫亲军都指挥使、太子詹事王庆端和太子家令阿散罕及詹事院判臣仆散寿引见，拜谒真金太子妃阔阔真。崔彧禀告阔阔真说，此乃古代传国玉玺，秦朝以和氏璧所造，据有天下者相沿以此玺为宝，君临万国。前代遗失此玺已久，如今正值大汗晏驾，诸大臣共同议论迎请皇太孙铁穆耳之际，此玺不寻而自现，这是上天昭示的瑞庆，应该尽早送达于皇太孙行殿，以符灵贶。

真金太子妃阔阔真欣然采纳了崔彧的意见。阔阔真还下令赏赐收藏玉玺的硕德家属宝钞二千五百贯，崔彧、杨桓、阔阔术三人也因辨别和进献玉玺而获得赏赐。中书省右丞相完泽闻讯，率集贤院、翰林院侍从诸臣到东宫道贺，阔阔真命令拿出玉玺，让群臣一一观看。翰林学士董文用等上前云："此诚神物，出当其时，若非皇太妃、皇太孙圣感，何以臻此？"随后朝中百官不断向阔阔真道贺，于是内外称道庆贺，皆曰天命有归。阔阔真立即派遣中书右丞兼詹事丞张九思和詹事院判臣仆寿散，召铁穆耳南归以亲付授。（《南村辍耕录》卷二十六《传国玺》；《元史》卷一百七十三《崔彧传》；《元史》卷一百六十四《杨桓传》）

在此之前，儒臣徐毅已给阔阔真上书，希望尽快拥立皇孙铁穆耳即位，以安天下。徐毅说："四海不可一日无君。大行皇帝奄弃天下已五日矣，苟非早定大策，万一或启奸觊，变生不测，实可寒心。皇孙抚军朔漠，先帝既授皇太子宝，圣意可知。伏愿明谕宗藩大臣叶谋推戴，遣使举迎，归正大统，上以副先帝之遗意，下以慰四海万民之所属。"为进一步制造舆论，杨桓还专门撰写文章，列举蒙元诸帝的天命功德以及皇孙铁穆耳继承汗位的合理性。杨桓还追述了传国玉玺千余年的经历始末，宣传其再现于世的瑞应意义。（《金华黄先生文集》卷二十七《徐毅神道碑》；《南村辍耕录》卷二十六《传国玺》）

进献传国玉玺是崔彧、杨桓等汉人官僚主动为铁穆耳继承皇位制造政治舆论，至于所进献的传国玉玺的真伪，今天已难以考证。木华黎后裔硕德变卖家藏玉印，本来不是什么大事情，崔或、杨桓等之所以断定玉印为传国玉玺，又以瑞应征兆及时呈献阔阔真，就是希望皇位早日传给真金之子铁穆耳。至于阔阔真及右丞相完泽之所以对崔彧等所献玉印感兴趣，虽然不排除蒙古人相信卜筮、瑞应、天命等因素，但主要还是他们要利用传国玉玺的瑞应之说，达到扶植铁穆耳继承皇位的政治目的。考虑到崔彧多年充任御史大夫玉昔帖木儿的副贰，或许他从玉昔帖木儿处已探听到忽必烈令铁穆耳继承皇位的遗诏，如果后者属实，则崔彧等进献传国玉玺明显是和玉昔帖木儿等三位顾命大臣，为扶植铁穆耳继承皇位而巧妙地内外配合。

二　铁穆耳即位

在真金死后八年多，忽必烈迟迟没有再立皇储，直到至元三十年才把皇太子宝授予铁穆耳。忽必烈如此处理真金死后的皇位继承问题是有原因的。忽必烈在统治的中后期在政治上的保守倾向有所加重，表现在皇位继承上，也有倒退的迹象，即没有及时册立铁穆耳为新太子。

事情似乎并没有那么简单，除了政治上不能坚持汉法外，有两个因素也应该注意。一是真金死后，皇幼子北安王那木罕仍镇抚北边，如前所述，忽必烈曾经许诺过让那木罕继承皇位，后来又改变决定，立其兄真金为太子，此时抛开那木罕，再立真金之子，阻力重重，忽必烈很难操作。二是太子真金之子，皇孙甘麻剌和铁穆耳并不能让忽必烈感到十分满意。甘麻剌生性懦弱，在漠北抵御海都作战中屡屡失败，忽必烈一度将他调至云南。铁穆耳平定东道诸王之乱有功，比其兄更有能力和胆识，但铁穆耳也有弱点，他是个嗜酒如命的酒鬼，忽必烈多次教育他，他亦不知悔改。

如此看来,忽必烈对甘麻剌、铁穆耳兄弟并不十分满意,只是在至元二十九年左右那木罕死后,忽必烈已没有选择余地,只能在甘麻剌和铁穆耳兄弟中选择其一。当然忽必烈选择铁穆耳还是正确的,他毕竟比其兄甘麻剌才干出众。铁穆耳即位后,改掉了酗酒的毛病。

忽必烈授予铁穆耳皇太子宝,并将以铁穆耳为汗位继承人的遗诏留给了三位顾命大臣——御史大夫玉昔帖木儿、知枢密院事伯颜及平章不忽木。由于没有正式册立铁穆耳为新太子或皇太孙,铁穆耳正式登上皇位,必须履行忽里台贵族会议的古老程序。

忽必烈安排这样的皇位继承方式,是以蒙古旧俗为主,又杂糅汉地太子位号印章。从汉法的角度,如此行事是比册立真金太子倒退了,但它又比较符合当时的实际,经过努力,也可以行得通,可以按照忽必烈的意志顺利传位给铁穆耳。册立真金为太子,毕竟是蒙元帝国的第一次,来自漠北方面的阻力很大。即使太子真金不逝世,也很难说不需要忽里台贵族会议决策。

铁穆耳是至元三十一年四月初应召返回上都的。在此前后,其兄长甘麻剌也回到了上都。接着在上都举行了忽里台贵族会议,专门讨论皇位继承问题。

在忽里台贵族会议上,由于忽必烈四位嫡子均已逝世,庶子宁远王阔阔出和镇南王脱欢地位较低,缺乏角逐皇位的实力,而在诸皇孙中真金的两个儿子晋王甘麻剌和铁穆耳地位最为显赫,故这场皇位争夺战实际上是在甘麻剌和铁穆耳之间展开。

《元史·伯颜传》云"亲王有违言",就是说晋王甘麻剌欲和

元成宗皇帝

即諤勒哲依圖諱特穆爾世祖曾孫在位十一年

起元貞三年乙酉終大德十一年丁未

其弟铁穆耳争位的意思。然而皇太子妃阔阔真和三名顾命大臣都站在铁穆耳一边，这就使甘麻剌很快处于十分不利的地位。《史集》第二卷中有如下记载："在铁穆耳合罕与长他几岁的［兄长］甘麻剌之间在帝位继承上发生了争执。极为聪明能干的阔阔真哈敦对他们说道：'薛禅合罕，即忽必烈合罕曾经吩咐，让那精通成吉思汗的必里克（指宝训）的人登位，现在就让你们每人来讲他的必里克，让在场的达官贵人们看看，谁更为精通必里克。'因为铁穆耳合罕极有口才，是一个［好的］讲述者，所以他以美妙的声音很好地讲述了必里克。而甘麻剌，则由于他稍患口吃和没有完善地掌握词令，无力与他争辩。全体一致宣称，铁穆耳合罕精通必里克，他较漂亮地讲述了［必里克］，他应取得皇冠和宝座。"（《史集》第二卷，第 376 页）

　　以精通成吉思汗宝训来考核皇位继承候选人看起来比较公正，问题是阔阔真明明知道铁穆耳能言善辩而甘麻剌讷于言辞，以讲述成吉思汗宝训来让与会众人评定雌雄优劣，显然她有意袒护铁穆耳。由于阔阔真提议如此考核，忽里台贵族会议的舆论倒向了铁穆耳，可见在忽里台会议上阔阔真拥戴铁穆耳的作用非常大。

　　阔阔真在皇位传承问题上的厚此薄彼，是有背景的。《元史·显宗传》说甘麻剌也是阔阔真所生，但同书《后妃传二》又明言阔阔真仅生答剌麻八剌和铁穆耳二子，答剌麻八剌至元二十九年死去。有人据此认为甘麻剌可能不是阔阔真亲生的。史书还说，甘麻剌自幼一直由忽必烈夫妇抚养，即使《元史·显宗传》所言甘麻剌系阔阔真所生符实，也可以断定甘麻剌与母亲阔阔真的亲密程度远不及铁穆耳。（周良霄《蒙古选汗仪制与元朝皇位继

承问题》,《元史论丛》第三辑;《元史》卷一百一十五《显宗传》)

在铁穆耳占据上风的过程中,伯颜、玉昔帖木儿等顾命大臣也起到了至关重要的作用。伯颜、玉昔帖木儿二人软硬兼施,配合得十分默契,当甘麻剌有违言异议时,伯颜手握宝剑立于宫殿台阶上,陈述祖宗宝训,宣扬顾命,阐明忽必烈所以立铁穆耳的意旨,而且颜辞俱厉,致使甘麻剌双腿颤抖,被迫趋殿下拜。玉昔帖木儿则起身对甘麻剌说:"宫车晏驾,已逾三月,神器不可久虚,宗祧不可乏主。畴昔储闱符玺,既有所归,王为宗盟之长,奚俟而不言?"甘麻剌听罢他的话,立刻说:"皇帝践祚,愿北面事之。"甘麻剌一表示屈服,与会宗亲、大臣就取得完全一致,于是依照忽里台惯例,拥戴铁穆耳继承皇位。据说上都忽里台定策以前,形势复杂,人心惶惶,随时都可能发生变乱;定策之后,"易天下之岌岌为泰山之安"。难怪玉昔帖木儿感慨地说:"大事已定,吾死且无憾。"(《元朝名臣事略》卷二《丞相淮安忠武王》;《元朝名臣事略》卷三《太师广平贞宪王》;《牧庵集》卷十一《蒲庆寺碑》)

如果说阔阔真在忽里台的作用,重在以考核宝训,让与会其他宗亲、大臣达成共识,那么伯颜、玉昔帖木儿等顾命大臣的作用,主要是传达忽必烈的遗诏,说服或迫使甘麻剌屈服就范。他们传达遗诏,也带有忽必烈指定继承人和嗣君的意思。应该承认,伯颜、玉昔帖木儿等顾命大臣的实际作用,应在阔阔真之上。

至元三十一年四月,铁穆耳在上都大安阁登上皇位,此为成宗朝之始。铁穆耳即位后,尊皇父真金为皇帝,同时为忽必烈、真金上尊谥和庙号。成宗改皇太后阔阔真所居旧太子府为隆福宫,詹事院为徽政院,司议曰中议,府正曰宫正,家令曰内宰,典医署曰掌医,典宝曰掌谒,典设曰掌仪,典膳曰掌膳,仍增控鹤(宿卫近侍)至三百人。在治理朝政方面,成宗任命了以右丞相完泽为首的中书省宰相。伯颜被加爵太傅,玉昔帖木儿则进为太师。安西王阿难答统管关中、陕西等地,宁远王阔阔出奉命总兵于漠北称海,镇南王脱欢镇戍扬州。兄长甘麻剌获赐忽必烈的一整份财产,仍然负责统领太祖大斡耳朵及军马、蒙古本土。(《史集》第二卷,第 377 页;《元史》卷十八《成宗本纪一》)

新太后阔阔真还特命近侍洁实弥尔护送晋王甘麻剌归藩,且以祖宗"弘模远范"、古今"善行美德",开导甘麻剌安心守藩,以弥补兄弟争位的嫌隙。事后,铁穆耳还称赞洁实弥尔:"汝善处吾兄弟之间。"(《吴文正集》卷三十二《大元荣禄大夫宣政院使齐国文忠公神道碑》)

第二节　元成宗之朝政

一　丞相完泽与哈剌哈孙

在世祖朝,完泽地位虽高,但并不为忽必烈所赏识。其实任命完泽为中书右丞相并非忽必烈的本意,忽必烈在罢黜聚敛之臣桑哥后,曾准备起用康里人不忽木为丞相,因不忽木固辞才作罢。在不忽木的举荐下,完泽担任中书省右丞相,忽必烈则任命不忽木为中书省平章政事。不难看出,不忽木比完泽更为忽必烈信任。蒙古旧制,非蒙古勋臣、贵族不得进入大汗的寝卧之内,但在忽必烈病重弥留之际,康里人不忽木却被特准不离忽必烈病榻左右,服侍忽必烈用药。前已述及,忽必烈任命不忽木与御史大夫玉昔帖木儿、知枢密院事伯颜三人为顾命大臣,令其留在禁中,接受忽必烈的遗诏,偏偏年龄、地位均在不忽木之上的中书省右丞相完泽，却被排除在顾命大臣之外。这想必会或多或少激起完泽对不忽木的怨恨。在完泽丞相看来，自己被排除在顾命大臣之外，与不离忽必烈左右的不忽木应该有关。

成宗即位后，谨慎奉行世祖朝定制，强调宽宥惟和，因此也被称为守成之君。在政府主要官员的任命上，成宗也基本上沿用了世祖朝的原有班底。完泽继续担任中书省右丞相，并且直到大德二年（1298）哈剌哈孙担任中书左丞相之前，他一直是唯一的中书省丞相。与世祖朝完泽未能得到忽必烈的充分信任不同，成宗十分器重完泽，大德四年（1300）又加其为太傅，录军国重事，这主要是因为完泽与太子真金家族关系密切，并深得其赏识。完泽长期担任太子东宫的詹事长和怯薛长，世祖朝身为皇孙的铁穆耳两次出兵北方，完泽都跟随前往，可见完泽与真金家族以及铁穆耳的关系非同一般。忽必烈死后，完泽虽不是顾命大臣，但他内秉皇太后阔阔真之谋，外合宗亲、大臣之议，为促成成宗即位也立下了汗马功劳。

正是因为完泽与太子真金家族的密切关系，所以在成宗即位后，完泽首议加上祖宗尊谥庙号，厚待皇太后，以示"天子为人子之礼"。于是至元三十一年四月，成宗尊父亲真金为皇帝，尊母亲阔阔真为皇太后。五月，遣摄太尉兀都带奉玉册玉宝，尊谥忽必烈曰圣德神功文武皇帝，庙号世祖；尊谥察必皇后曰昭睿顺圣皇后；尊谥皇考真金曰文惠明孝皇帝，庙号裕宗。同时改皇太后阔阔真所居旧太子府为隆福宫，以詹事院之钱粮、选法、工役悉归皇太后位下，改詹事院为徽政院以掌之。

可能深受真金太子及父亲尊儒的影响，完泽反对理财大臣的聚敛政策。他任中书右丞相后，革除桑哥弊政，免除了自中统初年以来百姓拖欠的钱粮。在成宗朝，完泽在恪守世祖定制的同时，力主推行惠民政策，与民休息，罢征安南之师。正所谓"朝廷恪守成宪，诏书屡下散财发粟，不惜钜万，以颁赐百姓，当时以贤相称之"。可以说成宗朝的守成政策与完泽的处事作风直接相关。

　　世祖、成宗两朝右丞相完泽以为人忠厚著称，真金太子曾称其为善人。但完泽与中书省平章政事不忽木的关系却不是很融洽。前已述及，丞相完泽早对不忽木怀有几分怨恨，但不忽木毕竟是先朝的顾命大臣，是辅佐成宗即位的功臣，成宗及皇太后也都对不忽木十分尊敬，廷议大事多采不忽木之言，完泽亦无可奈何。但一山难容二虎，同是中书省主要官员的完泽与不忽木越来越难以相处。不久，不忽木被奏降官为陕西行省平章政事，史料中隐去了上奏者的名字，仅以执政代之，从当时的情形看，必是完泽无疑。

　　在皇太后的劝说下，成宗欲留任不忽木，但不忽木深知自身已经很难在中书省立足，只有低调行事，才可以自保，于是"以与同列多异议，称疾不出"。无奈之下，成宗专任其为昭文馆大学士，平章军国重事。而不忽木则辞曰："是职也，国朝惟史天泽尝为之，臣何功敢当此？"于是成宗改其职平章军国重事为平章军国事，方才令不忽木勉强满意。到成宗大德二年，不忽木兼行御史中丞，大德三年（1299）又兼领侍仪司事。大德四年，不忽木去世。不难看出，不忽木深谙为官之道，处事小心谨慎。（《元史》卷一百三十《完泽传》、《不忽木传》；《元朝名臣事略》卷四《丞相兴元忠宪王》、《丞相顺德忠献王》）

　　完泽在成宗朝之所以位高权重，与另两位顾命大臣在成宗即位后不久相继去世也有一定的关联。成宗即位的当年，开府仪同三司、太傅、录军国重事、知枢密院事伯颜便去世了。次年，开府仪同三司、太师、录军国重事、知枢密院事玉昔帖木儿也病逝。两位地位甚高的顾命大臣的去世，无疑使得完泽的地位日益凸显。(《元史》卷一百一十九《玉昔帖木儿传》;《元史》卷一百二十七《伯颜传》)

哈剌哈孙，蒙古斡剌纳儿氏。至元九年充怯薛宿卫，袭封答剌罕(意为自由者，一种崇高的封号，可世袭，享有特权)。为人雅重儒术，不妄言笑，善骑射，工国书。至元二十二年，拜大宗正，执法平允。至元二十八年，在蒙古勋贵，忽必烈第一怯薛长月赤察儿的推荐下，任湖广行省平章政事，政绩显著，"威德交孚，洽于海外"。大德二年，拜江浙行省左丞相，上任仅七日，在不忽木的举荐下，任中书左丞相，从而改变了中书省只有完泽一人为相的局面。中书省左、右丞相均为不忽木所举荐，不能不说不忽木颇有远见卓识，其能力较之于丞相完泽，确实略高一筹，难怪忽必烈对其如此信任。

哈剌哈孙的施政作风与丞相完泽有很多相似之处。他叱责那些一味言利聚敛的官员，提倡节用爱民，反对征伐劳民。遇有大事，则延请儒臣讨论。当时京师没有孔子庙，而国子学寓居他署，没有自己的固定馆舍。于是哈剌哈孙奏建文宣王庙(孔庙)，营建国子学于文宣王庙旁。他还选名儒为学官，吸收近臣子弟入学。由于许多担任宿卫的国子学学生每年都要跟随成宗前往上都，于是哈剌哈孙命国子助教尚野建立国子分学于上都，以教诸生，仍铸印以给之。

大德七年(1303)，右丞相完泽死，哈剌哈孙升任中书右丞相。大德九年(1305)十月乙未,成宗谕中书省、枢密院、御史台臣曰:"省中政事,听右丞相哈剌哈孙答剌罕总裁,自今用人,非与答剌罕共议者,悉罢之。"大德十年(1306),哈剌哈孙又加拜开府仪同三司兼修国史,地位进一步上升。哈剌哈孙担任中书省右丞相期间,重视监管官吏,完善国家法制。他精加遴选官吏,"定官吏赃罪十二章及丁忧、婚聘、盗贼等制,禁献户及山泽之利"。(《元史》卷一百三十六《哈剌哈孙传》;《元史》卷一百一十九《月赤察儿传》;《元史》卷一百六十四《尚野传》;《元史》卷一百三十《不忽木传》;《元史》卷二十一《成宗本纪四》)

二　理财之臣伯颜、梁德珪

大德八年(1304)五月,监察御史上呈奏折,称"自阿合马,桑哥,赛、梁辈相继秉政二十余载,轻用官爵,重贪货财,滥放冗官,沮坏选法,奸邪得位,贪残牧民,遂为天下无穷之害"。有关理财大臣阿合马、桑哥的情况前文已论及,这里的秉政之臣赛、梁就是指世祖末年及至成宗朝的伯颜和梁德珪,而这个伯颜与前文提到担任顾命大臣的伯颜并非一人。此伯颜,回回人,至元三十年十一月升任中书省平章政事,位居中书省几位平章政事之首,地位仅次于右丞相完泽。伯颜的祖父赛典赤曾任燕京宣抚使、中书省平章政事、陕西四川行省平章政事、云南行省平章政事等职,尤其在云南六年,政绩突出。

伯颜也是扶植成宗铁穆耳即位的重要功臣。在忽必烈晚年,伯颜曾应阔阔真之请,向忽必烈询问汗位的继承人。忽必烈听罢十分高兴,召来大臣们说道:"你们说这个撒儿塔兀勒(即伯颜)是个坏人,然而他却出于怜悯而做了有关臣民的报告,他谈到了宝座和大位,他关心到了我的子女,为的是在我身后他们之间不致发生纷争!"忽必烈还以伯颜祖父赛典赤的名字来称呼伯颜,此后人们也常称伯颜为赛典赤。为了能让皇孙铁穆耳顺利即位,忽必烈曾发给伯颜诏书和牌子,说道:"现在就骑马去把我那率军向海都方面出征的孙子铁穆耳叫回来吧,把他扶上他父亲的宝座,举行三天宴会,授予他帝位,然后让他在三天之后出征,到军队里去。"于是"赛典赤奉旨出发,把铁穆耳合罕从途中召回来,在开平府城中,扶他登上了真金的宝座"。(《通志条格》卷六《举保》;《元史》卷一百二十五《赛典赤赡思丁传》;《史集》第二卷,第355页)

梁德珪,大都附近大兴良乡人。最初任职于世祖察必皇后宫中,学习蒙古语,后又奉旨学习回回理财之法。他还有一个回回人的名字即梁暗都剌。梁德珪在至元末年跻身中书省宰执之列,他熟悉中书省事务,做事干练果断,"在省日久,凡钱谷出纳之制,铨选进退之宜,诸藩赐予之节,命有骤至,不暇阅简牍,同列莫知措辞,德珪数语即定;间遇疑事,则曰某事当如某律,某年尝有此旨,验之皆然"。梁德珪颇得成宗的赏识,历任中书省参知政事、左丞、右丞、平章政事,其升迁之快实为罕见。(《元史》卷一百七十《梁德珪传》;《元史》卷十九《成宗本纪二》;《元史》卷一百一十二《宰相年表》;《析津志辑佚》)

世祖罢黜理财聚敛之臣桑哥后,为了应对财政日益入不敷出的困境,必须物色新的理财之臣,这时伯颜即赛典赤、梁德珪等就充当了这一角色。成宗朝由于不断对诸王、勋臣进行巨额的赏赐,加之冗官、腐败等,朝廷的财政状况近于崩溃,这种情况下,颇有理财之能的梁德珪升迁如此之快就在情理之中了。

　　但此一时期的赛典赤、梁德珪理财,与世祖朝阿合马、桑哥理财大不相同。阿合马、桑哥当政期间,无不架空中书省而另立尚书省,他们与中书省之间的关系极为紧张。而赛典赤、梁德珪同为中书省宰执官员, 在他们之上还有一贯反对聚敛政策的丞相完泽和哈剌哈孙,这就决定了赛、梁的理财是以一种较为温和的方式进行。赛、梁在理财方面的具体作为主要表现在奏请继续任用阿合马余党中书省右丞阿里、建言厘正原属编民、增加岁课等方面。赛、梁理财最基本的作用是支撑了成宗一朝日益困难的财政局面。(丁国范《至元、大德年间的"赛梁秉政"》,《元史及北方民族史研究集刊》第十二、十三合辑)

　　但赛、梁等理财之臣的举动引发了一些御史台官员的不满。至元三十一年六月,御史台臣言:"名分之重,无逾宰相,惟事业显著者可以当之,不可轻授。"御史台的此番言论当是对一些理财大臣进入宰执行列表示不满。大德八年九月, 当因受贿案而被罢黜的伯颜、梁德珪、八都马辛等官复原职时,御史杜肯构上书成宗:"伯颜等树党受赇,谪戍远方,道路相庆……天下之人, 目伯颜、梁德珪、八都马辛为三凶,三凶不诛,无以谢天下, 又况迷而火者、阿里等与之同恶相济,浊乱朝纲,是以比年灾异屡见。""请将群凶或斥或诛,明正其罪。"另一名御史中丞何玮亦就此上奏章弹劾,"前后数十上,皆不报"。这里提到的八都马辛、迷而火者、阿里等均为中书省宰执官员。不过成宗并没有采纳御史台大臣的意见, 将这些理财腐败之臣罢黜,而是继续加以重用。究其原因, 乃是成宗确实需要这些理财之臣来保证国家财政的正常运行。大德八年九月,梁德珪死去。武宗即位后,伯颜也因支持安西王阿难答为帝而被杀,赛、梁理财秉政的局面宣告结束。(《元史》卷十八《成宗本纪一》;《续资治通鉴》卷一百九十五;《雪楼集》卷八《梁国何文正公神道碑》;丁国范《至元、大德年间的"赛梁秉政"》)

当时,中书省理财之臣面对御史台官员的攻击,积极予以反击。史载:"成宗新嗣位,时宰不快于御史台,成宗是其言,让责中丞崔公彧。"随后,御史中丞崔彧通过道教宗师张留孙引荐,疏通丞相完泽及成宗近臣,此事才作罢。这件事的起因是元贞二年(1296),成宗有旨建五台山佛寺,皇太后将临幸。监察御史李元礼上奏,以劳民伤财为由反对在五台山建佛寺以及皇太后临幸五台山。对这一奏章,台臣未敢上呈成宗。大德元年(1297),侍御史万僧与御史中丞崔彧有矛盾,就借此事上奏说:崔彧结党监察御史李元礼,反对在五台山建佛寺,并且大言不惭,攻击佛教。于是成宗大怒,敕右丞相完泽、平章不忽木负责查办此事。由此看来,侍御史万僧应该是在那些"不快于御史台"的中书省宰执的唆使下向成宗告发此事。这里的中书省宰执官员很可能就是赛典赤和梁德珪之流。不过在处理省官与台臣的关系上,成宗恪守世祖定制,既倚重省官理财,又容忍御史台臣直言上谏,力求折中不偏。(《清容居士集》卷三十四《张留孙家传》;《元史》卷一百七十六《李元礼传》;陈得芝主编《中国通史》第八卷)

三 滥赐、冗官与腐败

成宗在位时期,对诸王、勋贵曾进行了大规模的赏赐,"赐金一者加四为五,银一者加二为三"。这种巨额的赏赐使得国家财政日益吃紧,甚至到了崩溃的边缘。在成宗即位后仅两个月,国家财政就出现了困难,中书省臣上奏,在朝会赏赐之外,国库的余钞只有二十七万锭,凡再有请赐钱粮者,恳请成宗酌情给之。但成宗并没有停止大规模赏赐，随后国家财政状况日益恶化。元贞二年二月，中书省上言，成宗即位以后，赏赐诸王、公主、驸马、勋臣的钱粮数额巨大，国家原有的储备，散之殆尽。到大德三年正月，中书省官员复上奏，近年国家开支动辄数万，一年的财政收入，尚不够半年之用，其余开支则不得不借用钞本。元朝大规模发行纸币，但纸币的发行需要有金银作为保证金即钞本，纸币可以随时兑换成金银，大规模动用钞本，无疑会造成货币的贬值，导致钞法尽坏。（《元史》卷十八、十九、二十《成宗本纪》）

由于蒙汉二元政治体制，以及蒙古统治者把官爵作为一种赏赐，故成宗朝官员队伍急剧膨胀。至元三十一年五月，御史台臣奏言，京城内外官府增置越来越多，在京食俸禄者万人，外面的情况则更为严重，恳请成宗即下诏减并。但官员冗滥的情况并没有好转，反而越来越严重。仅宣徽院任命的官员，一两年内就多达一千五百多人。为此，大德七年二月，成宗下诏令中书省裁汰政府机构的冗员，仍令枢密院除出征将帅外，报送掌署院事者的定员。官员的冗滥无疑加重了国家日益窘困的财政状况。

官员冗滥却丝毫没有改善政府的行政效率。成宗甚至怀念起世祖朝桑哥专权之时政令雷厉风行的高效率。至元三十一年十月，成宗叱责中书省行政效率低下，并说："桑哥虽奸邪，然僚属惮其威，政事无不立决。卿等其约束曹属，有不事事者笞之。"大德七年，时人郑介夫在上呈的《太平策》中指出，世祖朝时规定官员限期五天处理一般事务，七天处理中等事务，十天处理重大事务，但目前官员常用半年才能处理一件不重要的事务，要用整整一年处理一件重要事务，民间对官吏执行上司政令也有"一紧二慢三休"的嘲讽。由此可见成宗朝力图改变官员冗滥、行政效率低下的弊病,然不仅未见成效,情况反倒是越来越糟。造成这种情况的原因有很多,但朝廷中缺乏雷厉风行的强势人物或许是其中一个直接原因。(《元史》卷十八、二十一《成宗本纪》;《元史类编》卷二十五《直谏三》;《滋溪文稿》卷十一《李守中墓志铭》;《历代名臣奏议》卷六十七《郑介夫奏议》)

朱清、张瑄在世祖朝为海道运粮万户,负责从南方漕运粮食到大都。他们掌控着大都粮食的供给,地位十分重要,也颇得大汗的信赖。至元二十四年十二月,世祖以朱清、张瑄海漕有劳,遥授宣慰使。朱清、张瑄利用职务之便,贪赃聚敛了巨额的财赋,并且大肆行贿,"以财雄江南,遍以金币连结当路"。成宗元贞元年(1295)正月,有人告发朱清、张瑄图谋不轨,成宗则下诏对朱清、张瑄予以袒护。不仅如此,成宗还令行省、行御史台允许朱清上书言事。元贞二年七月,朱清、张瑄分别升任江西行省和河南行省的参知政事。(《元史》卷十八、十九《成宗本纪》;《元史》卷一百七十七《吴元珪传》)

朱清、张瑄的腐败案件到大德六年(1302)终于东窗事发。大德六年正月,因为不断有人告发朱清、张瑄,中书省恳请成宗罢其职,将他们诸子任职江南者徙居京师,以防有变。同月,江南僧人石祖进告发朱清、张瑄不法十事,成宗命御史台查办。结果,朱清在被押至京师后自杀,张瑄则被处死。大德七年,成宗命御史台、宗正府派官遣发朱清、张瑄妻子来京师,并籍没其家财,拘收其军器、船舶等。在查办朱清、张瑄一案过程中,发现地方很多官员接受过他们的贿赂,就连以丞相完泽为首的中书省宰执官员,也被牵连其中。大德七年二月,监察御史杜肯构等上奏太傅、右丞相完泽接受朱清、张瑄贿赂一事,鉴于完泽位高权重及其与自己的私交,成宗并没有惩办完泽。但是同年三月,中书省平章伯颜、梁德珪、段真、阿里浑撒里,右丞八都马辛,左丞月古不花,参政迷而火者、张斯立等,均因接受朱清、张瑄的贿赂被罢黜。如此多的中书省宰执官员同时被罢黜,可见这件事影响之大,牵连之广。这也看出成宗对当时官员腐败、行政效率低下等现状极为不满,守成政治的效果并不理想。(《元史》卷二十、二十一《成宗本纪》)

为治理腐败,大德七年三月,成宗派七道奉使宣抚巡行天下,查办贪官、审理冤狱。是年底,七道奉使宣抚所罢贪污官吏共一万八千四百七十三人,查收赃款四万五千八百六十五锭,审理冤狱五千一百七十六件。七道奉使宣抚对澄清吏治确实起到了一定的作用。大德七年闰五月,右丞相完泽死去,成宗起用左丞相哈剌哈孙为右丞相,力图改变政治的积弊。哈剌哈孙定官吏赃罪十二章及丁忧、婚聘、盗贼等制,禁献户及山泽之利。然成宗执政后期,连年生病,皇后卜鲁罕乘机掌权,哈剌哈孙的改革并没有取得明显效果。到大德八年,因朱清一案被罢黜的中书省八名宰执中,有四人已经重新进入中书省宰执的行列。故成宗朝在惩治腐败方面的政策实有所倒退。(《元史》卷二十一《成宗本纪四》;《元朝名臣事略》卷四《丞相顺德忠献王》)

第三节　皇位的争夺斗争

一　皇后卜鲁罕与安西王阿难答

卜鲁罕皇后,蒙古伯岳吾氏,驸马脱里思之女,大德三年十月被正式册封为皇后。大德四年二月,皇太后阔阔真去世,卜鲁罕皇后的地位大大提高。成宗执政后期，经常为疾病困扰，无法正常处理朝政，这时皇后卜鲁罕趁机干预朝政。《元史·后妃传一》云："成宗多疾，后居中用事，信任相臣哈剌哈孙，大德之政，人称平允，皆后处决。"对卜鲁罕皇后干政给予了积极的肯定，这显然是言过其实。不过，成宗执政后期哈剌哈孙的地位不断上升，想必与卜鲁罕皇后的大力支持密不可分。在卜鲁罕皇后的积极斡旋下，大德九年六月，成宗立卜鲁罕皇后的儿子德寿为皇太子，同时以立皇太子遣中书右丞相哈剌哈孙告昊天上帝，御史大夫铁古迭而告太庙。在立卜鲁罕皇后之子为皇太子的问题上，卜鲁罕皇后与丞相哈剌哈孙的意见是一致的。(《元史》卷二十一《成宗本纪四》)

不料皇太子德寿在大德九年十二月突然死去。德寿是卜鲁罕皇后唯一的儿子，卜鲁罕皇后悲痛地问国师胆巴："我夫妇以师事汝至矣，止有一子，何不能保护耶?"直到大德十一年(1307)正月成宗去世，一直没有指定皇位的继承人。这样，围绕着皇位的继承问题，元廷上演了一场血腥的宫廷斗争。这场斗争的一方是卜鲁罕皇后与安西王阿难答。(《元史》卷二十一《成宗本纪四》;《山居新话》卷一)

阿难答是世祖三子忙哥剌之子。忙哥剌于至元九年十月被封为安西王，赐京兆为分地，驻兵六盘山，负责统领经略川陕等地，大权独揽。至元十七年六月忙哥剌死，元廷罢安西王相府，立陕西四川行省。忙哥剌死后，其子阿难答袭封安西王。在世祖削弱宗藩，加强中央集权的政治大背景下，安西王在封地的很多特权逐渐被剥夺，但当时安西王阿难答仍然是统有大量蒙古军队，颇有实力的蒙古宗王。成宗即位后，给予阿难答巨额的赏赐。但阿难答并不满足,为了能获得专擅一方的特权,于元贞元年二月令王相铁赤等请复立王相府,但这一请求没有得到成宗的准许。元贞二年正月,安西王傅铁赤、脱铁木而等复请立王相府,成宗说:"去岁阿难答已尝面陈,朕以世祖定制谕之,今复奏请,岂欲以四川、京兆悉为彼有耶? 赋税、军站,皆朝廷所司,今姑从汝请,置王相府,惟行王傅事。"成宗虽同意安西王置王相府,却严格限制其特权。(《元史》卷七、十一《世祖本纪》;《元史》卷十八、十九《成宗本纪》)

据《史集》记载,因为阿难答的父亲忙哥剌的子女长不大,所以阿难答被托付给一个伊斯兰教徒抚养。伊斯兰教对阿难答影响颇深,"木速蛮(即伊斯兰教徒)的信仰在他的心中已经巩固起来,不可动摇,他背诵过《古兰经》,并且用大食文书写得很好。他经常把[自己的]时间消磨于履行戒律和祈祷上,同时,他还使依附于他的十五万蒙古军队的大部分皈依了伊斯兰教。"阿难答还给辖区大多数蒙古儿童施行了割礼。成宗对阿难答的上述行为甚为不满,并派遣鹰夫长只儿哈朗和赤儿塔合兄弟俩去阻止他履行祈祷和戒律,不让木速蛮去见他,并促使他改变信仰。阿难答拒绝了,没有听从。成宗由此动了怒,下令把他囚禁起来,而他却对伊斯兰教仍然那样的固执和坚定。这时皇太后阔阔真却劝告成宗说:"你登位已经两年了。而[你的]国家却还没有巩固。阿难答有很多军队,并且唐兀惕地区(指西夏故地)的所有那些军队和居民都是木速蛮并对此执[迷不悟]。本地就有叛乱者。不要让他们[军队和居民]变心,那可真不得了。[你]不宜强迫他,让他自己选择自己的信仰和宗教吧。"于是成宗释放了阿难答,并对其加以抚慰。看来此时的阿难答已经在河西地区拥有相当大的影响力，这种影响力不仅来自其雄厚的军事实力，还来自其在伊斯兰教徒中的崇高地位。(《史集》第二卷，第378至381页）

　　有学者指出安西王阿难答是一位伊斯兰教徒，但他信仰、倡导伊斯兰教的真正目的在于扩充自己的政治势力，伺机问鼎汗位。为此他将伊斯兰教作为一种工具，借此控制其领地军民，积极争取朝中回回人的政治势力和亲伊斯兰教的蒙古贵族的支持，并不惜与成宗展开针锋相对的政治斗争。的确，安西王阿难答利用宗教信仰，巩固了在封地的统治，并利用身边的伊斯兰教徒结交皇太后阔阔真以及皇后卜鲁罕，提高自己在元廷中的地位。当阿难答因笃信伊斯兰教而被成宗囚禁起来时，正是由于皇太后阔阔真的劝解，成宗才将阿难答释放。史载，阿难答身边的伊斯兰教徒"篯里帖儿哈散、忻都、倒剌沙哈米忒、札马勒–阿合和马合谋–阿黑塔赤，他们全都享有尊敬和威信，其中有的人则有可能接近铁穆耳合罕的母亲，致力于巩固伊斯兰教"。阿难答与卜鲁罕皇后交往的情况，史料中没有明确的记载，但后来仁宗指出二人有私通情节，可见二人之间的关系非同一般。(《史集》第二卷，第381页；陈广恩《元安西王阿难答倡导伊斯兰教的真正目的》，《西域研究》2005年第2期）

　　皇太子德寿死后，一直没有合适的皇位继承人，直至成宗死，没有再立皇太子。这样，在成宗死后，各派政治势力为争夺皇位展开了激烈的斗争。卜鲁罕皇后由于与安西王阿难答关系密切，就想利用阿难答来监国，自己继续执掌国政。卜鲁罕皇后还争取到了中书左丞相阿忽台，平章政事赛典赤、梁德珪以及诸王迷里帖木儿等的支持，但以阿难答为首的回回势力执掌国政遭到了汉人儒臣的强烈反对。在卜鲁罕皇后召集大臣征求意见时,汉人儒臣官员坚决予以抵制。畅师文在朝议时"飏言:'此宗社重事,讵宜苟且。'众皆默然。又曰:'余病矣,请归调治。'遂拂衣而起",不出视事。何玮也以"此非臣敢知"为辞抵制与议。丞相阿忽台变色,"以(武)则天为言",何玮则反驳说:"彼有庐陵王,何可同也。"儒臣刘敏中称阿难答、卜鲁罕集团"回邪诪张,势挟中闱"。(《至正集》卷四十九《畅师文神道碑》;《雪楼集》卷八《何玮神道碑》)

二 海山、爱育黎拔力八达兄弟

雅重儒术的右丞相哈剌哈孙也加入到反对卜鲁罕皇后的行列。哈剌哈孙此时是朝中最有实力的大臣,在皇位的继承问题上,他的态度至关重要。为了与卜鲁罕皇后和安西王阿难答的势力相抗衡,右丞相哈剌哈孙准备扶植海山兄弟即位。海山与其弟爱育黎拔力八达是顺宗答剌麻八剌之子,答剌麻八剌是世祖朝皇太子,即裕宗真金的二子,既然身为真金长子的成宗没有合适的皇位继承人,那么真金二子答剌麻八剌的儿子海山兄弟就成为名正言顺的皇位继承人。

哈剌哈孙准备让海山兄弟参与角逐汗位,与当时海山手握重兵也有密切关系。大德三年,成宗命海山取代世祖之子、宁远王阔阔出镇戍漠北,负责抵御西北藩王海都的侵扰。海山到任后,整肃军纪,连败叛王海都,颇有战绩。成宗对海山也颇为优待。大德四年四月,赐皇侄海山所统诸王成军战马二万二千九百余匹。大德七年五月,赐皇侄海山及安西王阿难答,诸王脱脱、八不沙,驸马蛮子台等各金五十两以及银珠、锦币等物。大德八年十月,封皇侄海山为怀宁王,赐金印,仍割瑞州户六万五千隶之,每年给五户丝直钞二千六百锭、币帛各千匹。(《元史》卷二十、二十一《成宗本纪》;《元史》卷二十二《武宗本纪一》)

爱育黎拔力八达则是一位深受儒家文化影响的政治人物,在汉族儒臣中有着很高的威望。海山与爱育黎拔力八达年幼时,徽仁裕圣皇后阔阔真延请名儒李孟当他们的老师。不过到大德初年,海山就奉命抚军北方,爱育黎拔力八达则与李孟留在宫中。李孟每天向爱育黎拔力八达"陈善言正道,多所进益",而此时儒士陈颢也应翰林承旨安藏的举荐来为爱育黎拔力八达说书,所以自年幼时开始,爱育黎拔力八达就深受儒家文化的影响。大德九年六月,卜鲁罕皇后之子德寿被立为太子。为了让德寿将来能顺利继承皇位,此时掌控朝政的卜鲁罕皇后将在大都居住的爱育黎拔力八达与其母答己安置到怀州(治今河南沁阳)居住。这样,海山兄弟均不在大都,无法与朝廷中枢机构建立密切的联系。卜鲁罕皇后为了能让德寿太子顺利即位,可谓用心良苦。

在爱育黎拔力八达出居怀州之时,他的潜邸儒臣李孟、陈颢等随同前往。李孟随爱育黎拔力八达居怀州四年,忠诚不渝,用儒家文化感化爱育黎拔力八达,"由是上下益亲"。李孟曾建言爱育黎拔力八达大行孝悌之道,尽心奉养母亲答己。爱育黎拔力八达虚心接受李孟的意见,对母亲答己"日问安视膳,婉容愉色,天下称孝焉"。爱育黎拔力八达闲暇之时,就听李孟讲述"古先帝王得失成败,及君君臣臣父父子子之义。孟特善论事,忠爱恳恻,言之不厌,而治天下之大经大法,深切明白"。前述另一位儒臣陈颢则"日开陈以古圣贤居艰贞之道"。(《元史》卷二十一《成宗本

纪四》;《元史》卷一百七十五《李孟传》;《元史》卷一百七十七《陈颢传》)

三 右丞相哈剌哈孙发动宫廷政变

大德十一年正月癸酉,成宗崩于大都玉德殿。就在此时,安西王阿难答已接到卜鲁罕皇后的通报,他秘密来到大都,准备协助卜鲁罕皇后临朝摄政。根据蒙古旧制,在皇帝去世后,由皇后来摄政,主持忽里台会议,选举新的皇帝,而这正是卜鲁罕皇后自认为能够控制政局、扶植阿难答即位的资本。不过,卜鲁罕皇后扶植阿难答即位的企图引起了汉族儒臣官员以及很多蒙古勋贵的不满,中书右丞相哈剌哈孙在皇位的继承问题上也与卜鲁罕皇后产生了尖锐的矛盾,密谋以宫廷政变的方式来阻止阿难答夺取皇位。哈剌哈孙为阻止卜鲁罕皇后临朝听政,悉收京城百司符印封府库,以生病为由在中书省休养,不理睬卜鲁罕皇后的旨意,也不签署文书,以延缓卜鲁罕皇后临朝称制,为发动宫廷政变赢得时间。卜鲁罕皇后集团曾想谋害哈剌哈孙,不过由于哈剌哈孙掌控着行政中枢机构以及宿卫军,他们没敢轻举妄动。哈剌哈孙表面上是在中书省休养,暗地里已经悄悄行动起来。他派人北面通知镇戍漠北的海山,南面通知出居怀州的爱育黎拔力八达,促请他们火速赶赴京城。奉命通知海山的人是康里脱脱,康里脱脱长期跟随海山戍守漠北,此时正好有事来京师,于是哈剌哈孙令其驰告海山。不料卜鲁罕皇后先行一步,已密令通政使只儿哈郎阻止康里脱脱北上。这时康里脱脱的哥哥大宗正札鲁忽赤阿沙不花知道事情紧急,疏通通政院的官员,给康里脱脱伪造了文书,令其北上。(《元史》卷一百三十六《哈剌哈孙传》、《阿沙不花传》;《元史》卷一百三十八《康里脱脱传》)

　　身处怀州的爱育黎拔力八达接到丞相哈剌哈孙的奏报后，对夺取皇位一事犹豫不决。这也难怪，此时的爱育黎拔力八达手无兵权，即便是联合右丞相哈剌哈孙，与控制朝政的卜鲁罕皇后相抗衡，显然也没有十足的把握，要是一旦失败，后果不堪设想。这时爱育黎拔力八达的老师李孟进言，阿难答并非真金的直系子孙，而支子不能即位，这是忽必烈制定的典制，成宗死后，海山身在万里之外的漠北，宗庙社稷危在旦夕，爱育黎拔力八达应急还宫廷，粉碎奸人的图谋，"不然，国家安危，未可保也"。另一随从畏兀儿人野讷也密启曰："天子晏驾而皇子已早卒，天下无主，邪谋方兴。怀宁王及殿下，世祖、裕皇贤孙，人心所属久矣。宜急奉太母入定大计，邪谋必止。迎立怀宁王以正神器，在此行矣。"不过，听罢李孟等人的进言，爱育黎拔力八达还是犹豫不定。李孟进一步向爱育黎拔力八达讲明了形势的危急：一旦阿难答即位，爱育黎拔力八达与答己母子有性命之危，正所谓"邪谋得成，以一纸书召还，则殿下母子且不自保，岂暇论宗族乎！"于是爱育黎拔力八达决定陪同母亲答己秘密返回大都。

　　爱育黎拔力八达陪同其母秘密返回大都后，首先要做的就是建立与丞相哈剌哈孙的联系。此时的大都早已为卜鲁罕皇后的势力所控制，哈剌哈孙也被严密监视起来，于是爱育黎拔力八达派李孟假扮成医生，偷偷去见哈剌哈孙。从哈剌哈孙那里，李孟得知安西王阿难答很快就要即位，于是李孟还告爱育黎拔力八达，说事情紧急，应该先发制人。而爱育黎拔力八达身边之人大都犹豫不定。有人说，皇后大权在握，"八玺在手，四卫之士，一呼而应者累万"，安西王府中也是从者如林，而爱育黎拔力八达的侍卫寡弱，不过数十人，兵仗不备，这样赤手空拳前往，恐怕凶多吉少,不如等到海山率兵前来,再夺取皇位也为时不晚。对上述看法,李孟坚决反对,他说,阿难答即位不符合典制,不得人心,如果爱育黎拔力八达此时发动政变,必然会应者云集,一举成功,然后再等待海山的到来,而一旦让阿难答先即位,纵使海山率兵前来,阿难答又岂肯拱手让出皇位,到那时势必会发生一场恶战,以致生灵涂炭,危及社稷安全,况且"危身以及其亲,非孝也;遗祸难于大兄,非悌也;得时弗为,非智也;临机不断,无勇也。仗义而动,事必万全"。

面对手下之人的不同意见,颇为迷信的爱育黎拔力八达说,那就让算卦之人来卜算决定吧,于是派人去找算卦先生。这时恰有身穿儒服的算卦之人持囊游于市,召之前来。李孟出迎,他秘密告诉算卦先生说,有大事要请你决定,待会卜算,只许讲大吉。在李孟的疏通下,算卦先生告知爱育黎拔力八达此时行事大吉,"刚运善断,无惑疑也"。李孟于是说既然算卦先生也是这种意见,那就当机立断,马上行动,"时不可以失"。爱育黎拔力八达大喜,振袖而起,带领随从自延春门入宫,哈剌哈孙亲自迎接,将其保护起来。

爱育黎拔力八达来到大都后,大宗正札鲁忽赤阿沙不花得到消息:三月初三日卜鲁罕皇后准备御殿听政,执掌国家大权,到那时安西王阿难答以为爱育黎拔力八达贺千秋节为名,拘捕爱育黎拔力八达。阿沙不花将此事告知哈剌哈孙,说一旦等皇后卜鲁罕听政,他们皆受制于卜鲁罕,不如先发制人。哈剌哈孙表示同意。哈剌哈孙先假装同意让卜鲁罕皇后在大德十一年三月初三日御殿听政,而他提前在三月初一发动政变。他诈称海山回到京师,召阿难答、阿忽台等议事,等阿难答、阿忽台来到后,派人拿获之,据说"阿忽台有勇力,人莫敢近,诸王秃剌实手缚之"。于是哈剌哈孙尽诛左丞相阿忽台、安西王阿难答等人,同时以卜鲁罕皇后与阿难答私通为罪名,出居卜鲁罕皇后于东安州(治今河北安次西北),随即又将其赐死。这样,在哈剌哈孙、阿沙不花等人的运筹帷幄下,爱育黎拔力八达迅速控制了大都形势。(《元史》卷一百三十六《哈剌哈孙传》、《阿沙不花传》;《元史》卷一百七十五《李孟传》;《元史》卷一百三十七《阿礼海牙传》)

四　海山即位

爱育黎拔力八达虽在右丞相哈剌哈孙等的协助下清除了卜鲁罕皇后势力集团,但皇位的继承问题并未解决。诸王阔阔出、牙忽都等进言爱育黎拔力八达,希望其"早正天位"。但爱育黎拔力八达并没有采纳他们的意见,因为他还不知道手中握有重兵的兄长海山的态度。不仅如此,他还责备阔阔出、牙忽都:你们何出此言? 我发动政变只是不让奸人夺取皇位,怀宁王海山是我的兄长,海山才是继承皇位的最佳人选。其实很难说爱育黎拔力八达不觊觎皇位,只是在形势未明朗之前,他不敢妄动。前已述及,爱育黎拔力八达在参与夺取皇位一开始就表现得犹豫不决,不过爱育黎拔力八达、海山兄弟的母亲答己,此时明显倾向于让"天性孝友"的爱育黎拔力八达即位。答己长期与爱育黎拔力八达居住在一起,两人感情颇深。

据《元史·康里脱脱传》,在爱育黎拔力八达铲除卜鲁罕皇后势力集团后,其母答己曾将海山和爱育黎拔力八达的星命交给阴阳家推算,询问哪个宜立为皇帝,得到的答案是爱育黎拔力八达更适合即位。于是答己遣近臣朵耳将阴阳家的推算告知海山，曰："汝兄弟二人皆我所出，岂有亲疏？阴阳家所言运祚修短，不容不思。"其实答己这样做无非是想试探海山对夺取皇位的态度，不料海山十分不高兴。此时的海山凭借着手中的军事实力，已决意要夺取皇位。海山对康里脱脱说，他捍御边陲十年，又是兄长，理所当然应该继承皇位。母亲答己却信奉阴阳家的预言，然而天道茫昧，谁能豫知？假使让他即位，必将上合天心，下孚民望，则虽一日之短，亦足垂名万年，怎么可以采纳阴阳之言而违背祖宗的托付呢！"此盖近日任事之臣，擅权专杀，恐我他日或治其罪，故为是奸谋动摇大本耳。"于是，海山派康里脱脱前往大都了解情况，命他速去速回，而自己亲率大军由西道往大都进发，大将按灰由中道，床兀儿由东道，各率精兵一万。政治形势顿时又紧张起来。

康里脱脱到大都，拜见答己，告知海山的态度。答己没料到海山的反应会如此强烈，颇为吃惊。感觉到事态严重，答己立即改变了态度，明确表示支持海山即位，并请康里脱脱前去劝解海山，避免发生骨肉相残的悲剧。康里脱脱欣然应允，顿首谢曰："太母、太弟不烦过虑，臣侍藩邸历年，颇见信任，今归当即推诚竭忠以开释太子。后日三宫共处，靡有嫌隙，斯为脱脱所报效矣。"

在爱育黎拔力八达联合丞相哈剌哈孙铲除卜鲁罕皇后势力集团后，海山率军自阿尔泰山一带来到和林。当时漠北蒙古诸王建言海山在和林即位，海山则曰："吾母、吾弟在大都，俟宗亲毕会，议之。"看来海山一开始本打算在自己漠北的根据地和林即位，不愿返回爱育黎拔力八达势力所控制的大都。当爱育黎拔力八达遣使北迎海山返回大都之时，海山提出要见留在大都的自己的亲信阿沙不花。海山迟迟不返，夺取皇位之心已明。

答己、爱育黎拔力八达此时的势力显然无法与海山对抗,于是二人就请阿沙不花转达拥戴海山之意。之前,答己派出使节告知阴阳家之推算来试探海山的态度,这样做的目的显然不愿得罪海山,期望在这一前提下,尽量让爱育黎拔力八达达成即位的愿望。

阿沙不花在漠北野马川拜见了海山,向海山讲明了答己和爱育黎拔力八达的推戴之意,并陈述了安西王阿难答谋变始末,力陈爱育黎拔力八达之所以暂时监国,只是为了控制政局以等待海山即位。阿沙不花以生命保证海山返回大都后会绝对安全。不过此时的海山还是有点犹豫,毕竟在这关键的时刻,只能慎之又慎。随后,海山派到大都的使节康里脱脱返回,也向海山讲明了答己和爱育黎拔力八达的态度。这时海山才同意南下上都即位,答己和爱育黎拔力八达也前往上都迎接。大德十一年五月,海山即位于上都大安阁,是为武宗。(《元史》卷二十二《武宗本纪一》;《元史》卷二十四《仁宗本纪一》;《元史》卷一百三十六《阿沙不花传》;《元史》卷一百三十八《康里脱脱传》)

第四章　元武宗时期的蒙古宫廷

　　大德十一年五月,海山在宗王、贵族的欢呼拥戴声中登上了皇帝的宝座。拥戴海山即位的忽里台大会仍保持有历朝蒙古大汗即位的各种形式,但正如有的学者指出的那样,这次忽里台大会已经失去了以往选君大会的实质内容,因为这次大会是由皇位的争夺者在流血的宫廷政变取得成功后举行的。这次事后召开的大会,只不过是以非常手段夺取皇位的人,借助于旧传统来建立自己合法权威的手段而已。这次皇位的更替还表明,伴随着中央集权的逐步加强,一旦皇位空虚,掌控国家机器的朝廷中枢机构对皇位继承发挥着非常重要的影响。

　　海山在即位前长期驻扎漠北,对汉文化以及汉地式的官僚机构有着很深的隔膜,这就使得他的施政与成宗有着较大的差异。武宗(1307—1311)在位不到五年,死时仅三十一岁,但其在位期间的很多政策都大大加速了元朝宫廷的腐化。

　　为了报答爱育黎拔力八达在夺取政权以及拥立自己方面的突出功绩,武宗即位后不久就立爱育黎拔力八达为皇太子,并约定"兄弟叔侄,世世相承",也就是武宗传位于爱育黎拔力八达,爱育黎拔力八达传位于武宗之子,如此世代传承。但这一约定只不过是海山、爱育黎拔力八达兄弟二人在特定的历史背景下达成的暂时妥协,并不具有太强的约束力。这一约定给本来就缺乏制度性的蒙古皇位继承,带来了更多的纷争。(萧功秦《论元代皇位继承问题》,《元史及北方民族史研究集刊》第七辑;《元史》卷一百三十八《康里脱脱传》)

第一节　重用亲信和大肆封赏

武宗即位后,为巩固皇位,迅速将自己的亲信安插到朝廷中枢机构,这与成宗基本沿袭世祖朝中枢机构班底有着明显的区别。究其原因,主要是海山长期镇戍漠北,在漠南汉地缺乏强有力的根基,况且朝中不乏爱育黎拔力八达的拥护者的缘故。爱育黎拔力八达精通且尊重汉地的政治文化制度,礼贤下士,他在汉族儒臣官僚中有着很高的威望。武宗即位后仅两个月,就将协助爱育黎拔力八达发动宫廷政变的中书右丞相哈剌哈孙,远调至漠北和林担任和林行省左丞相,而以蒙古贵族太师月赤察儿为和林行省右丞相。哈剌哈孙到和林后不久就去世了。漠北是海山的势力范围,将哈剌哈孙调至和林,应该是海山刻意安排。哈剌哈孙远调和林后,武宗随即任命中书左丞相塔剌海为中书右丞相,御史大夫塔思不花为中书左丞相。而此前,海山已任命亲信床兀儿、阿沙不花为中书省平章政事,康里脱脱为御史大夫,他们均为促成海山即位立下了汗马功劳。(《元史》卷二十二《武宗本纪一》)

武宗沿袭了成宗大行赏赐的做法,即位后,命中书省拟定此次忽里台选汗大会赏赐诸王的标准。中书省右丞相哈剌哈孙、左丞相塔剌海上奏说，宪宗蒙哥、世祖忽必烈即位时赏赐已有固定的数额，成宗即位后，因为世祖朝积累了大量的财赋，府库充富，于是比先例，赐金五十两者增至二百五十两，银五十两者增至百五十两。好大喜功的武宗听罢，当然不甘落后，下旨要求遵照成宗的标准进行赏赐。丞相哈剌哈孙又建言，武宗在和林时，已对前来的诸王、驸马进行赏赐，此次即位大典不宜再重复赏赐。但武宗并没有采纳哈剌哈孙的建议，要求对这些诸王、驸马重新进行赏赐，同时为了感谢母亲答己和皇弟爱育黎拔力八达定策及拥戴之恩，分别赐以金二千七百五十两、银十二万九千二百两、钞万锭、币帛二万二千二百八十匹。

武宗对宗亲、贵族的大规模赏赐并不是即位之初的一时之举，而是贯穿于执政的整个过程。这其中的原因是多方面的，其中一个重要的原因就是赏赐蒙古诸王是蒙古旧制，诸王们早已习以为常，而武宗又是蒙古旧制的积极维护者。另外，削减或停止对诸王的赏赐不利于争取诸王的支持和拥戴。大规模赏赐带来的直接后果就是国库空虚。武宗即位后不久，财政就出现了巨大的亏空。大德十一年八月，中书省上奏：朝会应赐钱数为三百五十万锭，今已给出一百七十万锭，还有一百八十万锭未发放，不过此时国库所储已不多，恳请武宗暂停赏赐。同年九月，中书省臣再次上奏："帑藏空竭，常赋岁钞四百万锭，各省备用之外，入京师者二百八十万锭，常年所支止二百七十余万锭。自陛下即位以来，已支四百二十万锭，又应求而未支者一百万锭。臣等虑财用不给，敢以上闻。"可见国家的财政此时已相当糟糕。中书省一再劝诫武宗改变大肆赏赐的做法，武宗口头应允，但没有完全采纳这一建议,大规模的赏赐依旧不断。至大元年(1308)夏四月戊戌,中书省臣言:"请依元降诏敕,勿超越授官,泛滥赐赍。"至大三年(1310)八月,尚书省臣奏言,今年颁赍已多,皇帝下发的圣旨、皇太后下发的懿旨、皇太子下发的令旨都赐予宗亲、诸王大批的财物,请加以缩减。(《元史》卷二十二、二十三《武宗本纪》)

除大规模赏赐外,武宗还大肆封爵授官,同时增设机构,提升一些机构的品级。对汉地传统官僚制度有着较深隔阂的武宗已把封官授爵当成赏赐,作为笼络群臣的一种手段,十分随意,这又导致了选法的紊乱、官员的膨胀、行政效率的低下。武宗即位后不久,元廷就出现了官员冗滥的现象。大德十一年六月,中书省臣言:"中书宰臣十四员,御史大夫四员,前制所无。"至大元年十一月,中书省臣言,世祖朝中书省、枢密院、御史台及诸衙门的官员皆有定数,后来略有增加,成宗曾经下旨并省,不过最近情况变得越来越严重,诸衙门的品级递升,四品升三品,三品升二品,二品升一品,公务依旧而冗员却大量增加。于是中书省臣建言,请依照大德十年已定的官员数,裁汰冗滥官员,衙门的品级虽升,"诸吏止从旧秩出官,果应例者,自如选格"。面对中书省的一次次建言,武宗虽表示认可,但正如其不能停止赏赐一样,也不可能彻底改变这一做法。大德十一年六月,拱卫直都指挥使马谋沙竟因角牴屡胜而被遥授平章政事;李邦宁乃一名宦官,竟被加大司徒、尚服院使,遥授丞相,行大司农,领太医院事,阶金紫光禄大夫。可见武宗对官员的除授十分随意。直到至大三年,官员冗滥的情况并没有好转。是年九月,武宗不得不诏谕尚书省官员三宝奴等:"去岁中书省奏,诸司官员遵大德十年定制,滥者汰之。今闻员冗如故,有不以闻而径之任者。有旨不奏而擅令之任及之任者,并逮捕之,朕不轻释。”

时人对武宗朝高官冗滥的情况曾有如下的评论:“今天子即位,加恩近臣,佩相印者以百数。”“微至优伶、屠沽、僧道,有授左丞、平章、参政者。其他因修造而进秩,以技艺而得官,曰国公、曰司徒、曰丞相者,相望于朝。自有国以来,名器之轻,无甚今日。”(《元史》卷二十二《武宗本纪一》;《元史》卷二百四《宦者传》;《文安集》卷八《送程叔永南归序》;《归田类稿》卷二《时政书》)

世祖时对地位极高的一字王的封授十分慎重,非嫡系子孙不与,到武宗朝这一制度被完全破坏,短短三年多时间,封授的一字王就达十五六人,甚至高丽驸马也被封为一字王。1298 年,成宗将元朝驸马,高丽忠宣王王璋废黜,复以其父忠烈王王愖为王,王璋被召入元廷宿卫。1307 年,王璋因参与了拥立武宗即位的元朝宫廷斗争,先是被武宗封为沈阳王,1310 年改封为沈王,后又得以重新继承高丽王位。(《元史》卷二十二、二十三《武宗本纪》;《高丽史》卷三十一《忠烈王世家》;陈得芝主编《中国通史》第八卷)

近侍干政是武宗朝宫廷政治的另一个突出现象。怯薛近侍干涉朝政,虽是整个元朝普遍存在的现象,但这一现象在武宗朝特别明显。大德十一年六月,知枢密院事铁木儿不花、憨剌合儿等奏言, 近来近侍私自领旨干涉枢密院官员的铨选。同样的情况也出现在其他部门。大德十一年七月,中书右丞相塔剌海、左丞相塔思不花奏言,近来一些近侍往往不通过中书省的公议,就上奏皇帝,这不符合制度,望今后大小事务,经中书省公议后再上奏。御史大夫月儿鲁奏言,根据本朝制度,中书省、枢密院、御史台、宣政院可以特许自选官吏,其他诸司官吏的铨选都要通过中书省,只有严格限制近臣随意上奏领旨,才能维护国家的各项制度。一直到至大三年，近侍干政的情况仍然十分严重。至大二年（1309）正月乙巳，塔思不花、乞台普济奏言，近侍恃恩上奏，不经由中书省便领取的圣旨，自大德六年，到至大元年，总共有六千三百余道，内容涉及"田土、户口、金银铁冶、增余课程、进贡奇货、钱谷、选法、词讼、造作等事"，这些私自领取的圣旨危害了百姓的利益，请皇帝下旨全部收回，今后引以为戒。至大三年正月戊子，元廷不得不再次禁止"近侍诸人外增课额及进他物有妨经制"。

诸如滥赐、冗官、近侍干政等弊政，皆源于皇室未经过相关机构私自颁行命令，以致朝廷施政十分混乱。大德十一年八月甲午，中书省臣言，皇室内降旨除官者八百八十余人，今已除三百人，还有五百余人，恳请"自今越奏者勿与"。同月，御史台臣奏言，中书省、枢密院、御史台、宣政院可依照制度独自选官，近来一些监察御史、廉访司官员没有通过御史台的公选，近臣私自领旨除授，这不符合祖宗法制。十二月壬辰朔，中书省臣再次上奏，象征着国家权力的金虎符及金银符平时由典瑞院保管，中书省负责颁发，事后则复归典瑞院保管，如今这些牌符的颁发很多都不经由中书省，甚至一些商人，通过疏通近侍也能持有，以致牌符泛滥，出而无归，恳请核查此事，今后不经过中书省，不能擅自颁发牌符。中书省臣又奏言，陛下即位诏书已明言不许越职奏事，近来近侍多上奏请官领赏，今后此事不经由中书省，不要应允；另外选法、钱粮、刑名、造作等一切公事，近侍人员不得隔越闻奏。至大三年二月，尚书省臣奏言，官阶差等，已有定制，近来奉圣旨、懿旨、令旨索要官阶者，"率多躐等，愿依世祖皇帝旧制，次第给之"。

《元史》中对武宗之施政有如下评价："武宗当富有之大业，慨然欲创治改法而有为，故其封爵太盛，而遥授之官众，锡赉太隆，而泛赏之恩溥。至元、大德之政，于是稍有变更云。"意思是说武宗力图改革而有一番作为，于是便随意除授高官、大肆赏赐。监察御史张养浩在《时政书》中指出了武宗朝的十条主要弊政，可以说十分深刻。这十条是：赏赐太侈；刑禁太疏；名爵太轻；台纲太弱；土木太盛；号令太浮；幸门太多；风俗太靡；异端太横；取相之术太宽。(《元史》卷二十二、二十三《武宗本纪》；《元史》卷一百七十五《张养浩传》)

第二节　大兴土木

大德十一年六月，武宗即位后仅十天，便决定在大都与上都之间的旺兀察都(治今河北张北白城子)兴建中都城，以为往来大都、中都之间的休整之所。武宗对中都城的修建十分重视，为了加强对工程的统筹领导，大德十一年六月置行工部于旺兀察都。中书省所辖工部掌"天下营造百工之政令"，行工部即为工部的派出机构。至大元年正月癸亥，敕枢密院发六卫军万八千五百人，供旺兀察都建宫工役。二月戊戌，以上都卫军三千人，赴旺兀察都行宫工役。这里的卫军均是皇帝的侍卫亲军。由于大批侍卫亲军参与了中都城的建设，到至大元年七月，旺兀察都行宫即中都宫殿初步建成。中都宫殿的修建仅用了一年的时间，可以说工程进展十分迅速。虽然仅有中都宫殿落成，中都城墙修建尚未完工，武宗听到自己筹备建立的中都已初具规模，十分高兴，于是对负责中都兴建的官吏、军人进行了大量的赏赐。

至大元年八月辛丑,武宗以中都行宫建成,赏赐兴建中都行宫有功劳的官吏,工部尚书黑马而下并升二等官阶,赐塔剌儿银二百五十两,赐察乃、塔利赤、萧珍、答失蛮金二百两并银一千四百两,军人金二百两并银八百两。那些在施工中死亡人等的家属也受到了不同程度的抚恤。

中都行宫初成,武宗立即仿照大都、上都的制度,建立相应的附属机构以及调整政区建置。至大元年七月,立中都留守司兼开宁路都总管府,八月又立中都万亿司,九月立中都虎贲司。同年十二月,中都立开宁县,罢河东宣慰司,以大同路隶中都留守司。

兴建中都城,耗费巨大,又给当地及附近的百姓造成了极大负担。至大元年十一月诏:"开宁路及宣德、云州工役,供亿浩繁,其赋税除前诏已免三年外,更免一年。"开宁路即中都所在地,宣德、云州均离中都不远。至大二年四月,武宗又下诏兴建中都皇城角楼。中书省官员建言:"今农事正殷,蝗蟓遍野,百姓艰食,乞依前旨罢其役。"但武宗并没有采纳这一建议,反而认为"皇城若无角楼,何以壮观! 先毕其功,余者缓之"。可以说武宗在兴建中都城的问题上态度十分坚决,他已把兴建中都城作为体现皇帝威严和政绩的象征。

为了补充修建中都城所需要的大量人力,至大三年十月、十一月,武宗又发布了两道命令,一是将那些依附贵族、近臣来逃避差徭役的民户充军役,修建中都城,二是令侍卫亲军用牛车运土,协助建城,"限以来岁四月十五日毕集,失期者罪其部长,自愿以车牛输运者别赏之"。

至大四年(1311)正月,武宗崩于大都玉德殿,此时中都城

元武宗皇帝

即庫魯克諱海桑成宗長子在位六年起大德十
一年丁未終至大五年壬子即皇慶元年

的修建尚未完工。武宗死后，皇太子爱育黎拔力八达，即仁宗开始秉政。受儒学汉法影响颇深的仁宗早已对武宗朝的施政颇为不满，在武宗死去仅十余天，就下令停止中都城的修建。二月，仁宗将在修建中都城过程中徼功毒民的司徒萧珍罢职逮捕，同时归还修建中都城以及附属设施所侵占的民田。同年四月，仁宗罢中都留守司，复置隆兴路总管府，凡武宗创置中都机构皆罢之。七月，仁宗又徙中都内帑、金银器归太府监。这样，武宗苦心经营的中都城到仁宗朝即被废弃，但中都宫殿、城墙并未拆除，后世仍偶有皇帝临幸此地。由于年久失修，中都城到元末基本毁坏了。(《元史》卷二十二、二十三《武宗本纪》;《元史》卷二十四《仁宗本纪一》)

除兴建中都城外，武宗朝还大规模修建五台山佛寺。大德十一年八月丙午，建佛阁于五台寺。至大元年二月己未，武宗以皇太子建佛寺，立营缮署，秩五品，同时发军一千五百人修五台山佛寺。同年十一月，皇太后造寺五台山，摘军六千五百人供其役。至大二年二月，皇太子临幸五台佛寺。三月，武宗又令留居元廷的高丽忠宣王跟随皇太后前往五台山。至大二年五月，阴阳家言，自今至武宗诞辰不宜兴土动功，于是武宗下令暂时停建新寺。不过，这只是因忌讳而缓建，五台山佛寺在武宗诞辰后继续兴建。至大三年正月，营五台寺，役工匠一千四百人、军三千五百人。可见五台山佛寺的修建工期之长，动用劳力之多，耗费之巨，而皇太子、皇太后乃是修建五台山佛寺的积极推动者。

武宗朝除去五台山佛寺的修建外，至大二年八月，又在大都城南建佛寺，同时立行工部，领行工部事三人，行工部尚书二人，令尚书右丞相脱虎脱兼领之。

　　五台山、大都佛寺的兴建,对该地区的百姓造成了很大的骚扰。至大二年八月,尚书省平章政事三宝奴言:"冀宁、大同、保定、真定以五台建寺,所须皆直取于民,宜免今年租税。"中都建城、修建佛寺以及大都很多官员营建私邸等等,武宗朝一系列大兴土木的举动与儒家倡导的节俭爱民思想大相径庭,也与成宗朝倡导的与民休息的政策相悖。(《元史》卷二十二、二十三《武宗本纪》)

　　五台山是中国佛教四大名山之一,相传为文殊菩萨的道场。元世祖朝、元成宗朝都十分重视修建五台山佛寺,把五台山看做是佛教圣地,令僧人在此作佛事,为国祈福。成宗朝铁穆耳以及阔阔真皇太后都曾亲临五台山,焚香祈福。也有不少大臣以劳民伤财为由反对大规模修建五台山佛寺。世祖至元二十年三月,御史台臣言:"平滦造船,五台山造寺伐木及南城建新寺,凡役四万人,乞罢之。"成宗元贞二年,监察御史李元礼上奏:"伏见五台创建寺宇,土木既兴,工匠夫役,不下数万,附近数路州县,供亿烦重,男女废耕织,百物踊贵,民有不聊生者矣。"在大臣的建言下,世祖朝、成宗朝一度停止了在五台山大规模修建佛寺的工程,然而他们对佛教依然青睐如故。(《元史》卷十二《世祖本纪九》;《元史》卷一百七十六《李元礼传》)

第三节　财政危机的加重以及尚书省的建立

　　滥赐、冗官、大兴土木,造成了武宗朝时国家财政危机日益加重。大德十一年九月,中书省大臣曾经上奏,言国库已经入不敷出。同年十二月,中书省又上奏请求从户部借支、预卖盐引(即取盐凭证)八十万锭以解燃眉之急,然而利用预卖盐引的办法来解决财政危机，无异于饮鸩止渴。武宗在无奈之下只好同意奏请，并用下不为例训诫中书省官员。哪知便是预卖盐引也无法应对庞大的财政支出。至大元年二月，中书省官员请求动用钞本七百一十余万锭来应对每况愈下的财政状况。钞本即发行纸币的准备金，大规模动用钞本会造成纸币的贬值，危害巨大。这是中书省官员不得已的做法，正如其所言，"臣等固知钞法非轻，曷敢辄动，然计无所出"。预卖盐引、动用钞本的做法根本无法解决财政危机。为此，中书省官员一次次建言请求缩减财政开支，武宗口头应允，却不肯下决心节制。至大元年十一月丁卯，中书省臣奏言："今铨选、钱粮之法尽坏，廪藏空虚。中都建城，大都建寺，及为诸贵人营私第，军民不得休息。迩者用度愈广，每赐一人，辄至万锭，惟陛下矜察。"这一段话准确地道出了武宗朝财政危机的主要根源。

　　与中书省大臣的看法不同，武宗认为财政状况的恶化与中书省理财不力有关，应该想办法增加赋税收入。武宗想到了世祖朝设立尚书省专职理财的先例。大德十一年九月甲申，武宗下诏设立尚书省，分理财用，命中书右丞相塔剌海、中书左丞相塔思不花仍旧统领中书省，而以中书平章政事脱虎脱、教化、法忽鲁丁转任尚书省，令其自举官属，命铸尚书省印。武宗的这一决定遭致很多大臣的反对。御史台大臣奏言，认为世祖朝曾两度设立尚书省，均因事败被废，而综理财用，事在人为，让中书省整饬财政未尝不可，况且新立尚书省必然会增设机构，大规模设置官吏，反而会加重财政负担。御史台大臣还不忘劝诫武宗要勤政爱民，"自大德五年以来，四方地震水灾，岁仍不登，百姓重困，便民之政，正在今日"。武宗采纳了御史台大臣的意见，取消了设立尚书省的决定,但其加强理财的想法并没有改变,仍令脱虎脱、教化、法忽鲁丁三臣在中书省内专职理财。不过,既然是在中书省内分管理财,这些理财之臣就要受到中书省其他大臣的制约。

在国家财政状况未见好转的情况下,一些理财之臣趁机再次向武宗提议增设尚书省。至大二年七月,朝中官员乐实奏言钞法尽坏,请更立钞法,又与保八议立尚书省,于是武宗下诏,令他们与中书省主要大臣乞台普济、塔思不花、赤因铁木儿、脱虎脱等商议。然保八上奏,认为设立尚书省实是举正中书省之施政,将此事与中书省官员商量,难以得到他们认可,所谓"彼惧有累,孰愿行者"。保八建言武宗抛开顾虑,下决心设立尚书省以挽救财政危机。于是武宗力排众议,下诏设立尚书省。八月,武宗任命尚书省官员,即以乞台普济为太傅、右丞相,脱虎脱为左丞相,三宝奴、乐实为平章政事,保八为右丞,忙哥铁木儿为左丞,王罴为参知政事,中书左丞刘楫授尚书左丞、商议尚书省事。不久,脱虎脱又取代乞台普济,升任尚书省右丞相。

尚书省设立后,尚书省大臣以世祖朝尚书省垄断朝政的旧制为借口,不断奏请扩充自己的权力,中书省则逐渐被架空。如至大二年八月,尚书省奏准将中书省大部分断事官并入尚书省,并且由尚书省议定死刑。面对财政危机,武宗对尚书省的支持是不遗余力的,下诏"敢有沮挠尚书省事者,罪之"。同月,尚书省平章三宝奴又奏准尚书省可以不拘定例起用官员六十四员,其中"宿卫之士有之,品秩未至者有之,未历仕者有之"。至大二年九月,武宗又以尚书省条画诏天下,改各行中书省为行尚书省,同时赋予尚书省从宜处置、铨选官员等方面的权力。而积极促成设立尚书省的乐实到至大三年二月升为尚书左丞相、驸马都尉，封齐国公。至大三年六月丁未朔，武宗又下诏令太尉、尚书右丞相脱虎脱，太保、尚书左丞相三宝奴总治百司庶务。这样，以脱虎脱、三宝奴、乐实等人为首的尚书省就总揽朝政，积极推行财政改革。

尚书省建立后，首先做的就是变更钞法。武宗下诏，印造至大银钞颁行天下。至大银钞一两，准至元钞五贯、白银一两、赤金一钱。至大钞与至元钞并用，以至大银钞为母，至元钞为子，并停止发行至元钞。颁行至大银钞二两至一厘，定为十三等。随路立平准行用库，买卖金银，倒换昏钞。同时废止中统钞，限一百日内尽数赴库倒换。武宗还禁止民间私自买卖金银以及海船携带金、银、铜钱、绵丝、布帛入海进行贸易。至大二年十月，武宗以行铜钱法诏天下，以解决民间零钞缺乏问题，同时又废止至元钞，而以至大钞与铜钱作为交易货币。武宗朝发行的铜钱有至大通宝、大元通宝两种。至大通宝，一文相当于至大银钞一厘；大元通宝，一文相当于至大通宝钱十文。武宗还下令历代铜钱与至大钱通用。

变更钞法的同时，武宗还下诏各地路、府、州、县，设立常平仓，丰收之年储备粟麦米谷，青黄不接之时，减价出售，以平抑物价。为增加京师的粮食供应，元廷大规模增加了从江南海运到京师的粮食。

解决财政困难，当然要以增加税收为第一要务。在尚书省平章政事乐实的建言下，元廷规定江南富户有岁收粮满五万石以上者，令每石输二升于官府。元廷还将盐价每引增为至大银钞四两，同时开酒禁，立酒课提举司，追征逋负，拘收部分江南赐田以及外任官职田等等。

武宗设立尚书省理财的政策引致了很多官员的不满。至大二年十月，御史台臣言："常平仓本以益民，然岁不登，遽立之，必反害民，罢之便。"又言："至大银钞始行，品目繁碎，民犹未悟，而又兼行铜钱，虑有相妨。"又言："民间拘铜器甚急，弗便，乞与省臣详议。"又言："岁凶乏食，不宜遽弛酒禁。"武宗站在尚书省一边，并没有理睬御史台大臣的上奏，仅以"其与省臣议之"来加以搪塞。(《元史》卷二十二、二十三《武宗本纪》;《元史》卷九十三《食货志一》)

第四节　皇位继承风波

武宗即位后，立皇弟爱育黎拔力八达为皇太子，授金宝。但这似乎是在特定政治背景下的暂时妥协。武宗依靠强大的军事实力逼迫爱育黎拔力八达拱手让出到手的皇位，自然对其弟心存疑虑，时加防范。而爱育黎拔力八达虽然被立为皇太子，要登上皇位，还要等其兄死后，而兄弟二人的年龄仅相差四岁，他难免对乃兄心存怨恨。武宗海山与爱育黎拔力八达在政见上也大异其趣。海山长期戍守漠北，对汉文化及其传统官僚制度有很深的隔膜，故其统治政策大多偏离世祖忽必烈朝定制。而爱育黎拔力八达则不然，他自幼就接受儒家文化，李孟、张养浩、赵孟頫、陈颢、王毅等名儒都曾在身边讲经或侍读，爱育黎拔力八达在这些名儒的熏陶下欣然接受儒学汉法，故他即位伊始便纠正武宗的施政方针，诛杀尚书省理财大臣。

爱育黎拔力八达被立为太子后，地位尊崇。他在一定程度上参与政事，同时着力扩大自己的势力。遵照世祖朝真金为皇太子的先例，爱育黎拔力八达先为中书令、枢密使，尚书省设立后，又担任尚书令。故爱育黎拔力八达是朝廷中枢机构名义上的最高官员。武宗还令爱育黎拔力八达在朝廷各个主要机构中安置一名官员。爱育黎拔力八达还奏准设立了以詹事院为首的一大批私属机构，这些机构的品秩均较前朝有所提高。

爱育黎拔力八达地位虽高，但在参与政事方面却持审慎的态度。他尽管对武宗的施政颇为不满，为了保全自己，他也很少对武宗的施政提出批评，在绝大多数场合，只是一味地服从。很注意韬光养晦的爱育黎拔力八达甚至主动放弃一些武宗给予的特权。例如，大德十一年十一月皇太子言："近蒙恩以安西、吉州、平江为分地，租税悉以赐臣。臣恐宗亲昆弟援例，自五户丝外，余请输之内帑。其陕西运司岁办盐十万引，向给安西王，以此钱斟酌与臣，惟陛下裁之。"同月，中书省臣言："皇太子谓臣等曰：吾之分地安西、平江、吉州三路，遵旧制，自达鲁花赤之外，悉从常选，其常选宜速择才能。"（赵文坦《元武宗改皇储事件发微》，《中国史研究》2005 年第 2 期；《元史》卷二十二、二十三《武宗本纪》；《元史》卷二十四《仁宗本纪一》）

爱育黎拔力八达并不是不想迅速扩充自己的势力，但他又怕这样做会招致武宗的猜忌。在这一过程中，爱育黎拔力八达的谋臣王约发挥了重要的作用。武宗即位后，曾令以直属枢密院中卫亲军改隶爱育黎拔力八达，而爱育黎拔力八达则认为宜从各翼选汉军万人，别立一卫。武宗接受了爱育黎拔力八达的意见，并立皇太子左卫率府，皇太子詹事院的官员随即欲任命左卫率府的军官，时任太子副詹事的王约坚持认为不可，他说詹事是东宫官员，而任命管军官则是枢密院的职责。王约还进言爱育黎拔力八达，曰："皇太子事，不敢不为；天子事，不敢为。"爱育黎拔力八达听罢幡然醒悟。左卫率府设立后，詹事院又得旨设立右卫率府，取河南蒙古军万人统之，对此王约也深表担忧。他私自对同列讲，设立左卫率府源于旧制，而又增立右卫率府恐怕会引起皇帝的猜疑。事实也果真如此，右卫率府设立后，武宗任命自己的亲信，尚书右丞相脱虎脱统领之，其防备之意昭然若揭。詹事院还准备取安西王兵器来装备东宫卫军，王约对詹事完泽讲，詹事移文数千里取兵器，人必生疑，这件事如果让皇帝知道，恐怕后果不堪设想。完泽听罢十分惭愧，曰："实虑不及此。"另外，皇太子的家令薛居敬奏言皇太子陕西分地五事，并得令前去处理，此事又被王约阻止。他说："太子，潜龙也。当勿用之时，为飞龙之事可乎？"借用《易经》"潜龙勿用"的话规劝皇太子低调行事，不要越俎代庖，以免招来杀身之祸。(《元史》卷二十二、二十三《武宗本纪》；《元史》卷一百七十八《王约传》)

尽管如此，朝廷内还是有人揣摩武宗的心思，向武宗提议改立太子，即废弟立子。按《元史·宦者传》，当时宦官李邦宁揣摩尚书省丞相三宝奴的心意，向武宗进言此事，武宗听罢十分不高兴，叱责李邦宁说："朕志已定，汝自往东宫言之。"其实，武宗在这件事上并不是没有动摇，此事也在元廷内部引发了争论，但因以中书省左丞相康里脱脱为代表的一些大臣的强烈反对而作罢。据载，尚书省左丞相三宝奴上书提议立皇子为皇太子后，正在大都郊外柳林打猎的康里脱脱被紧急召还大都讨论此事，而这一讨论无疑得到了武宗的支持。当三宝奴告诉康里脱脱打算改立皇储，康里脱脱立即表示反对，以有"兄弟叔侄，世世相承"

的约定,进行反驳。三宝奴说,今日将皇位传给皇弟爱育黎拔力八达,他日爱育黎拔力八达能确保将皇位再传给武宗之子吗?三宝奴的一席话道出了此次改皇储事件的真正原因,这也是武宗最担心的事情。而康里脱脱则反驳道:"在我不可渝,彼失其信,天实鉴之。"这次改皇储事件最终还是不了了之,武宗与皇太子爱育黎拔力八达在此问题上有无直接的冲突,由于没有史料记载,便不得而知了。(《元史》卷一百三十八《康里脱脱传》;《元史》卷二百四《宦者传》;赵文坦《元武宗改皇储事件发微》)

第五章　元仁宗时期的蒙古宫廷

　　元仁宗爱育黎拔力八达(1285—1320)，在位十年，享年三十六岁。仁宗雅重儒术，崇信佛教，受此影响，孜孜治国，生活简朴，不喜游猎征伐，淡然无欲，不崇尚货利，侍奉皇太后至孝至谨，礼遇宗戚勋旧。仁宗即位后，在汉族大臣的辅佐下，吸收儒学汉法，着力纠正武宗朝的各种弊政。但他却不愿彻底改变蒙古旧制，不愿激化与皇太后的矛盾，结果仁宗朝的所谓新政仍难以跳出内蒙外汉政治体制的桎梏，改革的成效也不显著。仁宗一心考虑改变与武宗兄弟叔侄相承的约定，改立己子硕德八剌为皇太子。为达到这一目的，必然要争取宗亲权臣的支持，这也使得仁宗进行的各项变革缩手缩脚，没有勇往直前的魄力，故改革实缺乏深度。

第一节　仁宗纠正武宗朝弊政的努力

　　至大四年正月，武宗崩于大都玉德殿，爱育黎拔力八达随即以皇太子的身份代理国政。三月十八日，爱育黎拔力八达在大都大明殿即皇帝位,是为仁宗。爱育黎拔力八达代理国政后,一改武宗朝时行事一向小心谨慎的作风,迅速改弦易辙,纠正武宗朝的各项弊政, 铲除武宗任命的理财大臣。仁宗内心长期压抑的对武宗的不满,在其代理国政后不久就都发泄出来,而这种发泄采取的方式是雷厉风行的杀戮。或许是亲身经历过血淋淋的宫廷斗争, 或许是内心积聚了太多的恐惧和不满, 以雅重儒术、温文尔雅著称的仁宗,对待政敌远比武宗果断、残忍。

至大四年正月,武宗死后数日,仁宗就废罢尚书省,拘押尚书省丞相脱虎脱、三宝奴、平章政事乐实,右丞保八,左丞忙哥帖木儿,参政王罴,随即以"变乱旧章,流毒百姓"的罪名诛杀了脱虎脱、三宝奴、乐实、保八、王罴,忙哥帖木儿则被施以杖刑并流放到海南。仁宗诛杀尚书省理财大臣, 不少汉族儒士都感到大快人心。在严惩尚书省主要官员时,仁宗赦免了尚书省左、右司和六部的官员, 同时改各处行尚书省为行中书省。但仁宗对尚书省理财大臣的打击并没有到此为止,同年二月,在御史台官员的建言下, 仁宗又下令对散布在朝廷各个机构中的前朝尚书省主要官员的党羽进行清洗。

武宗当政时期致力于修建中都城,而仁宗执政后马上就停止了中都城的修建,并罢免、囚禁了在修建中都城过程中徼功毒民的官员司徒萧珍,归还了修建中都城所占用的民田。此外,仁宗下令禁止官员私自役使军人营造及守护私邸, 停止各处的营造工程。至大四年四月,仁宗又下令废止至大钞和铜钱,恢复使用中统钞和至元钞,允许民间买卖铜器。"尚书省已发各处至大钞本及至大铜钱,截日封贮,民间行使者,赴行用库倒换"。(《元史》卷二十四《仁宗本纪一》)

　　仁宗之所以迅速改弦易辙，主要是在他看来，武宗之施政已完全背离了世祖朝旧制。仁宗在执政后马上召见世祖朝熟悉政务且有声望的老臣同议国政，其中包括平章程鹏飞、董士选，太子少傅李谦，少保张驴，右丞陈天祥、尚文、刘正，左丞郝天挺，中丞董士珍，太子宾客萧𣀃，参政刘敏中、王思廉、韩从益，侍御赵君信，廉访使程钜夫，杭州路达鲁花赤阿合马等。这些老臣多是精通儒术的汉地士人官僚，对仁宗朝政提出了不少有益的建议。如汉人刘正就提出了八点改革建议："一曰守成宪，二曰重省台，三曰辨邪正，四曰贵名爵，五曰正官符，六曰开言路，七曰慎赏罚，八曰节财用。"刘正的这些建议得到了仁宗的认可。"仁宗初政，风动天下，（刘）正与诸老臣陈赞之力居多。"与武宗朝大为不同的是，仁宗重用儒臣，儒臣地位大为提高，对仁宗朝施政产生了较大影响。（《元史》卷二十四《仁宗本纪一》；《元史》卷一百七十六《刘正传》）

　　为纠正武宗朝弊政，仁宗致力于改变近侍干政、官员冗滥等现象。至大四年正月，尚未正式即位的仁宗敕命中书省，凡不是中书省亲自领有的圣旨皆不得执行。在即位诏书中，仁宗又明令诸衙门及近侍人等，不得隔越中书省上奏言事。同年七月，仁宗再次诏谕中书省臣：已经明令禁止近侍随便到中书省传旨，今后再有触犯者，不需要上奏，直接送至刑部治罪。可见仁宗已经下决心纠正近侍干政的现象。为改变官员冗滥，尤其是高官充斥朝堂，至大四年二月，元廷规定和林、江浙两个行省根据以往的先例允许设置一名左丞相，其他各行省不设丞相，只置两名平章政事，且不再赐予遥授之虚职。三月，仁宗敕令凡改升品级的衙门，均恢复到世祖朝旧制。五月，又敕中书省裁省冗司。到了八月，中书省依照世祖至元三十年的旧制，裁定京城诸衙门的官员数。

仁宗纠正近侍干政、官员冗滥弊政的努力虽见成效，但却不可能根除。究其原因，蒙古怯薛近侍干政是长期以来形成的蒙古旧制，而蒙元皇室也需要怯薛近侍来控制外臣。至大四年十二月乙未，中书省臣奏言：世祖朝定立选官之法，用来奖惩官员，如今官员的选授十分混乱，有的任期未满，无故更换，有的越等授予官阶，僭越授国公、丞相等职，有些已被裁减的衙门重新设置。今年以来，皇室内私自降旨除授官员千余人，其中有无欺伪，又岂能洞悉？选法之乱，目前已十分严重。仁宗在接到中书省的上奏后下旨："凡内降旨，一切勿行。"但情况似乎并没有彻底改变。皇庆二年（1313）四月乙酉，御史台臣上奏：富豪之人私自领有特旨，滥受官爵，徽政院、宣徽院用人，多是"罪废之流"，近侍借口贫乏，纷纷上奏请赏，以上种种弊政，请悉革罢之。延祐元年（1314）六月戊子，仁宗敕令朝廷内侍人员今后只授内廷官员，不再授予文职官阶。同年十月，朝廷申饬禁止内侍及诸司隔越中书奏请。延祐五年（1318）三月，御史台臣再次奏言，各衙门的近侍如有隔越中书省擅自上奏请旨的，请按照旧制治罪，仁宗表示同意。

延祐五年，礼部奉旨铸造象征朝中最高官位的三公等印竟达二十六颗，可以说仁宗即位之初大刀阔斧的改革声势虽大，实效甚微。延祐六年（1319）九月，御史台大臣不得不再次上奏，近来因受宠幸而得官，因行贿而免罪的现象突出，恳请下令：朝廷内外官员，除勋旧有声望者外，不许擅自越级升迁；逍遥法外的贪赃官吏，重新审理，严惩不贷；一些因贪污受刑被罢职的官员结交近侍,出入皇宫内廷,"觊幸名爵",这些人均应斥逐之。仁宗最终还是采纳了御史台官员的意见。

通过上文我们不难看出, 仁宗虽有意改变近侍干政等弊政,但他不愿从根本上对此问题进行彻底的改革,改革的决心和力度都远远不够,所以成效不明显也在情理之中。(《元史》卷二十六《仁宗本纪三》)

在纠正滥赐方面,仁宗取得的成效可以说也十分有限。至大四年三月, 仁宗诏谕太府监大臣:只有财用充足才可以养万民,供给军旅,自今一定要加强对支出的监管,所有开支都要经过他的同意。仁宗虽要求太府监大臣加强对财用的管理,但他本人并没有能够废弃长期沿袭下来的大肆赏赐的旧制。至大四年春正月,在诸王朝会之时,仁宗赐给诸王金三万九千六百五十两、银一百八十四万九千五十两、钞二十二万三千二百七十九锭、币帛四十七万二千四百八十八匹。同年六月戊辰,仁宗又敕命对那些参加诸王朝会的迟到者, 也要依例赏赐。之后虽不断有大臣建言停止大规模的赏赐,但仁宗对诸王、勋臣的赏赐仍然不断,只是赏赐的数量较武宗有所缩减。至大四年十一月,中书省平章政事李孟奏言:钱粮是国家的根本,世祖朝量入为出,崇尚节俭,所以府库充实。如今每年开支六百余万锭,另外工程建造有一百多处,共用钞数百万锭,皇宫内降旨私自赏赐三百余万锭,北边军需又费六七百万锭,这样国库所储仅有十一万余锭,怎么能应对国家庞大的开支呢? 自今凡不是急用的开支, 请求全部停止。仁宗同意李孟的奏请,下令停罢诸处工程建设以节省开支,但一直到仁宗执政末年,这种情况仍没有得到根本的改变。延祐七年(1320)正月壬午,御史台臣奏言,最近赐给不儿罕

丁山场、完者不花海舶税收,都是数十万锭,对那些贫乏诸王的
赐予也是如此,若不加以节制,必然会造成国库空虚,老百姓更
加贫困。在场的中书省大臣更上奏道,御史台大臣的上奏十分
得当,假如不整治朝纲,则国家的法度会越来越坏,恳请皇帝将
他们罢黜,另选高明。而仁宗面对御史台、中书省大臣的不满,
十分不悦地表示,你们不必多说,好好尽职即可。

　　仁宗在位期间,还颁布了一些禁止诸王扰民、限制诸王特
权的法令。至大四年二月辛亥,他下令禁止诸王、驸马、权豪擅
自占据山场,听任百姓打柴、开采。三月,朝廷有令,诸王、驸马
经过州郡,不得无故索要财物,雇用或购买百姓的物品,要随即
给价。十月,朝廷罢诸王所设断事官,凡是蒙古人犯盗窃、欺诈
等罪者,由所隶千户审问。皇庆元年(1312)三月,朝廷罢诸王、大
臣私第营缮。五月,诸王脱忽思海迷失在农时出猎扰民,仁宗敕
令禁止之,并规定今后到十月才可以外出打猎。七月,朝廷禁止
诸王私自到各地宣旨。延祐元年五月,元廷禁止诸王自己派人
去收取封地的租赋,以免扰民。十二月辛卯,禁止诸王、驸马、权
势之人加价卖盐。延祐二年(1315)四月,朝廷为加强对诸王的控
制,规定诸王封地的最高官员达鲁花赤由朝廷指派流官充任,诸
王只能指派副达鲁花赤。不过仁宗限制诸王特权的政策在执政
后期也有所松动。延祐四年(1317)六月丙辰,仁宗敕命,诸王、驸
马、功臣仍旧可以自己委任封地的达鲁花赤。延祐五年四月,敕
云:"安远王丑汉分地隶建宁者七县、汀州者三县,达鲁花赤听其
自辟。"(《元史》卷二十四、二十五、二十六《仁宗本纪》)

　　蒙元的法令、规章、制度大都是各位大汗就某件事发出的
号令或条格,十分混乱,各级政府中均有格例簿,"遇事有难决,

则搜寻旧例；或中无所载，则比拟施行"。随着朝廷就具体问题颁发的格例越来越多，于是就出现了新旧相悖、冗杂重出的现象，致使行政紊乱，极大地增加了官吏任情玩法的便利。仁宗于是命中书平章政事李孟等，对现行格例加以类集折衷、整理增删，以期统一法制。延祐三年（1316）夏书成，分"制诏"、"条格"、"断例"、"别类"四部分。是书编成后，又命朝臣审定，虽然终仁宗之世未及颁行，但它却为英宗朝颁布天下的《大元通制》奠定了充分的基础。（陈得芝主编《中国通史》第八卷）

第二节　皇太后答己与右丞相铁木迭儿

皇太后答己，蒙古弘吉剌氏，是武宗海山和仁宗爱育黎拔力八达的生母。因答己居住在大都兴圣宫，故又被称为兴圣皇太后。皇太后答己在武宗朝受到了较高的优待，得到了大量的赏赐，还时常传懿旨干预朝政。一个突出的例子是至大三年十月，云南行省丞相铁木迭儿（或译迭木帖儿、铁木迭而）擅自离职前往大都，武宗下旨追查此事，由于皇太后答己积极斡旋，铁木迭儿得以戴罪还职。皇太后答己之所以这样袒护铁木迭儿还另有背景。武宗即位后，铁木迭儿曾在大都担任宣徽使一职，彼时铁木迭儿与答己的关系就非同一般，至大三年铁木迭儿离职前往大都，想必是为偷偷朝见答己。但由于答己与武宗的关系比较疏远以及武宗强势、慓悍的性格等原因，答己在武宗朝政中发挥的作用有限，对武宗来讲，弟弟爱育黎拔力八达、母亲答己毕竟曾经在皇位继承的问题上站在自己的对立面。（《元史》卷二十三《武宗本纪二》；《元史》卷二百五《铁木迭儿传》）

元仁宗皇帝

諱阿裕爾巴里巴特喇成宗次子在位九年起至

大五年壬子終延祐七年庚申即至治元年

到仁宗即位后，答己开始肆无忌惮地干预朝政，私自降旨赏赐财物、除授官员。仁宗整顿武宗朝弊政的努力未见明显成效，一个重要原因就是以皇太后答己为代表的一批蒙古守旧势力的干扰。答己干政的主要手段就是提拔、任命以铁木迭儿为首的亲信。至大四年正月，武宗刚刚去世，铁木迭儿就从云南行省左丞相升为中书省右丞相，成为朝堂之上的秉政大臣。延祐元年四月，中书右丞相铁木迭儿录军国重事，兼修国史。铁木迭儿的迅速升迁无疑是答己干预的结果。此时武宗已去世，皇太子尚未即位，根据蒙古皇后干政的传统，答己太后在这一特殊政治形势下有着极高的地位和权力。史载，武宗死后，仁宗提拔亲信完泽及李孟为中书平章政事，力图革除弊政，"而皇太后在兴圣宫，已有旨，召铁木迭儿为中书右丞相。逾月，仁宗即位，因遂相之"。

不过铁木迭儿主持中书省后，很快与完泽、李孟等产生了矛盾，这种矛盾的实质则是仁宗与皇太后在权力分配上的矛盾。当时皇太后答己打算用扶植铁木迭儿为中书右丞相的办法来控制朝政。中书左丞相回回人合散可以说也是属于答己、铁木迭儿的势力集团，这样在中书省内，皇太后答己的势力就占有绝对优势。虽然仁宗与答己相处一直比较融洽，仁宗对答己也常常是言听计从，但是答己势力的扩张必然会引起仁宗的猜忌与不满。皇庆二年初，铁木迭儿被迫以生病为由，辞去中书省右丞相一职。铁木迭儿去职不久，在中书左丞相合散建言下，仁宗重新起用铁木迭儿。延祐元年初，中书左丞相合散上奏："臣非世勋族姓，幸逢陛下为宰相，如丞相铁木迭儿，练达政体，且尝监修国史，乞授其印，俾领翰林、国史院，军国重务，悉令议之。"合散的奏请得到了仁宗的认可，其实仁宗也想借此讨好皇太后。仁宗先命合散将此事禀明皇太后，随即任命铁木迭儿为开府仪同三司、监修国史、录军国重事。同年八月，铁木迭儿复拜中书右丞相。正如一些学者指出的那样，铁木迭儿重新被任命，是仁宗对皇太后一党的妥协，而妥协的真正原因是仁宗想改变与武宗"兄弟叔侄，世世相承"的约定，改立己子硕德八剌为太子。

铁木迭儿重新执掌中书省，在皇太后答己的支持下，权势不断扩大，且"怙势贪虐，凶秽滋甚"。延祐二年七月，仁宗诏谕中外，命右丞相铁木迭儿总宣政院事。十月，铁木迭儿进位太师。十一月，在大宗正府的建言下，铁木迭儿又被赋予了裁决重刑的特权。铁木迭儿飞扬跋扈、专横朝堂，就连曾经举荐重用铁木迭儿的中书左丞相合散也颇感自危，上书请求辞去相位，在仁宗的一再挽留下才勉强留任。皇太后及铁木迭儿势力的扩张逐渐使得仁宗无法忍受，于是重用中书省平章政事萧拜住来牵制铁木迭儿。

萧拜住，契丹人，武宗朝曾任右卫率使、户部尚书、御史中丞等职。仁宗皇庆元年，迁陕西行中书省右丞。延祐三年，进中书平章政事，除典瑞院使，超授银青荣禄大夫、崇祥院使。仁宗以萧拜住来牵制铁木迭儿，又激起了铁木迭儿对萧拜住的仇恨。（《元史》卷二百五《铁木迭儿传》；《元史》卷一百七十九《萧拜住传》）

权臣铁木迭儿贪赃枉法，打击、陷害异己，可谓劣迹斑斑，乃至"每一政之缪，人必以为铁木迭儿所为"。这种看法有些偏颇，其实铁木迭儿执政也有值得肯定的一面，他积极协助仁宗整顿弊政，是仁宗一些施政策略的发动和积极支持者。他积极推进整顿吏治。皇庆元年三月戊戌，右丞相铁木迭儿言，自今中书省左、右司及六部官员，有不尽心者，"初则论决，不悛，则黜而不叙"。延祐元年，铁木迭儿重新担任中书右丞相后，上书进言禁止近侍干政。他说："蒙陛下怜臣，复擢为首相，依阿不言，诚负圣眷。比闻内侍隔越奏旨者众，倘非禁止，致治实难。请敕诸司，自今中书政务，毋辄干预。"同年十一月戊寅，铁木迭儿言，近来中书省僚属及六部诸臣，皆晚至而早退，政务废弛，今后再有如此行事者，要根据轻重施以杖刑，而"臣或自惰，亦令诸人陈奏"。仁宗则说，对于那些屡犯不改的官员，应该罢免，不再任用。在铁木迭儿的积极推动下，延祐二年三月，仁宗"诏遣宣抚使分十二道问民疾苦，黜陟官吏，并给银印"。另外，铁木迭儿主持中书省期间，在均平赋役，限制诸王特权等方面都有政绩。

为了增加国用，解决财政入不敷出的困境，在铁木迭儿倡导和支持下，元廷推出了一系列的措施。其中重要的一条就是对土地的重新核查与登记，其范围包括江浙、江西、河南三省，史称"延祐经理"。这一措施是由中书平章政事张驴首先在中书省提出的，并得到了铁木迭儿的大力支持。铁木迭儿向仁宗奏报并获批准。延祐元年冬，元廷遣张驴等人分道经理江浙、江西、河南三省田粮。其实这次经理的初衷并无大错，尤其强调"诸王、驸马、学校、寺观亦令如之，仍禁私匿民田，贵戚势家，毋得沮挠"，更是颇具针对性，但由于各地吏治腐败，很多郡县借机搜刮，"经理考核多失其实"。有些地方还演变成括田的暴政，甚至撤毁民庐、"夷墓扬骨"以虚张顷亩。延祐经理最终导致了赣州蔡五九领导的农民起义。这种情况下，仁宗被迫下诏暂停经理，并采取了一些补救措施。其实，对延祐经理不能全盘否定，在个别地方，由于执行者清正廉明、秉公执法，还是取得了较好的效果。（孟繁清《关于铁木迭儿的几个问题》，《中国史研究》2006年第4期；陈得芝主编《中国通史》第八卷；《元史》卷二十四、二十五《仁宗本纪》；《元史》卷二百五《铁木迭儿传》；《元史》卷一百七十五《李孟传》；《侯庵集》卷十六《送宁国李总管序》；《危太朴续集》卷一《余姚州经界图记》；《申斋集》卷九《孙正臣墓志铭》）

对于铁木迭儿专权营私等行为，御史台官员不断弹劾。由于皇太后的大力扶植以及铁木迭儿本人善于讨好仁宗等原因，仁宗十分重用铁木迭儿，不过深受儒家文化影响的仁宗同样特别注重御史台的作用。由于铁木迭儿的所作所为已经激起了众多官员的反对，延祐四年六月，内外监察御史四十余人，以御史中丞杨朵儿只为首，参劾铁木迭儿奸贪不法，受上都民张弼贿赂六万贯，强迫上都留守贺胜不要追究张弼打死人的罪行，并偷看国史，占夺晋王田产，接受伊利汗合儿班答使者贿赂钞十四万贯等事。仁宗闻奏，大为震怒，"击碎太师印，散诸左右"。铁木迭儿十分惊恐，逃入太后近侍家中，有司无法捉拿，仁宗为此数日闷闷不乐。不得已，仁宗罢铁木迭儿，以左丞相合散为中书右丞相。但仁宗只是将铁木迭儿罢官，并没有将其治罪。到延祐六年四月，仁宗又以铁木迭儿为太子太师。当时内外监察御史四十余人，劾其逞私蠹政，难居师保之任，不过这一次仁宗并没有听取监察御史的奏言，执意要起用铁木迭儿。

仁宗之所以不顾群臣的反对，重用奸贪不法的铁木迭儿，一方面是他需要顾及皇太后的态度，另一方面是仁宗在立太子的问题上需要得到皇太后与铁木迭儿势力集团的支持。亲身经历过残酷宫廷斗争的仁宗，一直盘算着要改变与武宗"兄弟叔侄，世世相承"的约定，立己子硕德八剌为太子，这一明显违背约定的做法实施起来想必会遇到较大的阻力。于是，铁木迭儿就充当了仁宗改立太子以及打击武宗旧臣的积极推动者。"是时，铁木迭儿为丞相，欲固位取宠，乃议立仁宗子英宗为皇太子。"

　　武宗朝就担任中书左丞相的康里脱脱是"兄弟叔侄，世世相承"约定的见证者，他为促成武宗与仁宗和睦相处以及仁宗顺利即位都立下了汗马功劳，在某种程度上说，没有康里脱脱的努力，仁宗不可能顺利登上皇帝的宝座。仁宗即位后，虽仍非常礼遇康里脱脱，但并没有十分重用这名大臣，理由很简单，康里脱脱虽然功勋卓著且有恩于仁宗，但他毕竟是武宗的亲信大臣。于是仁宗以"欲使均逸于外"为借口，在掌权伊始，即至大四年二月，改拜原中书左丞相康里脱脱为江浙行省左丞相，让其远离国家权力的中心。仁宗在皇太后、铁木迭儿势力集团的支持下，积极推进改立己子为太子的计划，这种情况下，康里脱脱无疑会列入仁宗打击的对象。在铁木迭儿的建言下，仁宗下诏将康里脱脱逮至京师，以考察其在改立太子问题上的态度。政治眼光敏锐的康里脱脱立即表明了支持仁宗的态度，而这一表态也确使他幸免于难。康里脱脱在大都居数日，侍臣床兀儿、失列门传仁宗及皇太后旨谕，曰："初疑汝亲于所事（即武宗），故召汝。今察汝无他，其复还镇。"于是脱脱入谢太后："臣虽被先帝知遇，而受太后及今上恩不为不深，岂敢昧所自乎！"康里脱脱随即得以归还浙江，不久改任江西行省左丞相。(《元史》卷二十六《仁宗本纪三》;《元史》卷一百三十八《康里脱脱传》;《危太朴续集》卷七《月鲁帖木儿行状》;《元史》卷一百七十九《杨朵儿只传》、《贺胜传》)

第三节　皇太子硕德八剌

经历过多次宫廷斗争的仁宗深知皇位来之不易。他已不想按照与武宗的约定,传位于武宗长子和世㻋。仁宗要想达到传位己子的目的,就要争取更多宗室、权臣的支持。为此,主张改革的仁宗不得不在一些问题上与传统势力妥协。仁宗首先争取到了皇太后答己与中书右丞相铁木迭儿势力集团的支持,至于皇太后答己支持立硕德八剌为太子的原因,史料记载,"太后见明宗少时有英气,而英宗稍柔懦,诸群小以立明宗必不利于己,遂拥立英宗"。这里的英宗即硕德八剌,明宗即武宗长子和世㻋。史料多把仁宗违反约定的责任推给皇太后答己及中书右丞相铁木迭儿,"武宗崩,仁宗立,延祐三年春,议建东宫,时丞相铁木迭而欲固位取宠,乃议立英宗为皇太子,又与太后幸臣识烈门(失列门)潜帝(即明宗)于两宫,浸润久之,其计遂行"。其实,在改立太子问题上,仁宗的态度才是决定性的,而仁宗为达这一目的也费尽了心机。

延祐二年十一月,仁宗封武宗长子和世㻋为周王,赐金印。延祐三年三月,仁宗又命中书平章政事萧拜住及陕西、四川省臣各一员护送周王出镇云南,置周王常侍府,秩正二品,设常侍七员,中尉四员,谘议、记室各二员;遥授中书左丞相秃忽鲁、大司徒斡耳朵、中政使尚家奴、山北辽阳等路蒙古军万户孛罗、翰林侍讲学士教化等并为常侍,中卫亲军都指挥使唐兀、兵部尚书赛罕八都鲁等为中尉。这些周王常侍府官员应以武宗朝的旧臣或亲信为主,仁宗已把他们看成不稳定的因素。为了安抚周王,仁宗下令设置打捕鹰坊民匠总管府,设官六员,断事官八员,延福司、饮膳署官各六员,并隶周王常侍府。延祐三年四月己亥,增置周王断事官二员。同年六月丁酉,赐周王从卫钞四十万锭。仁宗派人监督护送周王出镇云南,无疑是为剥夺其皇位继承权铺平道路。据说,周王和世㻋向仁宗辞行,而仁宗本来并不打算见他,幸亏大臣伯铁木儿向仁宗力谏,周王才得觐见,"道途委积,百尔所须为之预备"。仁宗令武宗长子出戍云南,意图颇为明显。此一时期,武宗亲信旧臣为了自保多不敢提出异议,而专横朝堂的中书右丞相铁木迭儿,实际上充当了仁宗打击异己的有力工具,这也是仁宗能够容忍铁木迭儿专权的重要原因。

　　周王和世㻋在朝臣及教化等周王府官的陪同下,行至陕西延安,周王府常侍秃忽鲁、尚家奴、孛罗及武宗旧臣厘日、沙不丁、哈八儿秃等皆来朝见。周王府常侍教化忿忿不平地说道:"天下者,我武皇之天下也。"又说,周王出镇云南之事,本来并非仁宗的意思,皆由皇帝左右佞臣进谗言所致,请将此事告知陕西行省,然后转呈朝廷,也许可以促使仁宗改变决定,不然的话,后果不堪设想。教化讲罢,带领数人疾驰赶往陕西行省治所。此时的陕西行省丞相是阿思罕。阿思罕原为太师,铁木迭儿夺其位,贬为陕西行省丞相,可以说阿思罕早已对仁宗朝政极为不满。等到教化等人来到陕西行省,阿思罕便与陕西行省平章政事塔察儿、陕西行台御史大夫脱里伯、中丞脱欢等拥立明宗反叛,"悉发关中兵,分道自潼关、河中府(治今山西永济)入"。可是不久,塔察儿、脱欢袭杀阿思罕、教化于河中府,陕西行省起兵反叛失败。而周王"盘桓屯难,草行露宿",西行至阿尔泰山。不满现政权的西北蒙古诸王察阿台等听到周王到来的消息,纷纷率领部众归附。周王在该地区建立了自己的牧地,并不断发展自己的势力。

周王与西北诸王约定，"每岁冬居紊颜，夏居斡罗斡察山，春则命从者耕于野泥（均在今新疆北部）"。对已经远徙西北诸王领地的周王元廷实鞭长莫及。(《元史》卷三十一《明宗本纪》)

周王反叛对仁宗来说无疑是个好消息，这次仁宗终于有借口剥夺其皇位的继承权。在仁宗的积极筹划下，延祐三年十二月，立皇子硕德八剌为皇太子，兼中书令、枢密使，授以金宝，派人告天地、宗庙。硕德八剌大德七年二月甲子生，被立为太子时不满十三岁。为了争取各方面对立硕德八剌为太子的支持，仁宗开始大规模赏赐，他对诸王的很多限制政策也有所松动。延祐四年闰正月丙戌，仁宗以立皇太子诏天下，给赐鳏寡孤独者钞，减免各路租税有差，并赐诸王、宗戚朝会者，金三百两、银二千五百两、钞四万三千九百锭。随后，仁宗为了能使硕德八剌顺利即位，做了大量工作。延祐四年十二月乙巳，为太子置詹事院，从一品，太子詹事四员，副詹事、詹事丞并二员，家令府、延庆司设官并四员，典宝监八员。

仁宗立硕德八剌为太子后，有关皇太子的教育问题又提上日程。延祐五年七月壬申，御史中丞赵简上奏，认为应该选硕儒为太子"敷陈道义"，"今李铨侍东宫说书，未谙经史，请别求硕学，分进讲读，实宗社无疆之福"。赵简的建议得到了仁宗的认可。

在有关太子太师的任命问题上，朝廷内御史台官员与铁木迭儿势力展开了斗争。不过仁宗明显偏袒和重用铁木迭儿，因为铁木迭儿是仁宗立硕德八剌为太子的积极支持者和推动者，在仁宗看来，没有比让太子顺利继承皇位更重要的事情了。延祐六年正月甲戌，监察御史孛术鲁翀等言："皇太子位正东宫，既立詹事院以总家政，宜择年德老成、道义崇重者为师保宾赞，俾尽心辅导，以广缉熙之学。"同年四月，仁宗以铁木迭儿为太子太师。仁宗的这一任命遭到了御史台官员的强烈反对，内外监察御史四十余人，参劾铁木迭儿逞私蠹政，难居师保之任。但仁宗仍然坚持己见，执意要任命铁木迭儿为太子太师。

延祐六年八月，元廷以授皇太子玉册，告祭于南郊。十月戊午，又遣中书右丞相伯答沙持节授皇太子玉册。十月丙子，仁宗以皇太子受玉册，诏告天下。

为了将来能让皇太子硕德八剌顺利即位，仁宗逐渐赋予硕德八剌各种权力，甚至准备提前退位。仁宗对近臣说："朕闻前代皆有太上皇之号。今皇太子且长，可居大位。朕欲为太上皇，与若等游观西山，以终天年，不亦善乎！"

皇庆元年四月，敕皇太子硕德八剌置四宿卫。延祐六年六月癸丑，以羽林亲军万人隶皇太子。七月，以者连怯耶儿万户府军万人隶皇太子，置右卫率府，秩正三品。这样硕德八剌就不仅仅有皇太子的头衔，而且手握重兵。同年十二月壬戌，仁宗又命皇太子参决国政。(《元史》卷二十四、二十五、二十六《仁宗本纪》;《元史》卷一百一十六《后妃传二》;《金华黄先生文集》卷四十三《伯帖木儿家传》;《至正集》卷三十四《晋宁忠襄王碑序》;《危太朴续集》卷七《月鲁帖木儿行状》;陈得芝主编《中国通史》第八卷)

第四节　仁宗吸收儒学汉法

在元代诸皇帝中，仁宗是一位受汉文化影响颇深的皇帝，他的汉学素养明显高于他之前的元代诸帝。书法至少从两宋以来就被视为中原皇帝最重要的修养之一，仁宗有《御书除官制》

传世，似乎是最早掌握了书法技艺的元朝皇帝。仁宗喜欢结交和重用儒士，元人称仁宗"初未出阁，已喜接纳儒士"。即位后，仁宗"述世祖之事，弘列圣之规，尊五经，黜百家，以造天下士，我朝用儒于斯为圣"。正是有了这种汉文化背景，使得仁宗施政大不同于武宗，前已述及，仁宗即位后转变施政方针，纠正武宗朝遗留的各种弊政。但仁宗本人却无法改变元朝政治体制以蒙古法为内核的现状。他即位伊始便进行的改革，效果并不显著，在执政后期，他甚至还有所倒退。(陈得芝主编《中国通史》第八卷)

即位前，仁宗身边已聚集大批的儒士和受汉文化影响颇深的色目人。即位后，仁宗重用儒士，这些潜邸旧臣纷纷得到重用，这与武宗朝儒士基本上被排挤在国家统治中枢之外形成了鲜明的对比。仁宗曾对群臣讲："所重乎儒者，为其握持纲常，如此其固也。"仁宗掌权伊始，至大四年正月，首先任命自己的老师，汉族儒士李孟为中书平章政事，同时诏谕中书省大臣说，翰林院、国史院的儒臣由他本人亲自选用，中书省不要介入。人们都言御史台责任重大，而他却认为国史院更为重要，因为御史台"是一时公论，国史院实万世公论"。至大四年闰七月丁卯，中书省平章政事完泽、李孟等奏言，今天任用的儒士年老日衰，望征集天下有才能的儒士擢任国子学、翰林、秘书、太常或儒学提举等职，这样可以激励儒士为国家效力。对此仁宗十分赞同，下令自今不受朝廷选官资历、品级的限制，对那些贤能的儒士，即便是普通百姓，也要加以重用。(《元史》卷一百七十五《李孟传》)

不仅如此，仁宗还特别注重儒学的传播。元代国子学主要是培养蒙古贵族子弟的学校，国子生的教育实际上关系到将来蒙元帝国的整个政治文化倾向。至大四年夏四月辛酉，仁宗敕命,国子监儒学老师的选用,只要是贤能之人,不受品级的限制,"虽布衣亦选用"。二月又曾命中书平章李孟领国子监学,谕之曰:"学校人材所自出,卿等宜数诣国学课试诸生,勉其德业。"七月,仁宗又诏谕中书省臣说,当年世祖皇帝就十分重视国子学,如平章政事不忽木等皆是蒙古人,均在国子学中受教成才,"朕今亲定国子生额为三百人,仍增陪堂生二十人,通一经者,以次补伴读,著为定式"。至大四年十二月乙未,仁宗又命李孟整饬国子监学。延祐二年八月,元廷增国子生百员,岁贡伴读四员。除李孟外,仁宗朝中书省平章政事张珪、参知政事许思敬、参知政事赵世延均统领过国子学,他们都是具有较深儒学素养的汉族人。延祐四年,仁宗还在国子监学的北面兴建崇文阁,作为国子学的藏书之所。吴澄《吴文正集·崇文阁碑》:"仁宗皇帝文治日隆,佥谓监学栖藏经书,宜得重屋以庋,有旨复令台臣办集其事,乃于监学之北构架书阁。延祐四年夏经始,六年冬绩成。"(《元史》卷二十四、二十五、二十六《仁宗本纪》;《滋溪文稿》卷二十三《元故资政大夫中书左丞知经筵事王公行状》;《圭斋文集》卷九《曲阜重修宣圣庙碑》;《清容居士集》卷十七《仁庙御书除官赞》;陈得芝主编《中国通史》第八卷;李瑞杰《元朝国子学的设置与沿革》,《张家口师专学报》2002年第8期)

受儒家文化的影响,仁宗积极倡导以民为本,而对于一些能够辅助治国理政的汉文典籍,他也是积极学习和传播。至大四年四月丁未,仁宗以太子少保张驴为江浙平章,并告诫他说:"以汝先朝旧人,故命汝往。民为邦本,无民何以为国?汝其上体朕心,下爱斯民。"至大四年六月,仁宗览汉文典籍《贞观政要》一书,诏谕翰林侍讲阿怜铁木儿说,此书有益于国家,应该译成蒙古语刊行,让蒙古人、色目人研习。延祐元年四月,仁宗以《资治通鉴》载前代兴亡治乱之事,命集贤学士忽都鲁都儿迷失及李孟挑选重要篇章译写,供仁宗御览。延祐二年八月,仁宗又降诏江浙行省印行农书《农桑辑要》万部,颁降给相关机构,供其遵守劝课。延祐四年四月,翰林学士承旨忽都鲁都儿迷失、刘赓等译写《大学衍义》上呈仁宗,仁宗看后,对群臣说,《大学衍义》议论甚嘉。令翰林学士阿怜铁木儿译成蒙古语。延祐六年十一月,仁宗又谕御史台大臣曰:"有国家者,以民为本。比闻百姓疾苦衔冤者众,其令监察御史、廉访司审察以闻。"(《元史》卷二十四、二十五、二十六《仁宗本纪》)

延祐二年十一月,左丞相合散等奏言,彗星出现异常,这一天象的出现皆因他们无能,请求辞官让贤。仁宗的回答是,这是他本身的过错使然,与诸大臣无关,并激励大臣们尽心尽职,即使是施政出现了问题,也必须马上改正,今后只要有可以安抚百姓的言论,均可直言不讳,这样经过上下齐心协力,一定可以消除天变。延祐四年春正月庚子,仁宗对身旁的人说,中书省近奏百姓贫苦乏食,应该加以赈恤,这是不是因为他的施政出现了过错,"向诏百司务遵世祖成宪,宜勉力奉行,辅朕不逮,然尝思之,唯省刑薄赋,庶使百姓各遂其生也"。延祐四年四月,仁宗常常夜里坐起,对身边的侍臣说:"雨旸不时,奈何?"正在身旁的中书省平章政事萧拜住回答,这是因为宰相犯有过错。仁宗反问道,你不也是中书省的宰相之臣吗?萧拜住惶恐惭愧,无以应对。(《元史》卷二十四、二十五、二十六《仁宗本纪》)

仁宗十分注意人才的选拔以及听取各方面的意见。至大四年四月,仁宗诏谕集贤学士忽都鲁都儿迷失说,不久前召老臣十人询问政事,你将老臣们的言论整理译写进呈。仁宗还诏命中书省认真听取老臣们的意见。同年六月乙巳,仁宗又命近侍之臣咨访内外，"才堪佐国者，悉以名闻"。皇庆二年六月己卯，河东廉访使赵简言："请选方正博洽之士，任翰林侍读、侍讲学士，讲明治道，以广圣听。"仁宗认真听取了赵简的建议。延祐元年春正月庚子，仁宗"敕各省平章为首者及汉人省臣一员，专意访求遗逸，苟得其人，先以名闻，而后致之"。

　　仁宗还特别注重监察机构及监察官员的作用。至大四年七月，敕御史台臣选更事老成者为监察御史，超授中散大夫、典内院使字叔荣禄大夫。皇庆元年春正月庚子，帝谕御史大夫塔思不花："凡大臣不法，卿等劾奏毋避，朕自裁之。"次年三月，御史中丞郝天挺上疏论时政，仁宗欣然采纳，并褒奖了郝天挺直言不讳的行为。延祐二年正月乙亥，仁宗下诏遣宣抚使分十二道问民疾苦，黜陟官吏，并给银印。同月，御史台臣奏言，近来地震、洪水、干旱等自然灾害频繁发生，民间出现不少流民盗贼，皆是因为监察官员失于纠察，"宰臣燮理有所未至，或近侍蒙蔽，赏罚失当，或狱有冤滥，赋役繁重，以致乖和。宜与老成共议所由"。于是仁宗下诏给御史台，弄清事情的缘由，上奏如何处理。五月，仁宗还拒绝了御史中丞王毅的辞官请求。延祐三年秋七月壬子，命御史大夫伯忽、脱欢答剌罕拯治台纲，仍降诏宣谕中外。延祐六年三月，诏以御史中丞秃秃合为御史大夫，谕之曰："御史大夫职任至重，以卿勋旧之裔，故特授汝。当思乃祖乃父忠勤王室，仍以古名臣为法，否则将坠汝家声，负朕委任之意矣。"又谕御史台臣曰："有国家者，以民为本。比闻百姓疾苦衔冤者众，其令监察御史、廉访司审察以闻。"仁宗虽然重视监察机构和监察官员的作用，但由于以皇太后答己及权臣铁木迭儿为首的势力专权朝堂，仁宗朝御史台监察机构作用的发挥仍受到了很多的

限制。(《元史》卷二十四、二十五、二十六《仁宗本纪》)

开科取士被誉为仁宗文治的主要标志。在对汉文化有着很深隔膜的蒙古族入主中原的特殊政治背景下,政府官员的充足、科举制自身的弊端、统治者重理财、由吏入仕的制度化等原因促成了科举制的长期停废。随着由吏入仕制度弊端日益显现以及部分蒙古统治层的汉化,科举制到仁宗统治时期终于得到恢复。皇庆二年冬十月己卯,在李孟等儒臣的建言下,仁宗敕中书省议行科举。十一月甲辰,仁宗正式下诏行科举。仁宗对侍臣说:"朕所愿者,安百姓以图至治,然匪用儒士,何以致此? 设科取士,庶几得真儒之用,而治道可兴也。"仁宗还规定"举人宜以德行为首,试艺则以经术为先,词章次之。浮华过实,朕所不取"。延祐二年二月己卯朔,会试进士。辛丑,赐会试下第举人七十以上从七品流官致仕,六十以上府、州教授,余并授山长、学正。科举制推行的同时,元廷对吏员入仕做出了限制。延祐元年十月乙未,敕"吏人转官,止从七品,在选者降等注授"。

由于科举久废,元代儒士的境遇颇为凄惨。仁宗朝科举制的推行在文人士大夫中引起了巨大的轰动,"士气复振","天下士君子忻然曰:庶几可以展吾志也"。但在蒙古旧制根据出身、承荫选官以及以吏入仕的影响下,元代科举制推行的效果并不理想,进士出身的官员无论就数量或地位来说,在官僚构成中都居于绝对劣势,以至于有人发出感慨,称科举"殆不过粉饰太平之具"。不过,元代的科举考试最先把程朱理学规定为取士的标准,对理学的发展产生了重要影响。(《元史》卷二十四、二十五、二十六《仁宗本纪》;《桂隐集》卷二《彭琦初墓志铭》、《高师周墓志铭》);《草木子》卷四下《杂俎篇》;《元文类》卷九《行科举诏》;姚大力《元代科举制度的

行废及其社会背景》,《元史及北方民族史研究集刊》第六辑）

第五节　儒臣李孟

　　李孟,字道复,潞州(治今山西长治)上党人。其曾祖李执为金末进士。祖李昌祚,归附蒙古,蒙廷授金符、潞州宣抚使。父李唐,先后在陕西、四川任官,因此徙居汉中。李孟十分聪慧,七岁能文,博闻强记,通贯经史,善论古今治乱之道。李孟学成后开门授徒,远近争从学之。当时的名士商挺、王博文等,都屈尊与李孟交游。

　　至元十四年,李孟随父亲来到四川,行省、行御史台先后欲任用之,李孟均辞不就。后李孟因事来到大都,中书右丞杨吉丁一见奇之,推荐给真金太子。不料真金随即去世,李孟没有来得及受到真金的擢用,因未得重用,他不久就离开了大都。成宗即位后,为了编写先朝实录,命采访先朝圣政以备史官记述,陕西行省于是命李孟讨论编写相关内容,乘驿传送至京师。当时海山、爱育黎拔力八达尚未成年,祖母徽仁裕圣皇后阔阔真求名儒为他们辅导,这时有人将李孟推荐给了阔阔真,于是李孟成为二人的老师。大德三年,海山受命抚军北方、出戍漠北,爱育黎拔力八达则继续留在宫中,跟随李孟学习。李孟向爱育黎拔力八达"日陈善言正道,多所进益",也就是在李孟为代表的一批儒士的熏陶下,仁宗逐渐接受了儒学汉法。

　　成宗统治后期,卜鲁罕皇后干政。为了能够让自己的儿子顺利继承皇位,卜鲁罕皇后将答己母子出居怀州,又至官山。答己母子遭受这一重大变故期间,李孟一直跟随在身边,在怀州居四年,始终诚节如一,不断用儒家思想感化爱育黎拔力八达。爱育黎拔力八达在其影响下,也对儒学产生了浓厚的兴趣,一有时间,就与李孟讲论古代帝王得失成败,以及君君臣臣父父子子之义,这就为爱育黎拔力八达即位后吸收儒学汉法奠定了基础。

成宗死后,由于卜鲁罕皇后所生太子先于成宗夭折死去,故其与安西王阿难答勾结,准备让阿难答即位。以中书右丞相哈剌哈孙为代表的一些大臣坚决反对。为了阻止卜鲁罕皇后集团的图谋,哈剌哈孙派人通知海山兄弟,准备扶植他们夺取皇位。在这一政局变动的关键时刻,李孟充当了爱育黎拔力八达的重要谋臣,他先是说服爱育黎拔力八达听从哈剌哈孙的建议返回大都夺取政权,在其控制大都后,他又力劝其即位。不过海山以武力为后盾,最终迫使爱育黎拔力八达让出皇位。

海山即位后,李孟害怕受到惩罚,于是逃去,不知所终。这也可以看出李孟是在政治上十分圆滑的人物,他既想利用平生所学参与朝政,有一番作为,又惧怕政治斗争,尤其是在政治形势对己不利时,他选择的不是积极应对,而是逃避隐遁。"孟久在民间,备知闾阎幽隐,损益庶务,悉中利病,远近无不悦服"。果然,海山即位后,有人揭发李孟曾经劝爱育黎拔力八达抢先即位一事,此时武宗已与弟弟达成了"兄弟叔侄,世世相承"的约定,不想再追究,故没有追查此事。爱育黎拔力八达深知武宗这样做只是不愿激化兄弟二人的矛盾,武宗肯定对李孟心怀忌恨,于是也暂时不敢在武宗面前提及起用李孟之事。

至大二年,一日爱育黎拔力八达在与武宗、答己太后宴饮之时,陷入沉思,颇为伤感,武宗问及何故闷闷不乐,遂借此上奏李孟在平定卜鲁罕皇后集团中的功绩,所谓"成今日母子兄弟之欢者"，李孟立下了汗马功劳。武宗甚为友爱，为其言所动，命人寻访李孟，最后在许昌陉山找到了李孟，武宗遂遣使召见。

至大三年春正月，李孟朝见武宗于大都玉德殿。武宗指着李孟对宰执大臣说："此皇祖妣命为朕宾师者，宜速任之。"同年三月，武宗特授李孟荣禄大夫、中书平章政事、集贤大学士、同知徽政院事。待到次年仁宗即位后，更是对李孟大加重用，拜中书平章政事，进阶光禄大夫，推恩其三世。仁宗对李孟说："朕之旧学，其尽心以辅朕之不及。"李孟在担任中书平章政事后，勤于国事，帮助仁宗纠正武宗朝弊政，"以国事为己任，节赐予，重名爵，核太官之滥费，汰卫士之冗员，贵戚、近臣恶其不利于己而莫敢言也。前所建新法有未便者，奏请革去，百司庶政一遵世祖皇帝成宪而行焉"。但李孟的性格里还有曲意迎合、保全自己的一面。至大四年四月，仁宗刚刚登上皇位仅一个月，李孟进言道："陛下御极，物价顿减，方知圣人神化之速，敢以为贺。"帝蹙然曰："卿等能尽力赞襄，使兆民乂安，庶几天心克享，至于秋成，尚未敢必。今朕践阼曾未逾月，宁有物价顿减之理？朕托卿甚重，兹言非所赖也。"

针对朝廷名爵太滥，僧道官扰乱政事等现象，李孟请罢之，"滥冒名爵者，悉夺之，罢僧道官，天下称快"。仁宗早年在出居怀州之时，亲眼目睹了国家吏治的腐败，即位后"欲痛划除之"。李孟则进言道："吏亦有贤者，在乎变化激厉之而已。"李孟的这番话得到了仁宗的认可与称赞："卿儒者，宜与此曹气类不合，而曲相护祐如此，真长者之言。卿在朕前，惟举人所长，而不斥其短，尤朕所深嘉也。"当时承平日久，朝中奢靡之风泛滥，车服僭拟的现象普遍，上下无章，近臣不断恃恩求请。而宰执官员对此不但不加以抑制，甚至更相汲引，谋求赏赐，"耗竭公储，以为私惠"。李孟上言："贵贱有章，所以定民志；赐与有节，所以劝臣下。请各为之限制。"

李孟虽想有一番作为，但面对蒙古权贵及近侍充斥朝堂，蒙古旧制依然为国家政权核心的局面，常常感到难以自保，无力回天，萌生了再次隐退的念头。于是李孟上书请求辞官："臣学圣人道，遭遇陛下，陛下尧、舜之主也。臣不能使天下为尧、舜之民，上负陛下，下负所学，乞解罢政权，避贤路。"不过，在复杂的宫廷斗争中，仁宗一直视李孟为亲信，并十分欣赏他的治国之术。仁宗拒绝李孟的请求，并安慰道："朕在位，必卿在中书，朕与卿相与终始，自今其勿复言。"仁宗赐爵李孟为秦国公，亲自授以印章，命学士院降制。仁宗未即位前，尝命集贤大学士王颙书"秋谷"（李孟号）两大字，并盖上自己的玉玺赐给李孟。此时，仁宗命绘工画其像，又敕词臣作画像赞。每次李孟朝见，仁宗必赐坐。交谈之时，仁宗常称呼李孟的字而不直呼其名，可见李孟受到的礼遇之高。仁宗尝语近臣曰："道复以道德相朕，致天下蒙泽。"并赐李孟钞十万贯，营建私邸。李孟辞曰："臣布衣际遇，所望于陛下者，非富贵之谓也。"对仁宗的赏赐皆辞不受。

皇庆元年正月，仁宗授李孟翰林学士承旨，知制诰兼修国史，仍平章政事。不久，李孟以归葬父母于潞州先茔为由，请求离职，仁宗为之饯行，说道："事讫，宜速还，毋久留，孤朕所望！"同年十二月，李孟入朝，仁宗甚为高兴，对李孟大加慰劳。不过李孟还是请求辞官，仁宗婉拒了李孟的请求，但鉴于李孟的坚决态度，命李孟以平章政事议中书省事，承旨翰林。到皇庆二年夏，李孟连续三次上奏，请求归还国公之印，仁宗最后只好勉强同意。

仁宗每次与李孟谈论用人之道，李孟又常建言恢复科举制，谓"人材所出，固非一途，然汉、唐、宋、金，科举得人为盛。今欲兴天下之贤能，如以科举取之，犹胜于多门而进，然必先德行、经术而后文辞，乃可得真材也"。仁宗最终同意李孟的意见，下诏行科举。此后，延祐元年十二月，仁宗复拜李孟为平章政事。二年春，命知贡举，及廷策进士，又命为监试官。七月，进金紫光禄大夫、上柱国，改封韩国公，任职如故。不久，李孟以年老有病为由再次请求辞官，仁宗不得已，同意了李孟的请求，但仍任命他为翰林学士承旨，李孟也常可以与仁宗共同宴饮，受到了极高的礼遇。

延祐七年，仁宗崩，英宗初立，权臣太师铁木迭儿复为丞相。由于李孟曾经不愿归附铁木迭儿，铁木迭儿向英宗进谗言，诽谤诬陷李孟，结果英宗下诏，"尽收前后封拜制命，降授集贤侍讲学士、嘉议大夫"。铁木迭儿认为李孟必然会辞而不受，正好可以再次借机中伤李孟，不料李孟欣然拜命，毫无怨言。当时翰林学士刘赓前来慰问李孟，李孟即与之同入集贤院。宣徽使上奏英宗，李孟今天担任的这一职务，按照旧例皇帝应该赐酒给他。英宗对李孟的行为颇为惊诧，他说：李孟怎么能愿意降尊到集贤院任职呢？时铁木迭儿子八尔吉思正在英宗旁边，英宗对八尔吉思说道："尔辈谓彼不肯为是官，今定何如！"结果铁木迭儿等人的阴谋没有得逞。

李孟曾对人讲："老臣待罪中书，无补于国，圣恩宽宥，不夺其禄，今老矣，其何以报称！"英宗听到李孟的言论后开始敬佩李孟，对李孟也有所开恩。至治元年（1321），李孟辞世，御史台官员屡次上书为李孟申辩，英宗最终下诏予以平反。至治年间，赠旧学同德翊戴辅治功臣、太保、仪同三司、上柱国，追封魏国公，谥文忠。

李孟胸怀开阔，才能过人，三次任职中书省，洞悉民间疾苦，知无不言，在议论时政之时，引古证今，表述准确得当。他善于发现和重用人才，对于发现的贤能之才，不管贵贱，他都予以提拔。他生活简朴，"退居一室，萧然如布衣"。故时人云："皇庆、延祐之世，每一政之缪，人必以为铁木迭儿所为；一令之善，必归之于孟焉。"

诚如前述，李孟也有其圆滑的一面，他曾参与了一些中书省官员打压御史台的行动。一年大旱，庄稼没有收成，御史台臣奏言云：一定朝中奸臣当道，民间多冤狱，从而"感伤和气所致"。仁宗下旨举行御前会议讨论此事。中书省平章政事李孟认为，此事应该由自己负责，愿意辞官让贤。另一名平章政事忽都不丁则说，御史台臣应该负有主要责任。而平章刘正则说，御史台、中书省本是一家，应该同心同德治理国家，所谓"台省一家，当同心献替，择善而行，岂容分异耶！"应该说刘正的说法是颇为公允客观的。不料李孟竟然不同意刘正的意见，转而支持忽都不丁所言。李孟这样做显然有着打击御史台的意图。另有一次，中书省右丞相铁木迭儿传旨，各地监察机构廉访司的职权太大，经常判案有误，自今不许独立处理六品以下的官员。中书省平章忽都不丁、李孟都赞同这一规定，并准备推行之，只有刘正奏言反对，认为需要做的是认真遴选合格的廉访司官员，而不是更改现有的法律制度。最终这项动议因为刘正的反对而作罢。（《元史》卷一百七十五《李孟传》；《元史》卷二十四、二十五、二十六《仁宗本纪》；《元史》卷一百七十六《刘正传》；《金华黄先生文集》卷二十三《元故翰林学士承旨中书平章政事李公行状》）

第六章　元英宗时期的蒙古宫廷

　　元英宗(1303—1323)，在位不足四年，享年二十一岁。受儒学汉法影响颇深的英宗，基本上秉承仁宗的施政路线，吸收儒学汉法，改革蒙古旧制，纠正朝廷弊政。英宗在丞相拜住的辅佐下打击权臣，推行新政，但其执政经验明显不足，用法过于严苛，限制诸王特权，用人不当，最后竟被近臣弑杀。英宗被弑说明在蒙古守旧势力充斥朝堂、很多蒙古旧制继续沿袭的大背景下，推行吸收儒学汉法、改革蒙古旧制的新政阻力重重、举步维艰。

第一节　答己及铁木迭儿干政

　　延祐七年正月，仁宗崩于大都光天宫。同年三月，年仅十七岁的太子硕德八剌登上皇位，是为英宗。与前朝各皇帝相比，英宗是最年轻，同时也最没有政治军事经验的皇帝。他是在仁宗的一手扶植下即位的，同时也争取到了太皇太后答己势力集团的支持。在仁宗以及朝中儒臣的影响下，硕德八剌很早就受到了中国传统儒家文化的影响。在他被立为太子后，不少儒臣官员就上言让他接受贤达之人的正确教导,并视之为"天下休戚之源"。

史称硕德八剌即位前就知书达礼,以孝为先。延祐六年十月,仁宗开始让硕德八剌协助处理政务,诏命朝廷各机构的事务必须先禀告皇太子,然后才能上奏仁宗。硕德八剌就此对中书省大臣说,仁宗任命他治理国家大事,受命后日夜诚惶诚恐,担心不堪重任,辜负了仁宗的重托;中书省大臣应当殚精竭虑,恪尽职守,切不可使朝政紊乱,以免父皇忧虑。延祐七年正月,仁宗病重,硕德八剌面容憔悴,夜里焚香为仁宗祈福。他哭泣着说道,仁宗以仁慈治理天下,功绩卓著,四海清平,不料患有重病,不如让这种惩罚转降到他身上,使仁宗永为万民之主。仁宗死后,他极度悲伤,穿白孝衣睡在地上,每天只喝一次粥。这些记载或许有时人颇多渲染,但至少可以反映出硕德八剌是一位乐于接受儒学汉法的皇帝。英宗即位后,曾亲笔书写唐代诗人皮日休的名句"吾爱房与杜,魁然真宰辅。黄阁三十年,清风亿万古",把它赠给丞相拜住。这既表明了英宗重用拜住以及励精图治的决心,也反映出英宗已有较深的汉文化素养。蒙元诸皇帝多不识汉字,英宗所具有的汉文化素养,在元代诸帝中并不多见。(《元史》卷二十七《英宗本纪一》;《石田集》卷七《请慎简宫僚疏》;《金华黄先生文集》卷二十四《拜住神道碑》;萧功秦《英宗新政与"南坡之变"》,《元史论丛》第二辑)

仁宗虽利用手中的权力使英宗顺利登上皇位,却未能留给他一个可以大展宏图的政治环境。英宗的即位是仁宗与答己势力集团达成的妥协,答己同意仁宗改变与武宗的约定,立硕德八剌为帝,也有出于自身利益的考虑。一向乐于干预朝政的答己看到硕德八剌年幼柔懦,易于控制,才同意拥立他即位。不过,英宗远非是一个柔弱、任人摆布的皇帝，年幼的他即位后，颇想独掌大权，成就一番丰功伟业。这样，英宗与答己势力集团的冲突就不可避免。

为了能够掌握朝中大权，太皇太后答己在仁宗去世后更加肆无忌惮地干涉朝政，发展自己的势力。老谋深算的答己一开始并没有把少不经事的英宗放在眼里。延祐七年春正月，仁宗刚刚去世，答己就利用英宗尚未正式即位之机，迫不及待地将自己的亲信、太子太师铁木迭儿重新提拔为中书右丞相。随即答己利用铁木迭儿，在朝中提拔亲信、打击异己，一时间政治空气变得十分紧张、恐怖。延祐七年二月，答己集团又任命亲信、江浙行省左丞相黑驴为中书省平章政事。在答己集团的安排下，陕西行省平章政事赵世荣为中书平章政事，江西行省右丞木八剌为中书右丞，参知政事张思明为中书左丞，中书左丞换住则罢为岭北行省右丞，前朝平章政事赤斤铁木儿、御史大夫脱欢则罢为集贤大学士。另外，中书平章政事兀伯都剌被罢为甘肃行省平章政事，阿礼海牙被罢为湖广行省平章政事。同时，一大批在仁宗朝曾经弹劾过铁木迭儿的高官遭到打击、报复。铁木迭儿剥夺了前中书平章政事李孟所受秦国公制命，命人扑倒李孟祖先墓碑。铁木迭儿还以违抗太皇太后懿旨的罪名，矫命杀害了前朝政敌御史中丞杨朵儿只、中书平章政事萧拜住，并籍没他们的家产。延祐七年五月，英宗在上都，铁木迭儿忌恨上都留守贺伯颜向来不依附自己，便上奏英宗，贺伯颜穿便服迎接诏书，大为不敬，结果贺伯颜被杀。上都之民听到贺伯颜被杀的消息后，很多人为之感伤流泪。(《元史》卷一百七十九《贺胜传》、《杨朵儿只传》、《萧拜住传》)

英宗在正式即位之前,已经对答己集团企图控制朝政的举动十分不满。延祐七年二月, 参议中书省事乞失监因卖官被查办,刑部根据法律断以杖刑,而太皇太后却命人施以笞刑,对此他认为不可,他说:"法者天下之公,徇私而轻重之,非示天下以公也。"最终乞失监被施以杖刑。同月,徽政院使失列门根据太皇太后答己的命令请求更换朝中官员,硕德八剌说,这并非除授官员之时,况且朝中的先帝旧臣怎能随意撤换,等到他即位后,会与宗亲、元老商议此事,任人惟贤。延祐七年三月,英宗正式登上皇位,太皇太后答己前来道贺,不料英宗却毅然见于色。答己回来后十分后悔,说道:"我不拟养此儿耶。"答己逐渐饮恨成疾。自此以后,英宗与太皇太后答己的矛盾日益尖锐。(《元史》卷二十七《英宗本纪一》;《元史》卷一百一十六《后妃传二》)

不愿坐视答己集团发展势力的英宗开始行动起来。延祐七年四月,英宗以自己的亲信拜住为中书平章政事,五月又提拔他为中书左丞相,地位仅次于铁木迭儿。此时的宫廷之中,已经充斥太皇太后答己的势力, 英宗可谓势单力薄。不过年轻气盛的英宗,显然没有充分认识到政治形势对自己的不利,仍强行推行政治改革。延祐七年三月,英宗下令裁减上都留守司留守五名;降太常礼仪院、通政院、都护府、崇福司,并为从二品,蒙古国子监、都水监、尚乘寺、光禄寺,并为从三品,给事中、阐遗监、尚舍寺、司天监,并为正四品。同月,英宗下令禁止擅自上奏。四月,罢行中书省丞相,河南行省丞相也先铁木儿、湖广行省丞相朵儿只的斤、辽阳行省丞相,并降为本省平章政事,只有征东行省丞相高丽王不降。英宗还下诏京师势要之家与百姓均要服役,同时纠正朝廷百官越等接受官阶的情况。延祐七年五月, 中书省大臣请求禁止擅自任命官员,英宗表示大力支持,他说,他恐怕自己会有所遗忘,将来再有滥赐名爵的现象发生,中书省官员要直言上奏。可以说在与答己集团斗争处于下风的情况下,英宗的改革过于迅速,又将矛头直指朝中高官,这不可避免会造成自己不断被孤立。英宗的这一做法,也与历来蒙古皇帝即位伊始大行赏赐,笼络宗亲、大臣的旧制背道而驰。

英宗刚刚即位两个月,就经历了一场阴谋废黜自己的事件。延祐七年五月,有人告发岭北行省平章政事阿散、中书平章政事黑驴及御史大夫脱忒哈、徽政使失列门等,与故要束谋妻亦烈失八阴谋废黜英宗,英宗便将这些涉案者统统诛杀。中书省左丞相拜住请求英宗彻查此事,由于英宗意识到此事的幕后主使是太皇太后答己,便没有继续深究。英宗十分清楚地知道,答己集团的势力实在是太大了,此时与答己摊牌,恐怕自己会更加陷于孤立。就在此次阴谋废立事件发生后,英宗还重赏铁木迭儿等,以示安抚。同月,以籍没的贺伯颜、失列门、阿散的家赀、田宅赐给铁木迭儿等人。英宗对这次事件的严肃处理,不能不说是对太皇太后集团的一个严重警告。太皇太后答己虽然在朝中势力很大,但英宗毕竟是掌有实权的一国之君,尤其京师宿卫的军权牢牢控制在英宗手中,此后英宗在与答己集团的较量中开始略占上风。(《元史》卷二十七《英宗本纪一》)

延祐七年八月戊午,铁木迭儿因大臣赵世延曾经弹劾过自己,诬告赵世延不敬,将其捉拿下狱。铁木迭儿还请求英宗诛杀赵世延,并且追查中书省、御史台大臣中有无同犯,结果英宗拒绝了铁木迭儿的奏请。英宗对近侍讲,铁木迭儿欲置赵世延于死地,而他素闻赵世延忠良。由于英宗重用中书省左丞相拜住,拜住实际上掌管了中书省，身为中书省右丞相的铁木迭儿反而被逐渐架空。一次，拜住奉旨前往范阳为祖先木华黎立碑，借口在家养病的铁木迭儿听说拜住将要暂时离开京师，便准备到中书省处理政事。不料，英宗遣使赐酒给铁木迭儿，并说铁木迭儿年老，宜在家休养，等到来年新年再来处理公务吧。于是铁木迭儿气愤地返回住所。可见，在英宗与左丞相拜住的抵制下，答己及铁木迭儿的势力受到了很大的牵制。

不过，朝中形势不久发生了逆转。至治二年（1322）八月庚寅，中书右丞相铁木迭儿卒，次月太皇太后答己亦死去。这样，干政的太皇太后答己集团就失去了靠山，英宗得以掌控朝政。至治三年（1323）五月戊申，监察御史盖继元、宋翼奏言："铁木迭儿奸险贪污，请毁所立碑。"英宗准奏，并追夺铁木迭儿官爵及封赠制书。七月，籍铁木迭儿家资。

太皇太后答己是元代政治史上特别重要的人物，其于武宗、仁宗、英宗三朝政局发挥着重要的影响。《元史》卷一百一十六《后妃传》对答己有如下评价："后性聪慧，历佐三朝，教宫中侍女皆执治女功，亲操井臼。然不事检饬，自正位东朝，淫恣益甚，内则黑驴母亦烈失八用事，外则幸臣失烈门（失列门）、纽邻及时宰迭木帖儿相率为奸，以至箠辱平章张珪等，浊乱朝政，无所不至。及英宗立，群幸伏诛，而后势焰顿息焉。"

第二节　英宗新政

英宗之施政大体上因循仁宗朝旧政，只是英宗纠正朝中弊政，实施改革的力度和深度均大于仁宗。仁宗虽想推行新政，但又不愿意触犯宗亲、权臣的利益,这势必会使新政的成效大打折扣。英宗则不然,年轻气盛、行事果断的英宗在即位伊始就力主推行改革,改革的矛头直指诸王、权臣。不过,英宗即位后面临的主要矛盾是与太皇太后答己集团的斗争,英宗的各项改革方案尚没有完全推行。铁木迭儿、答己相继去世以后,英宗终于可以独掌大权了。英宗遂在右丞相拜住的辅佐下,开始推行自己治理国家的政治理念。同时,此一时期灾害频繁、社会矛盾逐渐激化,这也促使英宗对国家政策做出相应的调整。《元史·英宗本纪二》记载,至治二年一月到九月,各地水、旱、霜、雹、蝗灾和饥馑就达四十九次之多,从至治二年五月开始,全国发生多起农民起义、兵变和部族起义。

大约从至治二年十月开始,英宗进行了一系列改革的尝试,这一改革大致包括以下几个方面:一、起用汉人儒士,选贤与能。张珪、吴元珪、王约、韩从益、赵居信、吴澄、王结、宋本和韩镛等人,都在短期内擢任中书省、集贤院、翰林院要职,"士大夫遭摒弃者,咸以所长收叙,文学之士,则待以不次之除"。二、行助役法。至治三年四月,英宗下诏"遣使考视税籍高下,出田若干亩,使应役之人更掌之,收其岁入以助役费",就是让拥有大量土地的富户上交一小部分土地的岁收,作为一般农民劳役的补偿。《元史·干文传传》云:"会创行助役法,凡民田百亩,令以三亩入官,为受役者之助。"三、轻徭薄赋,保护民力。四、颁行《大元通制》,加强法制。《大元通制》从仁宗朝开始编纂,至英宗朝正式予以公布执行,凡二千五百三十九条,内断例七百一十七、条格一千一百五十一、诏赦九十四、令类五百七十七,是世祖以来的法令汇编。五、裁罢冗官冗职。六、兴举国子监学及外郡学校。七、限制诸王特权,惩治不法诸王。

英宗新政的核心就是吸收儒学汉法,改革蒙古旧制,这无疑有着十分积极的意义。英宗新政的推行确实收到了较好的效果,"当是时,朝廷肃清,刑赏攸当,忠直获伸,奸邪敛避,天下之人,莫不延颈企踵,想望太平,而小人思害之矣"。通过这一记载,我们不难发现英宗把肃清朝政作为新政的一个重点。英宗的这一改革触犯蒙古世袭贵族的利益,受到了来自各方面的压力,正所谓"选贤与能,奸党滋惧"。右丞相拜住曾上言英宗:"臣少无能,蒙陛下拔擢,待罪丞相。方欲除恶进善,致治隆平,诸人共诅挠之。臣度不能有作为矣。"英宗则说:"卿有言,第言之,他人言,朕弗从也。"拜住与英宗的对话既反映改革遭受着来自各方面阻挠的局面,又表明英宗推行改革的决心。(《元史》卷二十八《英宗本纪二》;《元文类》卷十二《丞相拜住赠谥制》;《滋溪文稿》卷二十八《题忠献王传》;萧功秦《英宗新政与"南坡之变"》)

第三节　拜住与铁失

拜住为成吉思汗时代蒙古左手万户木华黎国王的后裔。其祖父安童,在世祖朝长期担任中书省右丞相,统领怯薛宿卫。武宗至大二年,拜住袭任怯薛宿卫长,地位尊崇。仁宗即位后,延祐二年,拜住任资善大夫、太常礼仪院使。四年,进阶荣禄大夫、大司徒。五年,进阶金紫光禄大夫。六年,加授开府仪同三司。拜住每次参议国家大事,总是询问是否合乎旧制。太常礼仪院事务不多,拜住在空闲时间总是延请儒士咨询古今礼乐、行政、治乱得失,整日不知疲倦。英宗尚为太子之时,曾向左右询问宿卫之臣的情况，大家都称拜住贤能，于是遣使召见，欲与之交谈，不料拜住竟然婉言回绝了邀请。拜住认为硕德八剌此时应该行事谨慎，他作为仁宗的宿卫大臣，与太子往来，恐遭人怀疑，这会对太子不利。

英宗即位后，拉拢、重用拜住，延祐七年四月，起用拜住为中书平章政事，五月又提拔他为中书左丞相。这样，在太皇太后答己及右丞相铁木迭儿势力充斥朝堂的背景下，英宗利用提拔拜住来制衡铁木迭儿的势力。左丞相拜住为蒙古勋臣之后，又长期担任怯薛宿卫长，在一向很重视根脚出身的蒙元朝廷，拜住的地位无疑是十分显赫的。另外，拜住与英宗在政见上也很契合，他们都主张吸收儒学汉法。拜住作为东平王安童的后裔长期居住在山东地区，深受汉地文化的影响。东平王家族与汉族士大夫集团有着长期的交往与合作，因此这个家族中出现过不少蒙古儒者。此前，拜住作为主掌礼仪、祭祀宗庙和赠谥的太常礼仪院使，有更多的机会与儒臣交往，并受其影响。所有这一些，都使得英宗十分信任、重用拜住。在英宗即位后不久，拜住就率领宿卫之士帮助英宗镇压了太皇太后答己支持的失列门、亦烈失八等的谋逆，沉重打击了答己集团的嚣张气焰。(《金华黄先生文集》卷二十五《别里哥帖木儿神道碑》;萧功秦《英宗新政与"南坡之变"》)

拜住执法严峻，协助英宗革除近侍干政、徇私枉法等弊政。英宗近侍传旨到中书省，给出了六七百人的注官名单，负责此事的中书省机构选曹的正常工作程序被打乱。拜住为此上奏英宗，奏准革除了上述近侍的传旨。拜住认为选注官员应该按照相关制度有序进行;在惩治违法官吏方面，拜住则认为对做事合理但不合法的官吏可以从宽处理，而对于那些贪污暴虐的官员，一定要严惩不贷。英宗曾对左右之人讲,你们一定要谨慎行事,一旦触犯了国家的法律,丞相拜住决不会饶恕你们。

拜住还经常建言英宗遵循礼制,不要铺张浪费,滥用民力。至治元年春正月,英宗欲结彩楼于宫中,准备正月十五张灯设宴。时仁宗死后不久,英宗尚在服丧期间,为此参议官张养浩上疏请求英宗取消这一计划。拜住认为张养浩的上疏十分合理,于是便拿着这道上疏入宫禀明英宗,结果英宗欣然接受了张养浩的建言,并对张养浩进行赏赐以褒奖他直言不讳的行为。至治元年三月,拜住跟随英宗巡幸上都,中途驻扎在察罕脑儿之地。英宗觉得自己的行宫亨丽殿过小,准备扩建,拜住持反对意见,他上奏说,该地气候寒冷,只有到了夏天才能种些粟黍之类的作物,皇上即位不久,如果马上兴此大役妨害农业生产,恐怕会有损皇上在百姓心中的威望。英宗采纳了拜住的意见。

英宗虽对亲信拜住大加重用,但有时也担心拜住不能尽心治理国政,完全效忠自己。一次,英宗对拜住讲,你身为国朝重臣木华黎、安童的后裔,一定要励精图治,尽职尽责。拜住深为触动,马上回答道,英宗委他以大任,他日夜担心三件事:一是有辱祖宗的名声。一是天下政事繁多,自己恐有处置失当的地方。一是自己年少不堪重任,无法回报英宗的大恩。为此拜住希望英宗对自己严加训斥,英宗于是安慰拜住说道,天下之大,并非他一人的思虑所能及,希望拜住不要忘记他的规谏,好好辅佐他治理国家。拜住叩头谢恩说,古时尧、舜为君主,他们遇事征询众人的意见,从善如流,古往今来人们都称他们为圣君,而桀、纣为君主,拒绝听取别人的意见,刚愎自用,重用小人,结果国家灭亡,自己也被杀害,人民至今仍称他们为无道之君。拜住进一步讲,自己身受大恩,怎能不竭忠报效,然而事情总是言易行难,希望皇上身体力行,而如若他知而不言,则是他自己的罪过。(《元史》卷一百三十六《拜住传》)

　　拜住虽为蒙古贵族,但自幼对儒学汉法有较深的了解,这对其施政产生了深远的影响。拜住认为学校是施政教化的根源,似缓实急,而由于得不到主管官员的重视,致学校废弛。拜住于是请求令朝堂内外的官员共商拯治之策。朝中有人言佛教可治天下者,英宗就此事询问拜住,拜住则回答佛教只可以修身,只有儒学才可治天下。英宗又询问拜住:当今也有像唐朝魏徵那样敢直言上谏的官员吗? 拜住回答道:"盘圆则水圆,盂方则水方。"即有了唐太宗那样善于纳谏之君,才会有魏徵那样敢谏之臣。英宗认为拜住的话十分有道理。

　　至治二年春,在元朝建祭祀祖宗的太庙数十年后,英宗首次前往太庙大行祭祀之礼,而这乃是拜住施加的影响。世祖忽必烈在位期间就建成太庙,不过世祖、成宗、武宗、仁宗都没有亲自前往祭祀,这也说明元朝诸帝对汉地的祭祀之礼有着较深的隔膜。英宗即位后,拜住奏请英宗亲自前往祭祀太庙,这一建言得到了英宗的采纳。于是英宗诏命有司,制定祭祀的礼节,要求严格遵守传统旧制,不得擅自增损。至治元年冬十月,英宗亲自前往太庙拜祭祖先。至治二年春正月,英宗正式按照相关礼节祭祀了太庙。当时宫廷设立了黄麾大仗,英宗穿戴通天冠、绛纱袍,自崇天门而出,拜住等跟随其后。英宗看到仪仗颇为美丽壮观,回头对拜住说:"朕用卿言举行大礼,亦卿所共喜也。"拜住则说:"陛下以帝王之道化成天下,非独臣之幸,实四海苍生所

共庆也。"英宗在近郊太庙行完祭祀之礼,次日还宫。此次祭祀
太庙大礼,钟鼓齐鸣,场面十分宏大,而"百年废典,一旦复见,
有感泣者"。(《元史》卷一百三十六《拜住传》)

凭借着英宗的信任和重用,中书左丞相拜住经常抵制右丞
相铁木迭儿的非法行径。当时中书右丞相铁木迭儿贪污腐败,
为人欺诈阴险,屡次诛杀大臣,鬻狱卖官,广立朋党,凡是不依
附自己的官员他都要找借口加以陷害。铁木迭儿尤其憎恶中书
平章王毅以及右丞高昉,他以京师诸粮仓遭盗窃为由上书英宗,
请求诛杀二人。拜住秘密上言英宗:中书省宰相的职责在于论
道经邦,不宜仅以钱谷小事降责于他们。英宗认为拜住所言有
理,于是王毅、高昉二人均幸免于难。

拜住积极倡导宫廷和谐,不主张打击异己。其实不管拜住
还是英宗,都对太皇太后一党诸多迁就,不想使矛盾公开化。当
时铁木迭儿提拔亲信,中书参知政事张思明为中书左丞,张思明
忌恨拜住廉明刚正,经常与同党密谋,打算陷害拜住。拜住身边
之人听到张思明的阴谋后告知拜住,要他严加防备。不料拜住
却说:他一家效忠朝廷已有百余年,自己年少得宠,必然会遭致
各方面的忌恨。大臣之间和睦相处才能好好治理国家,如若因
为右丞相仇视他,他就想办法加以报复,这样的话,并非他们两
人的不幸,而是国家的不幸。他只要尽心做事,上不负国君、祖
先,下不负黎民百姓就可以,至于死生祸福,一切顺应天命。拜
住还要求手下的人不要再提及此事。对于大臣王结"除恶不可
犹豫,犹豫恐生他变"的劝告,拜住也只是表示赞同,却不愿意采
纳。(《元史》卷一百三十六《拜住传》;《元史》卷一百七十八《王结传》)

英宗和拜住虽对铁木迭儿的势力加以限制,但在太皇太后

的支持下，铁木迭儿的势力依然十分强大。铁木迭儿的党羽充斥朝堂，朝中之事，必有人会禀告铁木迭儿。但因为有拜住的制衡，铁木迭儿做事不得不有所收敛，为此铁木迭儿想方设法陷害拜住，不过均没有得逞。京师仓漕管库一职空缺，年终应该由中书省任命，主管官员中书左丞张思明借口有病在家休养，故中书省官员皆观望，不敢私自决定。一直在英宗身边执掌宿卫的左丞相拜住得知这个消息，认为事情紧急，便到中书省责问有关人等："左丞病，省事遂废乎？"中书省郎中李处恭回答说：主管钱谷之职，非常重要，必须谨慎挑选主管官员，没有合适的人选，不敢马上任命。拜住大怒，骂道：你是在考虑如何卖官吗？拜住于是遣人慰问张思明，张思明不得已赴中书省，与同僚共同处理了这件事。

至治二年五月，英宗以拜住领宗仁蒙古侍卫亲军都指挥使司事，佩三珠虎符。秋七月，拜住奏召中书左丞张思明前往上都。拜住列举了张思明的罪名，"杖而逐之"。同年八月，中书右丞相铁木迭儿病死。然铁木迭儿病死，拜住却恸哭流泪。拜住的这一举动，当然史料记载有渲染的成分，但也多少反映出年轻的拜住丞相对铲除铁木迭儿一党既欣喜，又颇感觉心酸。在铁木迭儿死后次月，太皇太后答己也死去。少了太皇太后答己势力集团的干扰，拜住终于可以辅佐英宗施展其政治抱负了。

至治二年冬十二月，拜住升为中书右丞相、监修国史。英宗欲赐拜住三公之爵，拜住辞而不受。英宗为了体现对拜住的信任，不设左丞相一职，让拜住全权处理中书省事务。拜住担任中书省右丞相后，推荐儒臣张珪为平章政事，以优厚的待遇征召一些退休的老臣到中书省议事。拜住平日即十分注重延揽人才，

"日以进贤退不肖为重务"。

在拜住的推动下，英宗还颁布了仁宗朝编写的法律汇编《大元通制》。

《元史》卷一百三十六《拜住传》对拜住有如下评价：其忧国忘家，知无不言。宫中主管膳食的官员进呈拜住美酒，拜住则忧形于色。拜住家中被盗金器百余两，宝物价值巨万，在有司捉拿到盗贼并缴获赃物后，家童急忙去告知拜住，拜住面无喜色。自仁宗延祐末年以来，国家水旱灾害频繁，民不聊生。拜住担任宰相期间，整治朝纲，罢省不急之务，轻徭薄敛。英宗巡幸五台山佛寺，拜住奏曰："自古帝王得天下以得民心为本，失其心则失天下。钱谷民之膏血，多取则民困而国危，薄敛则民足而国安。"英宗深表赞同，说道："卿言甚善。朕思之，民为重，君为轻，国非民将何以为君？今理民之事，卿等当熟虑而慎行之。"至治三年夏六月，拜住认为每年从江南漕运到京师的粮食比世祖时增加了数倍，故江南的老百姓十分困苦，京师的粮仓却十分充足。为了减轻江南百姓的负担，拜住上奏英宗，每年从江南运到京师的粮食减少二十万石。英宗基本接受了拜住的意见，命令铁木迭儿当政时期新增漕运的江淮粮食予以蠲免。元代自世祖朝开始，每年都要从江南漕运大批的粮食到北方，这些粮食主要供给皇室以及北方诸王部族，这给江南各地百姓造成了沉重的负担，以至于元人有"贫极江南，富称塞北"的说法。(《元史》卷一百三十六《拜住传》；《草木子》卷三上《克谨篇》)

英宗倚重拜住，相与励精图治。"时天下晏然，国富民足，远夷有古未通中国者皆朝贡请史，而奸臣畏之"。

英宗朝另一位重臣铁失，在英宗即位之初，相继担任翰林学士承旨、宣徽院使、太医院使,并特命领侍卫亲军中都威卫指挥使,可见英宗对铁失十分信任和重用。至治元年,英宗赐铁失珍珠燕服。是年三月,英宗特授铁失光禄大夫、御史大夫,仍佩金虎符,忠翊侍卫亲军都指挥使,依前太医院使。这样铁失就成为朝中最高的监察官员,同时领侍卫军、太医院使。英宗对担任御史大夫的铁失寄予厚望。有一次英宗在鹿顶殿对铁失讲,徽政院虽然隶属于太皇太后,而他却认为该机构与其他机构相同,均应接受御史台的监督核查。既而英宗又命铁失统领左右阿速卫侍卫军。至治元年冬十月,英宗亲祀太庙,以中书左丞相拜住为亚献官,铁失为终献官,可见铁失与拜住同为英宗十分倚重的官员。铁失也与拜住一起负责统领侍卫亲军,手握兵权。铁失之所以为英宗重用,有一个十分重要的原因,那就是铁失的妹妹是英宗皇后。时人称铁失与英宗"情过骨肉"。(《元史》卷二百七《铁失传》;《蒙兀儿史记》卷一百二十二《铁失传》)

铁失虽为英宗最信任的官员,但其施政却与拜住大相径庭。铁失经常贪赃枉法,并且与太皇太后一党的关系也十分密切。权臣铁木迭儿死后,其子治书侍御史锁南被罢为翰林侍讲学士,铁失为此上奏英宗请求让锁南官复原职,但这一奏请并没有得到英宗的应允。

至治二年十二月,铁失以御史大夫、忠翊亲军都指挥使、左右卫阿速亲军都指挥使、太医院使,兼领广惠司事,职权进一步扩大。但这以后,英宗对铁失逐渐不满。英宗曾对御史台大臣说:他深居宫中,怎能悉知臣下奸贪,民生疾苦,故任用御史台官员为耳目,辅佐行事,之前铁木迭儿贪蠹无厌,御史台官员为何闭口不言?今铁木迭儿虽死,也要籍没其家,以警示其他官员。至治三年正月,英宗命御史大夫铁失振举台纲,诏谕中外。既而御史台请求英宗降旨大开言路,英宗十分不悦地说道:言路何尝不开?只是御史台选人不当。英宗进一步说:他得知御史台官员因积怨而参劾其他官员,罗织罪名,陷害忠良。监察御史曾举荐八思吉思担当大任,可八思吉思不久就以贪墨被杀。可以说英宗对以铁失为首的御史台官员十分不满。

权臣铁木迭儿死后,铁木迭儿所犯罪行逐渐被揭发,英宗于是委任拜住为中书右丞相,振立纪纲,以进贤退不肖为急务。而与铁木迭儿关系密切的铁失等人日益感到不安,谋求发动政变。尽管如此,英宗竟一点也没有觉察。至治三年五月,英宗以铁失独署御史大夫事。

第四节　南坡之变

正当英宗踌躇满志地推行新政之际,一个突发事件改变了历史进程。至治三年八月四日,英宗自上都返回大都途中,驻跸南坡(今内蒙古正蓝旗东北)休整。当晚御史大夫铁失、知枢密院事也先帖木儿、大司农失秃儿、前平章政事赤斤铁木儿、前云南行省平章政事完者、铁木迭儿之子前治书侍御史锁南、铁失之弟宣徽使锁南、典瑞院使脱火赤、枢密院副使阿散、金枢密院事章台、卫士秃满及诸王按梯不花、孛罗、月鲁铁木儿、曲吕不花、兀鲁思不花等,发动政变,以铁失所领阿速卫兵为外应。铁失、赤斤铁木儿等人在行帐之内杀害了英宗与丞相拜住。英宗遇害之时只有二十一岁。

英宗南坡被害是元代宫廷的重要事件,而有关这一事件的来龙去脉却有点扑朔迷离。出人意料的是，发动南坡之变的主谋是英宗曾颇为信任的大臣铁失。铁失之所以铤而走险，与英宗对权臣铁木迭儿一党的追查密切相关。铁失与铁木迭儿一党关系密切，并伙同铁木迭儿贪赃枉法。而使铁失感到自危的是刘夔献田贪污事件。浙江百姓吴机称宋高宗吴皇后是他的祖姑，他愿意将祖传旧赐浙西田地卖给朝中官员司徒刘夔，刘夔贿赂铁木迭儿的儿子、宣政使八剌吉思，购买这批土地建置寺庙。在铁木迭儿、铁失等人的协助下，朝廷从国库支钞六百五十万贯用来购买土地、建置寺庙，铁木迭儿父子及铁失等人从中贪污了巨额赃款。当朝廷派人到浙西核查这批土地时，发现这些土地皆是编户民的私产，涉及的百姓竟然有数十万户，于是朝廷官差强行括田，没收这部分土地入官。这件事当时在浙西引起了巨大的震动。监察御史观音保与锁咬儿哈的迷失向朝廷揭发此事，反而遭铁木迭儿的报复而致杀身之祸。(《元史》卷二十八《英宗本纪二》；《元史》卷一百三十六《拜住传》；《元史》卷一百二十四《锁咬儿哈的迷失传》；《诚意伯文集》卷八《宋公政绩记》)

铁木迭儿死后，丞相拜住执掌大权，于是向英宗揭发此事，借以打击铁木迭儿余党。至治二年十二月，铁木迭儿的两个儿子，宣政院使八剌吉思、前治书侍御史锁南，均因刘夔冒献田案被杀。至治三年二月，司徒刘夔、同金宣政院事囊加台也涉案被杀。在追查这一案件时，涉案的御史大夫铁失则被英宗赦免。不过，当时仍不断有人上奏英宗揭发铁木迭儿，以致英宗对铁木迭儿的憎恨与日俱增。至治三年五月，监察御史盖继元、宋翼奏请击毁铁木迭儿的墓碑，英宗表示同意，并下令追夺铁木迭儿所受官爵及封赠制书。六月，元廷派人毁坏了铁木迭儿的墓碑。七月,又籍没铁木迭儿的家产。

随着英宗对铁木迭儿一党的追查,以及对铁失渐渐疏远,铁失越来越感到不安。铁失为了自保,曾怂恿喇嘛僧侣劝英宗实行大赦,赦免大批罪犯。当时英宗在上都,夜里坐卧不宁,准备命喇嘛僧作佛事祈福,而丞相拜住则认为作佛事会耗费大量的钱财,劝英宗取消了这一计划。铁失指使僧侣进言英宗:国家有危难,只有作佛事、实行大赦才能挽救。对此丞相拜住坚决反对,并训斥这些僧侣说:你们只不过是想获得钱财而已,难道还想庇护有罪之人吗?拜住的坚决态度更加剧了铁失的恐惧,促使其铤而走险。(《元史》卷二十八《英宗本纪二》;《金华黄先生文集》卷二十四《拜住神道碑》;萧功秦《英宗新政与"南坡之变"》)

从参加南坡之变的人员来看,既有朝中得势的大臣,又有大批蒙古诸王,英宗新政把越来越多的蒙古官僚、贵族推到了自己的对立面。这说明朝中蒙古守旧势力巨大,强行推行吸收汉法的改革无疑有着巨大的阻力。这也是诸多蒙元皇帝不愿彻底吸收汉法的重要原因,因为这样就丧失了蒙古执政的根基所在。即便像英宗那样对蒙古旧制实行部分改革,也需要强有力的领导力量和高超的领导策略,而年轻气盛的英宗和拜住还不完全具备这些。英宗新政推行过于迅速,打击面过广,这在蒙古官僚、贵族充斥朝堂并掌握国家政权的背景下,无疑会激起蒙古勋贵的愤怒。铁失之所以能够顺利发动政变,一方面因为他是侍卫军的统领,而更主要的是,朝中有众多铁失的支持者。泰定帝即位后,曾对南坡之变进行追查,诛杀涉案者,但随后又不得不下诏:逆党同谋太多,怎么能够一网打尽,以后就不要再追究这件事了。泰定朝中书右丞相旭迈杰就此事向泰定帝进言道:"宗戚之中,能自拔逆党,尽忠朝廷者,惟有买奴"。(《元史》卷二十九《泰定帝本纪一》;《元史》卷一百七十五《张珪传》;萧功秦《英宗新政与"南坡之变"》)

《元史·英宗本纪》谈及英宗被害的原因时,说英宗"以果于刑戮,奸党畏诛,遂构大变"。意思是英宗用法严苛,导致奸党害怕被诛杀,进而铤而走险。事实也确实如此,英宗既是一位乐于接受儒学汉法的皇帝,又是一位颇为严厉的皇帝,史称"英宗临朝,威严若神,廷臣懔懔畏惧","大臣动遭谴责"。英宗还经常酗酒,甚至乘醉杀人,喜怒无常。至治元年二月,御史台四名监察御史上书建议停止修建寿安山佛寺,结果上奏御史中两人被杀,两人被流放,造成了轰动朝野的四御史之冤案。(《滋溪文稿》卷十二《董守简墓志铭》;《金华黄先生文集》卷二十四《答失蛮神道碑》;《吴正传集》卷一《至治四御史诗》;姚大力《元仁宗与中元政治》,《内陆亚洲历史文化研究——韩儒林先生纪念文集》,南京大学出版社,1996年)

尽管如此,由于英宗吸收儒学汉法,众多汉族儒士对英宗被弑颇感悲痛和惋惜。苏天爵在《题忠献王传》中写道:"呜呼,以先帝之刚明英断,丞相之公平秉直,使天假以年……则其规举施设将大有客观者。自古忠臣义士,欲除奸邪,率为小人所构,宁非天耶,宁非天耶?"而张养浩多年以后观英宗的画像仍不禁感慨:"封章曾拜殿堂简,凛凛丰仪肃九关。回首桥山泪成血,逢君不忍问龙颜。"(《滋溪文稿》卷二十八《题忠献王传》;《归田类稿》卷二十二《赠李秘监》;萧功秦《英宗新政与"南坡之变"》)

铁失等人发动南坡之变是经过精密筹划的。铁失在发动政变前夕,已遣急使密告出镇漠北的晋王也孙铁木儿及晋王亲信倒剌沙,并相约"事成,推大王为皇帝"。也孙铁木儿立即囚禁来使,派人到上都告知英宗,不料使者未到上都,南坡之变已经发生。铁失等弑杀英宗后,马上赶到大都,深夜从北门入城,直接到中书省,收封全部印信以控制政权。铁失等人深知要想自保,必须拥立一个能保护自己的皇帝,因为弑君行为一旦泄漏,必会有杀身之祸。于是,参与政变的诸王按梯不花、淇阳王也先帖木儿奉玉玺到漠北迎请晋王也孙铁木儿即位。不久,也孙铁木儿在漠北克鲁伦河畔即皇帝位,是为泰定帝。(《元文类》卷五十三《张珪墓志铭》)

对于晋王也孙铁木儿是否参与了南坡之变,历来众说纷纭。有学者认为泰定帝也孙铁木儿实际上是铁失等人背后的支持者。也孙铁木儿是晋王甘麻剌的长子,燕王真金之孙,长期镇戍漠北,统领成吉思皇帝四个大斡耳朵,"及军马、达达国土"。正因为如此,也孙铁木儿既是蒙古诸王中最有实力的人,也是蒙古守旧势力的代表。英宗吸收儒学汉法,限制和剥夺蒙古诸王的特权和利益,这种情况下,众多守旧宗亲、官僚自然而然会想到利用晋王来代替英宗。也孙铁木儿通过王府内史回回人倒剌沙侦察朝廷动向,倒剌沙则让自己的儿子哈散跟随丞相拜住宿卫宫廷。后来哈散回到漠北,通报了御史大夫铁失准备谋害拜住一事。

倒剌沙等回回贵族想必对英宗重儒崇佛的政策十分不满。延祐七年四月,英宗裁罢回回国子监,十二月下诏各郡建帝师八思巴殿,其规格在孔子庙之上。至治元年五月,朝廷下令拆毁上都回回寺,以其地建帝师殿。伴随着英宗对诸王的限制,英宗与晋王的关系也日益紧张。至治三年三月,宣徽使探忒来到晋王府邸告诉倒剌沙:"主上将不容于晋王,汝盍思之。"这些都可能促使晋王也孙铁木儿参与铁失等人的谋划。

　　在泰定帝之后，文宗在即位诏书中十分明确地宣称，泰定帝也孙铁木儿是南坡之变的主谋，"至于晋邸，具有盟书，愿守藩服，而与贼臣铁失、也先帖木儿等潜通阴谋，冒干宝位，使英宗不幸罹于大故"。似乎很多证据都表明也孙铁木儿参与了南坡之变，至于也孙铁木儿一开始拘押铁失来使，派人往宫廷告知英宗一事，也有可疑之处。至治三年八月二日，铁失的使节来到身在漠北的也孙铁木儿处告知弑杀英宗的计划，也孙铁木儿随即拘押使臣，派人去告知英宗。不过，南坡之变在八月四日就发生了。也就是说，也孙铁木儿十分清楚此时派出使节通知英宗，为时已晚。(《元史》卷二十八《英宗本纪二》;《元史》卷二十九《泰定帝本纪一》;《元史》卷三十二《文宗本纪一》;周良霄、顾菊英《元史》,上海人民出版社,2004 年)

　　那是否也孙铁木儿真的参与南坡之变了呢？也有一些学者持否定态度。他们认为泰定帝参与南坡之变的记载都是文宗朝杜撰的，武宗之子文宗通过宫廷战争夺取了政权，对泰定帝怀着很深的仇恨，或许是为了证明自己夺取皇位的合法性，文宗杜撰了泰定帝参与南坡之变一事。据学者考察，在文宗即位诏书颁布之前，社会上很少或根本没有关于泰定帝参与南坡之变的传闻，相比之下，泰定帝即位诏书的可信度要大得多。泰定帝在即位诏书中讲自己作为世祖皇帝的嫡系，在英宗被弑杀后，是在诸王、大臣的拥戴下即位的。至于泰定帝没有立即处决参与南坡之变的逆臣，很有可能是稳定政局的权宜之计。也有学者认为泰定帝之所以能取得帝位，既因为晋邸具有宗盟之长的地位且重兵在握，也因为倾向于蒙古本位文化的蒙古诸王、大臣，对于仁宗和英宗以牺牲他们的既得利益来推行汉法深为不满。除此之外，也孙铁木儿历武宗、仁宗、英宗三朝，"不谋异心，不图位次，依本分与国家出气力行来"，所以在蒙古贵族中口碑较好。（杨讷《泰定帝与南坡之变》，《庆祝邓广铭教授九十华诞论文集》，河北教育出版社，1997年；陈得芝主编《中国通史》第八卷）

第五节　元英宗流放高丽忠宣王事件

1231年开始，元廷发动了多次征伐高丽的战争。1259年，高丽高宗派世子王倎入元，表示臣服。之后世祖忽必烈扶植王倎，即高丽元宗继承高丽王位，并帮助王倎铲除高丽国内的武臣势力。至元十一年，忽必烈应高丽元宗的请求，将女儿忽都鲁揭里迷失嫁与元宗之子王愖，王愖即为高丽忠烈王。高丽忠烈王之子忠宣王王璋，是忽都鲁揭里迷失所生。王璋三岁时被封为高丽世子，长期在元廷生活。成宗元贞二年十一月，王璋娶元晋王甘麻剌之女为妻，这样有着蒙古血统的王璋又成了元朝的驸马。成宗大德二年正月，元廷遣使册封王璋为高丽王，即高丽忠宣王，可就在同年八月，元廷又褫夺了王璋的王位，复以其父忠烈王为高丽国王。究其原因，乃是王璋即位后擅自进行官制改革，及与元朝公主的矛盾激怒了元廷。（《高丽史》卷三十三《忠宣王世家·前言》）

王璋被褫夺王位后十年间一直在元廷宿卫，他长期与爱育黎拔力八达生活在一起，并参与了拥立海山即位的元朝宫廷斗争。至大元年五月，武宗以"定策功"封王璋为沈阳王（后改封为沈王）。同年七月，高丽忠烈王去世，王璋在阔别高丽十年后回

高丽奔丧。十月，元廷又册封王璋为高丽国王。可王璋在即高丽
王位后仅一个月，便又回到了元朝。奇怪的是，王璋从此再也不
愿回到高丽，其间高丽不断派人到元廷请王璋还国，武宗和皇太
后答己也要求王璋回国，无奈之下，为了能继续留在元廷，王璋
便在至大四年三月将高丽王位传给了他的儿子王焘，即高丽忠
肃王。

　　至于王璋宁愿放弃高丽王位也不愿回国理政的原因，有很
多种说法。有人认为是由于当时元廷对高丽的政局有决定权，
王璋留在元廷，是为了在元廷展开外交活动以更好地控制高丽，
其基本的依据是王璋在退位后仍然不断干涉高丽的内政。事实
并非如此，虽然王璋在元廷中的地位对他能否控制高丽具有决
定性作用，但他也不必非得一直生活在元廷不可。王璋为了奔
丧回到高丽仅几个月，有生之年就再也不愿回高丽了，这似乎说
明了另一个问题，那就是他已不再愿意在高丽生活了。王璋是
蒙古公主所生，且长期在元廷生活，可以说他对元廷的感情并不
亚于对高丽的感情，在武宗和仁宗朝，王璋又备受元帝与皇太后
答己的宠爱，王璋不愿回国很可能是他贪恋在元廷的生活。

　　王璋对儒学有着浓厚的兴趣，喜欢与名儒交游。王璋在将
王位传给高丽忠肃王王焘之后，便"构万卷堂于燕邸，招致大儒
阎复、姚燧、赵孟頫、虞集等与之从游，以考究自娱"，并曾向仁
宗进言主张设科举，仁宗甚至准备任命王璋为右丞相，因王璋固
辞才作罢。

　　仁宗延祐七年六月，刚刚即位的英宗突然将留在元廷生活
的王璋逮捕，并于同年十二月将他流放到吐蕃撒思结之地。1322
年，又将在位的高丽忠肃王王焘扣留在大都。1323年，泰定帝即

位,大赦天下,才将王璋从流放地召回,并恢复忠肃王的王位。1325 年,王璋在大都去世。(《高丽史》卷三十四《忠宣王世家》;《高丽史》卷三十五《忠肃王世家》)

至于英宗流放高丽忠宣王的原因,根据《高丽史》的记载,起因系元廷高丽宦官任伯颜秃古思曾对忠宣王无礼。忠宣王奏明皇太后答己后,任伯颜秃古思受杖责,答己皇太后并将任伯颜秃古思侵夺的田产归还其主,故任伯颜秃古思十分憎恨忠宣王。在仁宗死后,皇太后答己亦逐渐丧失特权,任伯颜秃古思就想方设法陷害忠宣王。最终任伯颜秃古思奸计得逞,英宗归还了他被夺去的田地,流放忠宣王于吐蕃。从以上史料大体可以看出,高丽宦官任伯颜秃古思与高丽忠宣王遭流放有着直接的关系;英宗即位,太皇太后答己丧失特权,是高丽忠宣王遭流放的政治背景。(《高丽史》卷一百二十二《任伯颜秃古思传》)

皇太后答己在仁宗朝就干涉朝政,尤其庇护为非作歹的右丞相铁木迭儿,而仁宗对太后一党的活动表现得较为软弱。答己同意立仁宗之子为太子,主要考虑到硕德八剌年幼容易控制,不过英宗上台后的举动却令答己大为失望。英宗即位后,与太皇太后答己的势力展开了斗争。这样看来,王璋遭流放又很可能与英宗打击太皇太后答己一党有关。

从现有的史料看,王璋显然是属于答己一党的。前已述及1298 年高丽忠宣王王璋被召至元廷宿卫,之后十年间他主要与太后答己和仁宗生活在一起,“帝(武宗)及皇后(答己)、皇太子(仁宗)待王(王璋)甚宠”,当王璋与元朝大臣发生矛盾时,答己也总是庇护王璋。至大二年三月,“辽阳行省右丞洪重喜诉高丽国王王璋不奉国法恣暴等事,中书省臣请令重喜与高丽王辩对。

敕中书毋令辩对,令高丽王从太后之五台山"。王璋不用辩对乃
是皇太后出力,据《高丽史·方臣祐传》载,当时辽阳行省右丞相
洪重喜向中书省诉高丽王不法,欲与高丽王廷辩,由于高丽宦官
方臣祐向皇太后答己进言,"皇太后悟,言于帝,敕中书毋令对
辩,杖重喜,长流潮州"。这样看来,英宗出于打击太皇太后答己
一党的目的而将属于答己一党的王璋流放才是较为合理的解
释。(《高丽史》卷三十三《忠宣王世家》;《元史》卷二十三《武宗本纪二》;
《高丽史》卷二百四《方臣祐传》)

　　传统上认为高丽忠宣王王璋是喜欢与名儒交游的正人君
子,其实王璋也有不光彩的一面。《朝鲜史略》载,"上王(忠宣
王)自记其德十余条,密下式目都监,令上笺陈贺"。对此,史官
评论曰:"忠宣以聪明强记之资用之于不善处身接物,无一可称。
乃欲求誉于上国,自记其德,密令臣下上笺陈贺,其所记之德,不
知何德也? 灵殿之营先扬父恶,谓之德可乎? 转输燕京,财殚力
痛,谓之德可乎? 以谓孝则失父子之亲,以为仁则杀无罪之子,
常在元朝,不亲国政,则无克勤之德也。重营一宫,私占食邑,则
无克俭之德也。饭佛点灯,万僧之会,糜费钜万,谓无一日之游
丝毫之费可乎? "至于王璋与元朝儒士的关系也未见得多好,其
行为也为元朝一些名儒所不齿。《元史·姚燧传》云,当时在元廷
生活的高丽沈阳王王璋父子,联姻帝室,利用钱财结交朝臣。一
日,王璋想求得姚燧的诗文,姚燧一开始不愿意给,后来王璋拿
来了圣旨,姚燧无奈只好答应。王璋为此赠给姚燧大批币帛、金
玉、名画,姚燧随即将王璋馈赠的物品分给了属吏侍从,留下金
银交付翰林院用来购买公用器皿,自己一无所取。当别人问起
此事缘由,姚燧回答说:"彼藩邦小国,唯以货利为重,吾能轻

之，使知大朝不以是为意。"高丽忠宣王王璋颇贪图利益，魏王阿不哥被流放到高丽大青岛，王璋听说魏王高丽住所庭砖光彩斑斓，皆成牡丹花状，十分好奇，命人回到高丽，欲抢夺这些庭砖。有人将这件事禀明仁宗，仁宗遣吏部尚书卜颜必着赤、买驴责问王璋，并安抚魏王。而彼时已经退位的高丽忠宣王王璋及其亲信，更是不断干涉高丽的内政，从而招致高丽忠肃王的极大不满。(《蒙兀儿史记》卷一百三十四《高丽传》;《朝鲜史略·高丽纪·忠肃王八年》)

第七章　元泰定帝时期的蒙古宫廷

　　泰定帝也孙铁木儿（1293—1328），在位五年，享年三十六岁。由于泰定帝是在英宗被弑杀后登上皇位，所以他即位后致力于笼络诸王，诛杀铁失一党，借以证明自己与英宗被弑无关，进而巩固统治的基础。对儒学汉法有着较深隔膜的泰定帝一改英宗打击、限制诸王的政策，召还在英宗朝被流放的诸王，恢复了赏赐和重用诸王的蒙古旧制。泰定帝接受英宗强势推行改革的教训，走中间路线，在恢复部分蒙古旧制、笼络诸王的同时，也没有彻底废除仁宗、英宗两朝的一些改革成果，例如继续沿袭科举制。泰定帝为了争取汉族儒士的支持还将经筵制度化。他吸取前朝为争夺皇位屡次爆发宫廷斗争的教训，即位不久便立己子阿速吉八为太子，试图以自己的辅佐，将皇位顺利传给阿速吉八。始料不及的是，泰定帝死后，元廷内部又爆发了一场争夺皇位的血腥斗争。

第一节　泰定帝之施政

　　南坡之变后，铁失一党遣诸王按梯不花及也先帖木儿北迎晋王也孙铁木儿于漠北。至治三年九月初四日,也孙铁木儿即皇位于漠北成吉思汗的大斡耳朵,是为泰定帝。泰定帝在即位诏书中申明了自己即位的合法性:一是自己继承了父亲甘麻剌的晋王封号,长期戍守漠北,统领成吉思汗的四大斡耳朵及军马、蒙古国土,而甘麻剌则为世祖忽必烈的嫡孙、裕宗真金的长子,是蒙古黄金家族的主要成员。二是他支持武宗、仁宗、英宗继承皇位,累朝以来,没有异心,不图位次,依本分为国出力。三是英宗被弑,皇位不可久虚,诸王勋贵、蒙古百姓都认为也孙铁木儿作为忽必烈的嫡系后裔适合继承皇位,且又没有其他人争位。姑且不说泰定帝是否参与谋划了南坡之变,一个明显的事实是,通过政变暂时掌控中央政权的铁失一党积极促成了泰定帝的即位。这样,元帝国的皇位就从真金三子成宗铁穆耳系,转移到真金长子晋王甘麻剌系。铁失一党之所以选择晋王也孙铁木儿,除去也孙铁木儿蒙古黄金家族的特殊身份且手握重兵外,另一个重要的原因就是如果皇位继续留在铁穆耳系,那么他们必会被追究弑君之罪。

泰定帝即位于漠北,但铁失一党仍然掌控着大都、上都政权,于是泰定帝采取了十分有策略的做法,那就是先赦免、优待铁失一党,趁机控制国家政权。在即位的同时,泰定帝就宣布对一些主要官员的任命,以知枢密院事淇阳王先帖木儿为中书右丞相,诸王月鲁铁木儿袭封安西王,内史倒剌沙为中书平章政事,乃马台为中书右丞,铁失知枢密院事,马思忽同知枢密院事,李罗为宣徽院使,旭迈杰为宣政院使,枢密副使阿散为御史中丞,内史善僧为中书左丞,完泽知枢密院事,秃满同佥枢密院事,撒的迷失知枢密院事,章台同知枢密院事。从泰定帝的任命状不难看出,泰定帝既重用铁失一党,又将自己的亲信安插到国家的主要

机构之中，其中淇阳王也先帖木儿、诸王月鲁铁木儿以及铁失、
孛罗、阿散、秃满、章台，均直接参与了弑杀英宗的南坡之变。

为了安抚铁失一党，泰定帝宣布大赦，十恶中除杀祖父母、
父母，妻妾杀夫不赦外，其余如谋反、大逆、奴婢杀主等罪概赦不
问，被赦罪行多是不论传统汉法还是蒙古旧制都不可能赦免的大
罪。泰定帝的大赦显然是针对铁失一党的。因为当时泰定帝尚在
漠北，铁失一党则掌控两都，握有兵权，控制着中书省、御史台等
朝廷中枢机构，于是泰定帝就用大赦的方法先使铁失一党放松警
惕，所谓"以宽恩而释其疑，使恶逆之徒，有以自安，不至狂肆"。泰
定帝还一改英宗限制、打击蒙古诸王的政策，在即位伊始就召还
了在英宗朝被流放的蒙古诸王。(《至正集》卷七十七《正始十事》)

泰定帝优待铁失一党的政策只不过是权宜之计。不管泰定
帝是否参与了南坡之变，铁失一党的存在都会直接影响到他执
政根基的稳定，因为不对铁失一党进行惩罚就意味着泰定帝参
与了政变，这无疑会使泰定帝背上诛杀帝王的罪名，正所谓"不
除元凶，则陛下美名不著，天下后世何从而知"。从另一个角度
讲，如果泰定帝参与了政变，铁失等人就更不能存在了，因为一
旦走露风声，无疑会使泰定帝在蒙古宗王、贵族中陷入孤立。此
外，朝廷中很多儒臣对铁失等人的弑君行为极为痛恨，纷纷上书
请求泰定帝严惩铁失一党。中书平章政事张珪在得知政变的消
息后，不与铁失一党共事，并上书泰定帝，请求诛杀逆党。据说，
铁失等弑君之臣受命与泰定帝派来的使节以新帝即位去告祭太
庙，在祭祀之时，忽然从北边刮来一阵阴风，殿上的灯烛都熄灭，
过了许久，风才停止，"盖摄祭官铁失、也先帖木儿、赤斤铁木儿
等，皆弑君之元恶也"。(《至正集》卷七十七《正始十事》;《元文类》卷五

十三《张珪墓志铭》；陈得芝主编《中国通史》第八卷）

即位后的第二个月，泰定帝就开始严惩铁失一党。至治三年十月，泰定帝派亲信旭迈杰诛杀逆贼也先帖木儿、完者、锁南、秃满等于行帐之内。并以旭迈杰为中书右丞相，陕西行中书省左丞相秃忽鲁、通政院使纽泽并为御史大夫，速速为御史中丞。旭迈杰、纽泽等人随即又受命在大都诛杀铁失、失秃儿、赤斤铁木儿、脱火赤、章台等，并且灭其族，籍没家产。随后，泰定帝对铁失一党进行追查并严惩，于至治三年十一月，罢免御史中丞董守庸，于十二月罢免御史台经历朵儿只班，御史撒儿塔罕、兀都蛮、郭也先忽都，同月流放诸王月鲁铁木儿于云南，按梯不花于海南，曲吕不花于东北奴儿干（今俄罗斯境内黑龙江口附近一带），孛罗及兀鲁思不花于海岛。出乎意料的是，竟有如此多的诸王、大臣直接或间接参与了南坡之变，以至于泰定帝不得不下诏"逆党胁从者众，何可尽诛？后之言事者，其勿复举"。因为如果打击面太广，显然不利于维持政局的稳定，英宗被弑的教训也恰恰说明，朝廷施政必须取得多数诸王、大臣的支持。

其实，泰定帝即位后，他遵循的一个重要施政理念就是遵守世祖成宪、强调宫廷和谐。也就是说，泰定帝既不会像英宗那样强势改革蒙古旧制，打击诸王、贵族，也不会废弃世祖朝以来吸收汉法的大多数成果。

泰定帝即位伊始，对在仁宗、英宗朝专权的铁木迭儿势力进行追究。经过英宗朝对铁木迭儿的打击以及泰定帝对铁失一党的诛杀，铁木迭儿的势力已经基本清除，但铁木迭儿专权的很多消极影响还没有肃清，而泰定帝也可以借清除铁木迭儿专权的消极影响来提高自己的威望。至治三年十二月，御史台官员奏言,以前铁木迭儿专政,诬陷、杀害大臣杨朵儿只、萧拜住、贺伯颜、观音保、锁咬儿哈的迷失,流放李谦亨、成珪,罢免王毅、高昉、张志弼,天下之人皆知这些官员蒙冤,请求予以平冤昭雪。泰定帝下诏将上述在世官员召还录用,已死者赠予荣誉官爵。监察御史脱脱、赵成庆等言,铁木迭儿在先朝包藏祸心,离间亲藩,诛戮大臣,使英宗陷入孤立,遭受大祸,铁木迭儿之子锁南,参与了谋杀英宗的南坡之变,应该予以严惩,以快人心。于是,泰定帝马上下令诛杀了铁木迭儿之子锁南。

泰定帝为笼络诸王、贵族,使大批蒙古、色目官员得到重用,较之英宗朝,汉人在朝中的地位大为降低,同时在英宗朝一度受到限制的对诸王、贵族的赏赐,在泰定朝又开始泛滥起来。例如至治三年十二月庚午,泰定帝以新登大位,大规模赏赐后妃、诸王、百官,耗费"金七百余锭、银三万三千锭,钱及币帛称是"。与前朝同样的问题产生了,那就是国家财政负担加重。泰定二年(1325)闰正月丁卯,中书省臣上奏国用不足,请求罢省不急之费。同年五月,中书右丞相旭迈杰等以国用不足,请减厩马,裁汰卫士,节制对诸王的滥赏。面对中书省的奏请,泰定帝口头应允,但他笼络诸王,沿用蒙古赏赐旧俗的既定政策,决定了他不可能节制或停止对诸王、贵族的大规模赏赐。

泰定帝对诸王的优待、偏袒,在他对待辽王脱脱的态度上反映得极为明显。泰定帝即位伊始,很多大臣都上书要求严惩辽王脱脱,但泰定帝并没有采纳这些建议,反而对脱脱恩宠有加。泰定元年(1324)二月庚申,监察御史傅岩起、李嘉宾上言:辽王脱脱趁着国家政权不稳之际,诛杀骨肉,罪恶满盈,恐怕将来会阴谋反叛,如若让脱脱返回自己在东北的封地,就像放虎归山，不如今天废掉辽王脱脱，以辽王近族袭其位。泰定帝拒绝了监察御史傅岩起、李嘉宾的建议。五月，监察御史董鹏南、刘潜、边笥、慕完、沙班以国家灾害频繁上奏："平章乃蛮台、宣徽院使帖木儿不花、詹事秃满答儿，党附逆徒，身亏臣节，太常守庙不谨，辽王擅杀宗亲，不花、即里矫制乱法，皆蒙宽宥，甚为失刑，乞定其罪，以销天变。"泰定帝再次拒绝了监察御史的建议。六月，中书平章政事张珪等上奏曰："辽王脱脱，位冠宗室，居镇辽东，属任非轻，国家不幸，有非常之变，不能讨贼，而乃觊幸赦恩，报复仇忿，杀亲王妃主百余人，分其羊马畜产，残忍骨肉，盗窃主权，闻者切齿。今不之罪，乃复厚赐放还，仍守爵土，臣恐国之纪纲，由此不振，设或效尤，何法以治！且辽东地广，素号重镇，若使脱脱久居，彼既纵肆，将无忌惮，况令死者含冤，感伤和气！臣等议：累朝典宪，闻赦杀人，罪在不原，宜夺削其爵土，置之他所，以彰天威。"但泰定帝仍然不愿听从大臣们的意见。

泰定帝之所以偏袒辽王脱脱，与他即位前长期出镇北边的政治背景密切相关。自大德六年开始，也孙铁木儿就以晋王的身份统领太祖四大斡耳朵及军马、蒙古国土，历成宗、武宗、仁宗、英宗四朝，而这期间，东道诸王辽王脱脱无疑与晋王有长期的交往，因为晋王也兼辖东北事务。另一方面，泰定帝即位后，急欲弥合蒙古统治者内部由于仁宗、英宗大力推行汉法而出现的裂痕，平息英宗被弑而引发的种种猜疑，这就决定了泰定帝会把安抚诸王，稳定统治基础作为施政的重点。(《元史》卷二十九《泰定帝本纪一》；《元史》卷一百七十五《张珪传》)

泰定帝对宗王的信任、重用，还体现为泰定朝利用诸王出镇一方，统领军务事例的增多。有元一代，宗王出镇的现象较为普遍，主要是元帝任命皇子、宗王出镇一方，控驭边徼襟喉之地。如泰定元年四月，泰定帝任命昌王八剌失里出镇原安西王阿难答昔所居之地；六月，遣诸王阔阔出镇畏兀，并赐予大量金、银、钞。泰定三年正月，封诸王宽彻不花为威顺王，出镇湖广，封买奴为宣靖王，出镇益都，各赐钞三千锭；三月丁巳，遣诸王失剌出镇漠北；六月，改命湘宁王八剌失里出镇原安西王阿难答之地，同月命梁王王禅及诸王彻彻秃出镇漠北，赐王禅钞五千锭、币帛各二百匹；十一月，封诸王铁木儿不花为镇南王，出镇扬州。泰定四年（1327）二月，亲王也先铁木儿出镇漠北，赐金一锭、银五锭、钞五百锭、币帛各十匹；三月，皇子允丹藏卜出镇漠北。（《元史》卷二十九、三十《泰定帝本纪》）

在诛杀铁失一党、厚待蒙古诸王的同时，泰定帝也采取了一些措施强化自己的统治。首先，他任命自己的亲信掌控国家政权。至治三年十月，泰定帝以旭迈杰为中书右丞相，同年十二月，又以倒剌沙为中书左丞相。旭迈杰和倒剌沙均是泰定帝为晋王时内史，得幸于泰定帝。晋王府内史，即朝廷任命的负责处理晋王政务的官员，内史的职责基本上等同一般诸王的王傅，朝廷礼遇晋王，故在晋王府设内史而不设王傅，且晋王内史的品秩比一般王傅高，一般诸王王傅均为正三品，晋王内史先为从二品，后升至正二品。先时，倒剌沙常常代晋王侦伺朝廷政局的发展，有记载称倒剌沙是南坡之变及拥立泰定帝的主要谋划者。事实的真相已经很难确知，但泰定帝在诛杀铁失一党的同时，确实没有惩罚倒剌沙，而是重用他。至泰定帝去世，倒剌沙一直是泰定帝最为亲信的官员，在中书右丞相旭迈杰去世后，左丞相倒剌沙就成为朝中最有权势的官员。需要说明的是，倒剌沙及中书平章政事兀伯都剌皆西域回回人,西域人多依附之,此一时期回回色目官僚在朝中颇为得势。倒剌沙主持朝政期间,"贿赂通行,卖官鬻狱,家有金窖宝海,以藏所得金帛珍异"。(佚名《解醒语》;陈得芝主编《中国通史》第八卷)

不仅如此,泰定帝还接受英宗朝侍卫军参与政变的教训,对侍卫军统领的任命制度进行改革。泰定二年五月,中书参知政事左塔不台上奏泰定帝:大臣兼领军务,并不符合古来的旧制,铁失以御史大夫、也先帖木儿以知枢密院事的身份统领侍卫军,如虎而翼,这是他们能够成功发动政变的根本原因。今后侍卫军统领一职,希望不再由朝中大臣兼领,而是授予蒙古勋旧之家。泰定帝欣然接受这项建议,并对左塔不台大加褒奖,赏赐他大量的财物。(《元史》卷二十九、三十《泰定帝本纪》;《元史》卷一百八十二《宋本传》;《元史》卷一百九十《赡思传》)

第二节　泰定帝对儒学汉法的态度

较之于仁宗、英宗,长期戍守漠北的泰定帝对儒学汉法有着较深的隔膜。泰定帝即位后,在倡导恢复世祖旧制的口号下,大量起用蒙古、色目官僚。不过,强调惟和统治的泰定帝并没有打击汉族儒士,反而给予他们表面上的礼遇。其中一个重要的表现是泰定帝在继续推行科举制的同时,将经筵制度化。所谓经筵,就是皇帝为研读经史而特设的御前讲席,早在世祖朝,就有汉族儒士向蒙古大汗讲经说史的事例,到泰定朝,经筵终于形成了一种固定的制度,并为元朝后世的几个皇帝所沿袭。泰定元年二月,江浙行省左丞赵简,奏请开经筵以及选择师傅,令太子及诸王、大臣子孙受学。泰定帝命中书省平章政事张珪、翰林学士承旨忽都鲁都儿迷失、学士吴澄、集贤直学士邓文原，以《帝范》、《资治通鉴》、《大学衍义》、《贞观政要》等书进讲。泰定二年二月，封阿里迷失为和国公、张珪为蔡国公，知经筵事。七月，大臣纽泽、许师敬编成《帝训》一书，请于经筵进讲，仍请让皇太子观览。泰定帝下旨让译写此书进呈。同月，以许师敬及郎中买驴兼经筵官。泰定三年七月，诏翰林侍讲学士阿鲁威、直学士燕赤译《世祖圣训》，以备经筵进讲。泰定三年十二月，召江浙行省右丞赵简为集贤大学士，领经筵事。泰定四年七月，敕令经筵讲读官在替代者没有赴任之前不得离职。

　　泰定帝将经筵制度化的举动受到了汉族儒士们的赞扬：“圣心资启沃，旷典开经筵。大臣领其职，诸儒进翩翩。讲陈尧舜道，庶使皇风宣。恭惟帝王学，继统垂万年。”儒士陈栎向首选为经筵官的邓文原勉励道：“学颜子之学，志伊尹之志，使是君为尧舜之君，使是民为尧舜之民，此尊先正、觉民生，先正之有志而未酬者，善继其志而酬之，不在先生乎？”被选为经筵官的儒士们也是竭尽所能向蒙元皇室进讲，企图参与朝政，促使朝廷吸收儒学汉法。泰定朝张珪领经筵，“恳恳为上敷说，皆义理之正，无机微、术数、权谋之涉焉”，经筵官王结也是“援引古训，证以时政之失，反覆详尽，觊上有所感悟”。(《元史》卷二十九、三十《泰定帝本纪》；《纯白斋类稿》卷二《京华杂兴诗二十首》；《定宇集》卷十《贺邓祭酒书》；《道园学古录》卷十八《张珪墓志铭》；《滋溪文稿》卷二十三《王结行状》)

　　然而，令汉族儒士们失望的是，对儒家文化有着较深隔阂的泰定帝，其首开经筵的目的绝非是要诚心接受儒学汉法，而是更多出于现实政治上的考虑，是为了消除儒臣们的不信任情绪。

其实,在对待儒学汉法上,泰定帝比仁宗、英宗大大倒退了,儒士
们借经筵向皇帝灌输儒学汉法的希望也化为泡影。泰定四年,倡
议开设经筵的赵简慨叹道:"于是四年矣,未闻一政事、一议论之
出显有取于经筵者,将无虚文乎?"同时供职经筵的儒士虞集也无
奈地说道:"先儒有言,政不足适,人不与间,其要格心而已。然则
所虑者,言不足以达圣贤之旨,诚不足以感神明之通,吾积吾诚云
尔,他不敢知也。"经筵制度为后世文宗、顺帝所沿袭,但他们对经
筵的态度与泰定帝相比,并没有根本的变化。(《道园学古录》卷十一
《书赵学士简经筵奏议后》;张帆《元代经筵述论》,《元史论丛》第五辑)

第三节　泰定帝朝政的腐败

泰定帝一朝,自然灾害频繁,农民起义不断。面对这种局
面,很多大臣都上书言政,请求泰定帝改革弊政。泰定帝对这些
奏言虽也常表认同,并采取了一些改革的措施,但这些措施的成
效并不十分显著。泰定元年五月壬辰,御史台大臣秃忽鲁、纽泽
奏言,国家自然灾害屡次发生,灾异屡现,宰相应该引咎辞职,以
应天变,而御史台大臣作为皇帝的耳目也有失察之罪,故请求先
辞官让贤。泰定帝答复说,御史台大臣所说的情况,是由于泰定
帝犯有过失所致,不必过于自责。不过秃忽鲁仍以年老多病为
借口请求辞官。这种情况下,中书省臣兀伯都剌、张珪、杨廷玉
等,都上疏泰定帝请求辞官。中书省丞相旭迈杰、倒剌沙则说,
近来灾害频繁爆发,泰定帝忧国忧民,反躬自责,谨遵祖宗圣训,
修德慎行,敕命臣下各尽其职,诏书下发至大都后,中书省大臣
皆引罪自劾,而他们作为中书省左、右相,无德无能,何以当国大

任,恳请泰定帝将他们罢黜以消除天变。泰定帝无奈地说道,你们都辞官而去, 那么谁来帮助我治理国家大事? 朝中大臣应该精诚合作,共同处理好政事。

泰定元年六月,中书省平章政事张珪自大都来到上都朝见泰定帝,张珪将朝中大臣对当时朝中弊政的看法上奏,曰:"逆党未讨,奸恶未除,忠愤未雪,冤枉未理,政令不信,赏罚不公,赋役不均,财用不节,请裁择之。"张珪的奏言尖锐抨击了当朝各种主要弊政,他希望泰定帝能够励精图治,革除弊政,遗憾的是泰定帝并没有接受张珪的意见。泰定帝对朝中弊政并不是无动于衷, 他只希望在十分有限的范围内整顿朝政, 尤其是地方施政。泰定二年九月,泰定帝遣十八道奉使宣抚巡行天下,希望能整顿地方吏治。泰定帝下诏曰:"朕祇承洪业,夙夜惟寅,凡所以图治者,悉遵祖宗成宪。曩屡诏中外百司,宣布德泽,蠲赋详刑,赈恤贫民,思与黎元共享有生之乐。尚虑有司未体朕意,庶政或阙,惠泽未洽,承宣者失于抚绥,司宪者怠于纠察,俾吾民重困,朕甚悯焉。今遣奉使宣抚,分行诸道,按问官吏不法,询民疾苦,审理冤滞,凡可以兴利除害,从宜举行。有罪者,四品以上停职申请,五品以下就便处决。其有政绩尤异,暨晦迹丘园,才堪辅治者,具以名闻。"

泰定三年三月,因为天旱不雨,泰定帝下诏自责,并命有司审决重囚,遣使分祀五岳四渎、名山大川及京城寺观。中书省大臣请求裁汰宿卫之士,节制滥赏,停罢大规模的工程营缮,减免徭役,防止民间暴动,泰定帝均表示采纳。五月,监察御史弹劾宣抚使朵儿只班,学士李塔剌海、刘绍祖平庸无能,不能胜任本职,而中书省却认为,上述三人皆勋旧大臣的后裔,并无罪状,不应罢职,以后御史台官员不要空发议论,随意弹劾。一向优待宗亲、贵族的泰定帝在这场御史台与中书省的争论中,显然是支持中书省的意见。六月,中书省大臣奏言,最近不少郡县爆发了旱灾、蝗灾,皆因为他们治国无方,上天降灾异予以训诫、惩罚,所以他们以后一定要深刻反省,大力推行善政,同时也恳请泰定帝敬慎修德、悯恤生民,泰定帝同样表示同意中书省的说法。九月,中书省再次上奏,说如今国库空虚,泰定帝应该效法世祖勤俭治国之道,今后再有私自请赏的官员,中书省一定要加以弹劾。泰定四年正月,监察御史辛钧更是奏言,朝廷购买西域商人的珍宝,动辄花费数十万锭,如今水旱民贫,请求泰定帝节约开支,而泰定帝并没有采纳辛钧的建言。同年七月,御史台大臣奏言,腹里、江南等地爆发旱灾、蝗灾,一定是朝廷施政出现了偏差,因此丞相塔失帖木儿、倒剌沙,参知政事不花、史惟良,参议买奴等官员又一次集体请求辞官。泰定帝对此十分不高兴,下旨说道,不要再多说了,他本人会自儆,大臣们要各自尽职尽责。(《元史》卷二十九、三十《泰定帝本纪》)

泰定帝朝中书省与御史台之间的矛盾冲突日益凸显,这也反映了蒙古、回回势力与汉法派之间的矛盾。泰定帝在这场省台冲突中明显偏向中书省。中书参政杨廷玉犯有贪赃之罪,御史台奉旨逮捕杨廷玉。不料,中书省左丞相倒剌沙却诬陷御史台诬告杨廷玉,并欲借此杀害御史台大臣,以泄私愤。监察御史张起岩三次上奏章申辩,此事才得以平息,而相关御史台官员均被免职。中书省甚至以"星悖地震"为由,上奏英宗实行大赦,建议重新起用自英宗朝以来被御史台弹劾罢免的官员。当时左丞相倒剌沙擅权,打击异己,诬陷侍御史亦怜珍等,将他们治罪,朝堂之上没有人敢为他们申冤。此时侍御史韩若愚用计，上奏以左丞相倒剌沙为御史台右大夫，倒剌沙这才同意释放侍御史亦怜珍等人。(《元史》卷一百八十二《张起岩传》、《宋本传》;《元史》卷一百七十六《韩若愚传》;陈得芝主编《中国通史》第八卷)

　　《元史·泰定帝本纪》评价泰定帝一朝之施政,云:"泰定之世,灾异数见,君臣之间,亦未见其引咎责躬之实,然能知守祖宗之法以行,天下无事,号称治平,兹其所以为足称也。"说泰定帝一朝灾害频繁,朝廷并没有力行整顿朝政,但泰定帝能遵循世祖定制,天下无事,却是可以称道的。其实,泰定帝在治国理政方面所标榜的遵循世祖定制，就是排斥仁宗、英宗吸收汉法的改革,笼络蒙古、色目官僚、贵族。而泰定朝也并不是太平无事,除湖广行省不时爆发民族起义外,泰定二年六月,河南息州民赵丑厮、郭菩萨,称弥勒佛当有天下,发动起义。元廷立即派宗正府、刑部、枢密院、御史台及河南行省官员共同前去镇压、拘问。明朝人胡粹中亦如此评论泰定朝政:"泰定在位五年，大小旱蝗无岁无之……而日事宴乐,新作棕殿,造玉御床,制金宝盖以贮舍利,屡兴工功,营建塔寺以祈福,福何自而至哉? 于是饥馑连年而募民纳粟,盗贼并起而立格招捕,民瘼日滋而分道遣使……国势衰削,亦自此矣。"应该说胡粹中对泰定朝政的评价是大体不错的。(胡粹中《元史续编》致和元年条;张帆《元代经筵述论》)

第四节　两都之战

　　对儒学汉法有着较深隔阂的泰定帝,在立太子的问题上却颇为积极。与其说泰定帝立太子是在遵循汉制，不如说对元代残酷宫廷斗争有着很深理解的泰定帝是在汲取经验教训。从前朝的经验来看，凡是皇帝在位时指定的继承人，一般都能顺利继承皇位，否则在皇帝死后，往往会上演宫廷残杀的悲剧。颇有政治斗争经验的泰定帝，对此想必感悟颇深。泰定元年春正月，诸王、大臣请立皇太子。泰定帝随即采纳诸王、大臣的意见，于同年三月正式立己子阿速吉八为皇太子，并封皇子八的麻亦儿间卜为晋王。三月，泰定帝罢徽政院，为太子立詹事院，以太傅朵台、宣徽使秃满迭儿、桓国公拾得驴、太尉丑驴答剌罕并为太子詹事，中书参知政事王居仁为太子副詹事。自泰定帝立太子后，一些力主行汉法的官员就试图通过对太子的教育来影响元朝政局将来的发展走向。泰定元年二月甲戌，江浙行省左丞赵简请开经筵及择师傅，令皇子及诸王、大臣子孙受学。五月，中书平章政事秃满迭儿、领宣徽使詹事丞回回奏请按照世祖朝真金为太子时的旧制，选择名儒辅助皇太子学习，于是泰定帝敕命中书省官员访求名儒以闻。十月丁巳，监察御史王士元也奏请加强对皇太子的教育。泰定二年七月，大臣纽泽、许师敬编成《帝训》一书，请于经筵进讲，仍请令皇太子观览，泰定帝下旨译写此书，然后进呈。泰定三年二月丙寅，翰林承旨阿怜帖木儿、许师敬译《帝训》成，更名为《皇图大训》，泰定帝敕授此书给皇太子。十二月，监察御史哈剌那海奏请选择正直之人为太子的老师。(《元史》卷二十九、三十《泰定帝本纪》)

致和元年（1328）七月，在位不到五年的泰定帝死于元上都。让泰定帝始料不及的是，元代宫廷随之又爆发了一场争夺皇位的残酷斗争，而这场斗争甚至演变成一场大规模的内战。与泰定帝之子阿速吉八争夺皇位的正是武宗的后人。泰定帝即位后,重用亲信以确保政权的稳定,但并没有清洗、严惩前朝官员,为了表示自己与南坡之变毫无关联,也没有把一些前朝官员及其后裔完全排除在国家最高权力机关之外。如泰定元年三月,泰定帝以英宗朝丞相拜住之子答儿麻失里为宗仁卫亲军都指挥使。在泰定帝死后,挑起这场宫廷斗争的关键人物金枢密院事燕铁木儿,正是前朝武宗的亲信。

燕铁木儿是世祖朝功臣钦察人土土哈的孙子。土土哈在世祖朝为镇国上将军、枢密院副使,至元二十三年兼任钦察亲军卫都指挥使。土土哈随后长期出戍漠北抵御西北叛王海都,并在镇压东道诸王之乱中立下了赫赫战功。燕铁木儿的父亲床兀儿是土土哈的第三子,床兀儿在成宗朝袭父职领军抵御海都。当时海山尚在潜邸,负责出戍漠北,军事之事必与床兀儿商议,听取床兀儿的意见。床兀儿在战场上奋勇杀敌,海山目睹其作战的英勇,感叹道:"何其壮耶!力战未有如此者!"遂上书为他请功,成宗重用之。成宗死去,床兀儿积极促成武宗登上皇位。武宗任命床兀儿为平章政事,兼枢密副使、钦察左卫都指挥使、太仆少卿,后又封句容郡王。在仁宗朝,床兀儿继续担当重任,位高权重。

床兀儿的第三子燕铁木儿,武宗即位前镇戍漠北之时,充当武宗宿卫十余年,武宗十分喜爱、宠幸他。燕铁木儿在武宗朝拜正奉大夫、同知宣徽院事。仁宗皇庆元年袭左卫亲军都指挥使;泰定二年加太仆卿,三年迁官同金枢密院事;致和元年,进金枢密院事。泰定朝后期,燕铁木儿跻身统领军权的最高机构枢密院的高层,这为他在泰定帝死后发动宫廷政变提供了便利。由于仁宗、英宗均无后裔在世,泰定帝病重之际,燕铁木儿准备扶植武宗后人夺取皇位。为此燕铁木儿进行了精心的谋划,并纠集了一批不满泰定帝统治的贵族官僚。(《元史》卷一百二十八《土土哈传》;《元史》卷一百三十八《燕铁木儿传》)

此一时期,武宗的两个儿子和世㻋(即明宗)和图帖睦尔(即文宗)均不在蒙古宫廷。和世㻋生于大德四年,图帖睦尔生于大德八年。前已述及,仁宗违反与武宗的约定,改立己子硕德八剌为太子(即英宗),而于延祐三年将本应继承皇位的和世㻋远徙云南。和世㻋行至陕西,发动兵变,失败后投奔西北诸王。或许是惧怕招致诸王、贵族的非议,或许是当时图帖睦尔对硕德八剌即位尚不构成威胁,仁宗并没有对图帖睦尔下手,但图帖睦尔在英宗朝还是遭到了被流放的厄运。英宗即位后,丞相铁木迭儿专权,"怀私固宠,构衅骨肉,诸王大臣,莫不自危"。至治元年五月,在铁木迭儿的唆使下,中政使咬住上奏,告发大臣脱欢察儿等串通亲王,于是英宗将图帖睦尔流放到海南琼州,故这里所说串通亲王无疑涉及到了图帖睦尔。在图帖睦尔被流放的当月,英宗下诏禁止占卜之人结交、串通诸王。其实,英宗将图帖睦尔流放还有着明显的政治意图。在蒙古宫廷内部,很多人都十分清楚当年武宗、仁宗的约定,这对英宗来说是个无法抹去的阴影,此时英宗正可以顺水推舟,消除这一不稳定因素。

到至治三年六月, 正在上都的英宗感觉应该召还图帖睦尔,于是对丞相拜住说:"朕兄弟实相友爱,曩以小人潜诉,俾居远方,当亟召还,明正小人离间之罪。"不料,英宗不久遇刺身亡,未能将图帖睦尔召还。泰定帝即位后,大赦天下,为了争取诸王、贵族的支持,下旨将流放的宗王召回,于是图帖睦尔也奉旨从琼州北还。图帖睦尔返回至潭州,泰定帝又命他留在潭州。居数月后,图帖睦尔才得以回到京师。泰定元年十月,泰定帝封图帖睦尔为怀王,赐黄金印。泰定二年正月,泰定帝又出居图帖睦尔于建康(治今南京),以殊祥院使也先捏担任护卫。看来即便是泰定帝,在如何对待图帖睦尔的问题上,也还是比较矛盾,出现过政策的反复。不管是英宗还是泰定帝,图帖睦尔都是潜在的政治威胁,因为他随时可以名正言顺地参与政权的争夺,如若图帖睦尔被不满现政权的权臣利用,那后果更是不堪设想。

在海南安定、琼山、文昌一带,至今还流传着关于图帖睦尔的传说。据说,图帖睦尔被流放到海南时,琼州路安抚司都元帅陈谦亨家有一歌姬名李青梅,容貌艳丽,能歌善舞,图帖睦尔欲纳为妃,但李青梅与帅府西席顾慎言已有婚约,故不贪慕富贵而拒嫁图帖睦尔。图帖睦尔无奈,只能怅然北归,后曾为此赋诗自嘲。经学者考证,这一传说是有史料依据的。1987 年,海南省琼剧院还将这一传说加工润色,写成琼剧《青梅记》,演出后获得好评。据明朝正德《琼台志》载,文宗所作诗句为:"自笑当年志气豪,手攀银杏弄金桃。滇南地僻无佳果,问得青梅价也高。"(《元史》卷二十七《英宗本纪一》;《元史》卷三十二《文宗本纪一》;王献军《元文宗图帖睦尔出居海南考》,《海南大学学报》2004 年第 3 期)

虽然泰定帝尽量缓解各种矛盾,但前朝旧臣多被排挤,加上朝臣多怀疑泰定帝与英宗被弑有关联,故泰定朝仍有很多诸王、权贵反对泰定帝的统治。英宗亲信右卫千户任速哥在英宗遇弑后,隐退不仕,"居常扼腕,或醉归,恸哭过市,时人目以为狂,莫知其意也"。后任速哥痛定思痛,准备联合朝中反对泰定帝的势力,推翻泰定帝的统治。由于英宗无子,任速哥倾向支持武宗后人即位。他秘密与中书省平章政事速速密谋，曰："先帝之仇，孤臣朝夕痛心而不能报者，以未有善策也。今吾思之，武宗有子二人，长子周王，正统所属，然远居朔方，难以达意；次子怀王，人望所归，而近在金陵，易于传命。若能同心推戴，以图大计，则先帝之仇可雪也。"速速同意任速哥的建议。当时燕铁木儿方佥枢密院事，实握兵柄，任速哥与燕铁木儿关系密切，便将发动政变的计划告知燕铁木儿。燕铁木儿一开始颇为惊恐，任速哥便规劝燕铁木儿，说："天下之事，惟顺逆两途，以顺讨逆，何患不克！况公国家世臣，与国同休戚，今国难不恤，他日有先我而谋者，祸必及矣。"燕铁木儿最终同意了任速哥的计划。(《元史》卷一百八十四《任速哥传》)

致和元年春，泰定帝在大都附近的柳林打猎，忽患重病，被迫还宫。当此之时，诸王满秃、阿马剌台，太常礼仪使哈海，宗正札鲁忽赤阔阔出等，与佥枢密院事燕铁木儿密谋，认为泰定帝病重，将前往上都，如若泰定帝病死，他们将执杀不归顺的诸王、大臣，同时在大都控制中书省、御史台，称武宗太子已至，假武宗太子之名传令内外，这样大事可成。致和元年三月，泰定帝到上都，朝廷一些主要官员以及诸王满秃、阔阔出等扈从，西安王阿剌忒纳失里与佥枢密院事燕铁木儿均留守大都。

泰定帝病重的消息从蒙古宫廷内传来，各种政治势力的斗争开始酝酿。当时掌管图帖睦尔在建康护卫的殊祥院使也先捏赴上都，与左丞相倒剌沙等谋划。为了消除图帖睦尔这个将来可能会危及太子即位的潜在危险，倒剌沙派遣宗正札鲁忽赤雍古台迁图帖睦尔居江陵(治今湖北荆州)。然而左丞相倒剌沙没有想到，宗正札鲁忽赤雍古台已经加入了图谋政变的燕铁木儿集团。致和元年七月庚午，泰定帝死于上都。左丞相倒剌沙与梁王王禅、辽王脱脱结成私党，独揽朝政。这时，留守大都的燕铁木儿实掌大都枢密院符印，控制着军权。于是他便与西安王阿剌忒纳失里等合谋发动政变。

致和元年八月甲午黎明，燕铁木儿控制的大都文武百官在兴圣宫集议。燕铁木儿率阿剌铁木儿、孛伦赤等十七人，手持兵刃，号令群臣说：武宗皇帝有两子，孝友仁文，应该继承皇位，朝中诸臣敢有不顺者，格杀勿论。燕铁木儿等当即逮捕中书平章政事兀伯都剌、伯颜察儿，分命勇士捉拿中书左丞朵朵，参知政事王士熙，参议中书省事脱脱、吴秉道，侍御史铁木哥、丘世杰，治书侍御史脱欢，太子詹事丞王桓等，将他们关入大牢。这样，燕铁木儿利用自己手中的军权发动了政变，控制了大都形势。然后，为预防形势有变，燕铁木儿采取了一系列稳定统治的铁腕措施。他与西安王阿剌忒纳失里共守内廷，籍府库，录符印，召百官入内听命。

燕铁木儿随即重组了国家主要权力机构：前湖广行省左丞相别不花为中书左丞相，太子詹事塔失海涯为中书平章政事，前湖广行省右丞速速为中书左丞，前陕西行省参知政事王不怜吉台为枢密副使，与中书右丞赵世延、翰林学士承旨亦列赤、通政院使寒食分典机务，调兵守御关要，同时征诸卫兵屯京师，命各郡县造兵器，拿出国库财物犒劳军士。为了保证自身的安全，燕铁木儿住在宫廷之内，整夜不睡，一晚上往往迁徙多处，人们都不知道他居住的详细地点。同月辛亥，燕铁木儿担任知枢密院事，亦列赤为御史中丞。戊午，以速速为中书平章政事，前御史中丞曹立为中书右丞，江浙行省参知政事张友谅为中书参知政事,河南行省左丞相伯颜为御史大夫,中书右丞赵世延为御史中丞。己未,以河南万户也速台儿同知枢密院事。燕铁木儿弟撒敦,子唐其势,在燕铁木儿发动政变之时尚留在上都,于是燕铁木儿秘密派人召还他们,他们得到消息后,抛弃妻子儿女火速返回大都。

致和元年八月,发动政变的燕铁木儿一党,在稳定大都形势的同时,迅速采取了巩固政权的几项重要举措。一是立即派人召还武宗之子。当时武宗长子和世㻋远在西北大漠,加上漠北交通主要为泰定帝后王的势力所控制,燕铁木儿便先派人到江陵接回武宗次子图帖睦尔。燕铁木儿派遣前河南行省参知政事明里董阿、前宣政使答剌麻失里,火速赶往江陵迎接图帖睦尔。燕铁木儿秘密转告河南行省平章政事伯颜,令他率兵扈从图帖睦尔北返。燕铁木儿还派遣撒里不花等南下迎接图帖睦尔,且令塔失帖木儿假装使者,从南方赶来,声称图帖睦尔已来到大都近郊。燕铁木儿又令乃马台假装使者从北面赶来,声称周王已率兵整军南下。就在八月,怀王图帖睦尔来到大都,入居大内。九月,图帖睦尔在燕铁木儿等人的拥戴下即位,是为文宗,年号天历。

燕铁木儿做的第二件事就是派兵防守要塞,防止泰定帝后王势力统兵南下。致和元年八月乙未,西安王阿剌忒纳失里发布命令,调诸卫侍卫亲兵镇守居庸关及卢儿岭。丙申,燕铁木儿遣左卫率使秃鲁率兵屯白马甸,金隆镇卫指挥使斡都蛮率兵屯泰和岭。丁酉,发中卫兵镇守迁民镇。庚子,发宗仁卫兵增守迁民镇。辛丑,遣万户彻里帖木儿率兵屯河中。癸卯,燕铁木儿之弟撒敦,子唐其势自上都返回大都。乙巳,遣隆镇卫指挥使也速台儿率兵镇守碑楼口。丁未,命撒敦镇守居庸关,唐其势屯兵古北口。河南行省遣前万户孛罗等率兵守潼关。壬子,阿速卫指挥使脱脱木儿、贵赤卫指挥使脱迭出率其军自上都前来归附,燕铁木儿即命他们镇守古北口。

　　燕铁木儿做的第三件事就是控制腹里的大部分地区、河南行省、湖广行省、陕西行省,切断上都与漠南、汉地的联系,同时争取出镇宗王的支持。致和元年八月戊戌,燕铁木儿征召宣靖王买奴、诸王燕不花于山东。前往江陵接图帖睦尔的明里董阿到汴梁后,在河南行省平章伯颜的配合下,随即控制了河南行省。丙午,诸王按浑察应召来到京师。燕铁木儿还遣使征召镇南王铁木儿不花,威顺王宽彻不花,湖广行省平章政事、高昌王铁木儿补化前来。图帖睦尔还以前翰林学士承旨阿不海牙为河南行省平章政事,命河南行省平章政事伯颜为本省左丞相。不过,陕西行省在这场政变中却站在上都一方,燕铁木儿没有能够控制陕西行省。他曾派使节征召陕西行御史台侍御史马札儿台,及行省平章政事探马赤,遣前西台御史剌马黑巴等诏谕陕西,然而陕西行省、陕西行御史台却不愿归附大都方面,“行省、行台官涂毁诏书,械使者送上都”。

　　再来看上都的政治形势。致和元年,泰定帝在上都病逝后,左丞相倒剌沙专权,出镇漠北的梁王王禅以及镇戍东北辽阳的辽王脱脱等依附之。在得知大都燕铁木儿发动政变后,倒剌沙以上都为中心,发动一部分宿卫军,以及漠北、辽东、陕西等地的军队,准备平定大都的政变。致和元年八月己酉,在上都的诸王满秃、阿马剌台,宗正札鲁忽赤阔阔出,前河南行平章政事买闾,集贤侍读学士兀鲁思不花,太常礼仪院使哈海赤等十八人,阴谋响应大都的政变，不料走露了消息，倒剌沙将上述十八人诛杀。随后，上都诸王、宗亲、大臣拥立泰定帝太子阿速吉八即位，是为天顺帝，年号致和。(《元史》卷三十一《明宗本纪》;《元史》卷三十二《文宗本纪一》)

　　致和元年八月，上都方面以辽王脱脱、左丞相倒剌沙留守，调集兵力南下包围大都。上都方面首先分兵攻打居庸关、古北口、迁民镇、紫荆关等军事要塞，而大都方面，燕铁木儿在加强各关隘的防守外，采取迅速转移奔袭的方式，集中优势兵力消灭来攻的各路军队。两都之战以大都方面的胜利而告终。十月，大都军队连创上都军队后，此前一直在观望的齐王月鲁帖木儿、东路蒙古元帅不花帖木儿等人，倒向大都方面，率兵包围上都，倒剌沙等奉皇帝宝出降。梁王王禅遁，辽王脱脱为齐王月鲁帖木儿所杀，天顺帝阿速吉八不知所终。两都之战中，大都方面之所以能迅速获胜，除与大都集团正确的决策有关，另一个重要的原因就是大都控制着汉地，拥有雄厚的物质和人力资源。两都之战虽然只是蒙古宫廷内部爆发的一场内战，但是由于他们掌握着中央政府和各行省的政治、经济、军事控制权，所以把大半个中国拖进了战争的漩涡，战争在导致帝位转移的同时，也促使各种社会矛盾不断激化。

　　两都之战中，各行省的态度对战局的发展至关重要，大致河南、江西、湖广等省被坚决支持大都的官员或诸王所控制，江浙、甘肃、四川、云南行省持消极观望立场，陕西、辽阳等省则是上都集团的坚决支持者。(张金铣《元两都之战及其社会影响》，《安徽大学学报》2006年第5期;陈得芝主编《中国通史》第八卷)

第八章　元文宗时期的蒙古宫廷

元文宗图帖睦尔（1304—1332），在位五年，享年二十九岁。泰定帝死后，金枢密院事燕铁木儿等人在大都发动宫廷政变，扶植文宗即位。之后，燕铁木儿又帮助文宗铲除了上都泰定帝后王以及明宗的势力，巩固了皇位。在此背景下，文宗朝权臣燕铁木儿的势力颇为强大。文宗又是一位汉文化素养颇高的蒙古皇帝。在权臣干政的背景下，文宗把更多的精力放在诗词书画以及与汉族儒士们讲经论道上。

第一节　文宗与明宗的皇位之争

元代中后期的皇位继承，始终伴随着激烈的政治军事斗争，而在这一过程中，朝中权臣力量的向背往往起着决定性的作用。泰定帝死后，以武宗旧臣、金枢密院事燕铁木儿为首的一批大臣，联合部分蒙古宗亲贵族发动宫廷政变，控制了大都，而大都作为元廷国家权力的中心，拥有可以调配的众多资源，同时它的地理位置非常重要，既可以切断中原汉地与漠北草原的政治军事联系以及对漠北的物资供应,又可以向南控制中原汉地,中原汉地丰富的物质、人力资源正是战争的重要保证。由于燕铁木儿控制了大都这一国家权力的中枢,加上正确的决策以及作战策略,使得他能够击败上都以左丞相倒剌沙为首的泰定帝后王的支持者。而图帖睦尔正是在燕铁木儿刚刚发动宫廷政变,政治斗争形势颇为严峻的背景下登上皇位的。在英宗、泰定帝朝遭到流放、排挤的图帖睦尔,在毫无准备的情况下,被燕铁木儿一党扶上了皇位。在一定程度上,图帖睦尔充当了燕铁木儿发动宫廷政变的重要工具。

在燕铁木儿一党的精心安排下,致和元年八月,图帖睦尔从江陵迅速来到大都。由于面临着与上都泰定帝太子争夺皇位的严峻斗争,燕铁木儿率诸王、大臣请图帖睦尔马上即位,以安天下。具有较高汉文化素养的图帖睦尔却推辞说兄长尚在漠北,自己不敢紊乱长幼之序。其实蒙古旧制中并没有嫡长子继承制,图帖睦尔之言显然是受到汉制的影响。不仅如此,这一时期蒙古最基本的忽里台选汗制度也名存实亡,取而代之的是权臣的扶植推荐,权臣在元代中后期政坛上发挥着非常重要的作用。

虽然图帖睦尔有所推辞,暂且不论这是否是图帖睦尔的真实想法,在当时的斗争形势下,图帖睦尔早登大位,无疑可以起到稳定民心、号召诸王的作用。于是燕铁木儿进言:"人心向背之机,间不容发,一或失之,噬脐无及。"图帖睦尔曰:"必不得已,必明著朕意以示天下而后可。"致和元年九月十三日,图帖睦尔正式在大都大明殿即位,是为文宗,同时改致和元年为天历元年(1328)。文宗在即位诏书中表明了三个主要意思:一是泰定帝参与了弑杀英宗的宫廷政变,泰定帝即位是非法的;二是泰定帝权臣倒剌沙等专权自用,变乱祖宗法度,打算借扶植年幼的泰定帝即位来垄断朝政;其三,宗王、大臣协谋推戴,神器不可以久虚,天下不可以无主,皇兄又远在朔漠,自己姑且即位以安天下,并等待皇兄的到来。

文宗虽然即位,但大权仍掌握在燕铁木儿一党的手中。颇有政治头脑的文宗赐予燕铁木儿崇高的地位,仍令燕铁木儿继续统领军队与上都军队作战,并封其为太平王,以太平路为食邑,赐金五百两、银二千五百两、钞万锭、平江官地五百顷,随即加开府仪同三司、上柱国、录军国重事、中书右丞相、监修国史,依前知枢密院事。这样,燕铁木儿就成为朝中具有最高权威的大臣。文宗同时还加命燕铁木儿为答剌罕,仍命子孙世袭其号。燕铁木儿借着宫廷政变、扶植新君,从泰定朝正三品的金枢密院事一跃而成为正一品的中书右丞相,大权独揽。朝臣利用宫廷政变来垄断、控制朝政成为元朝中后期一个特别值得关注的政治现象。(《元史》卷三十二《文宗本纪一》)

在右丞相燕铁木儿的指挥下,大都军队很快击溃上都军队,文宗的皇位日渐稳固。值得注意的是,在燕铁木儿的辅佐下,文宗即位伊始就重组国家中枢机构,随着战争的进展,又把政治、军事大权牢牢控制在手里。不过,皇位的归属还没有最终确定。文宗即位之时声明,要让远在西北朔漠的皇兄继承皇位,自己只是形势所迫,暂时理政。文宗在取得对上都的军事胜利后,于天历元年十月遣使迎皇兄周王和世㻋。

在西北诸王的支持下,周王决定南返即位。西北诸王察阿台、沿边元帅朵烈揑、万户买驴等,皆率军队扈从周王南行,随行的还有周王旧臣孛罗、尚家奴、哈八儿秃等。在周王南返途中,元朝诸王、旧臣争先迎接拜谒,络绎不绝,固然周王马上就要继承皇位,但也显示出他在蒙古诸王以及旧臣中仍然有着很高的威望。周王曾是武宗、仁宗约定的皇位继承人,只是仁宗后来改立己子硕德八剌即位,周王才丧失了皇位的继承权。大约在天历元年底,周王东行至阿尔泰山,岭北行省平章政事泼皮奉命迎接,武宁王彻彻秃、金枢密院事帖木儿不花等相继来迎。周王渐渐被这种欢迎拥戴的场面冲昏了头脑。

天历二年(1329)正月,周王南返途中,在没有通知文宗的情况下,宣布即位于漠北和林之北,是为明宗。不仅如此,他还遣使到京师,对文宗加以训导:"朕弟曩尝览观书史,迩者得无废乎?听政之暇,宜亲贤士大夫,讲论史籍,以知古今治乱得失。卿等至京师,当以朕意谕之。"从明宗的诏旨我们似乎可以做出这样的判断,那就是明宗希望文宗主动让权,让文宗去讲论史籍乃是隐讳的说法。面对文宗以及诸王、大臣的迎请,明宗顺水推舟,试图在南返途中先行即位以夺取先机,但此时文宗尚未正式宣布退位,仍掌控着国家政权,明宗咄咄逼人的政治进攻态势,想必让文宗及其支持者大感惶恐。

天历二年三月辛酉,文宗遣右丞相燕铁木儿奉皇帝宝前去迎接明宗,御史中丞八即剌、知枢密院事秃儿哈帖木儿等率官属从行。四月癸巳,燕铁木儿拜见明宗于行帐之内,率百官奉上皇帝宝。明宗于是拜燕铁木儿为太师,仍命为中书右丞相,开府仪同三司、上柱国、录军国重事、监修国史、答剌罕、太平王。明宗又诏谕燕铁木儿等曰:"凡京师百官,朕弟所用者,并仍其旧,卿等其以朕意谕之。"燕铁木儿奏云:"陛下君临万方,国家大事所系者,中书省、枢密院、御史台而已,宜择人居之。"于是明宗以武宗旧臣哈八儿秃为中书平章政事，前中书平章政事伯帖木儿知枢密院事，常侍孛罗为御史大夫。这里明宗所委任的中书省、枢密院、御史台官员均为自己的亲信，这凸显了明宗打算重组国家中枢的意图。

　　明宗还特命孛罗等传旨，宣谕右丞相燕铁木儿、太傅伯答沙、知枢密院事火沙、中书平章政事哈八儿秃、御史中丞八即剌等主要官员，曰："朕今居太祖、世祖所居之位，凡省、院、台、百司庶政，询谋佥同，摽译所奏，以告于朕。军务机密，枢密院当即以闻，毋以夙夜为间而稽留之。其他事务，果有所言，必先中书、院、台，其下百司及纮御之臣，毋得隔越陈请。宜宣谕诸司，咸俾闻知。傥违朕意，必罚无赦。"明宗宣谕的意思无非是自今要总揽朝政。为了达到这一目的，明宗还大量起用亲信，天历二年五月，选用潜邸旧臣及扈从，任命五品以上官员八十五人，六品以下官员二十六人。当然，为了安抚文宗及其支持者，明宗暂时并没有打击文宗及其所任命的官员。在天历二年四月，明宗还遣使立文宗为皇太子，明宗打算借用武宗、仁宗皇位的传承方式来化解矛盾，安抚文宗。不管是文宗，还是右丞相燕铁木儿，政治命运都将凶多吉少，明宗执政势必会改变当时的政治格局。明宗尚未来到上都、大都，但他强化统治、任命亲信的政治意图已十分明显。

　　天历二年五月，文宗以皇太子的身份从大都启程，北上迎接明宗，而镇南王铁木儿不花，诸王也速、斡即、答来不花、朵来只班、伯颜也不干，驸马别阇里及扈卫百官，皆随同前往。到八月丙戌，文宗朝见明宗于旺兀察都（即武宗所立中都）之地。是日，明宗大宴文宗及诸王、大臣于行殿。不料数日后明宗突然死去，年仅三十岁。中书右丞相燕铁木儿以明宗皇后之命，将皇帝宝授予文宗，随即护送文宗火速赶往上都，一路上严加戒备，"昼则率宿卫士以扈从，夜则躬擐甲胄绕幄殿巡护"。八月十五日，文宗再次即位于上都大安阁。

文宗在此次即位诏书中特别提及了自己曾让位于兄长，并对明宗暴崩表示悲痛。明宗之死的真正原因，史无明载，但明宗死前亦未见有生病的记载，加之当时的特殊政治背景，一般认为明宗之死与文宗以及右丞相燕铁木儿等有密切的关系。后来明宗之子妥懽帖睦尔（顺帝）亲政后，后至元六年（1340）六月从宗庙中撤下了文宗的牌位，并指出正是文宗谋害了明宗。顺帝的诏书曰："英宗遇害，正统浸偏，我皇考以武宗之嫡，逃居朔漠，宗王大臣同心翊戴，肇启大事，于时以地近，先迎文宗，暂总机务。继知天理人伦之攸当，假让位之名，以宝玺来上，皇考推诚不疑，即授以皇太子宝。文宗稔恶不悛，当躬迓之际，乃与其臣月鲁不花、也里牙、明里董阿等谋为不轨，使我皇考饮恨上宾。归而再御宸极，思欲自解于天下，乃谓夫何数日之间，宫车弗驾。海内闻之，靡不切齿。"（《元史》卷三十一《明宗本纪》；《元史》卷三十二、三十三《文宗本纪》；《元史》卷一百三十八《燕铁木儿传》）

正如一些学者指出的那样，明宗一心以为自己可以重演乃父武宗在仁宗"肃清宫闱"之后，从漠北南返即位的历史故事，但却忘记了武宗作为总兵北边的统帅，是以强大的武力为后盾夺取皇位的。而明宗并没有直接控制强大的军队，只有贴身卫士一千八百多人，仅凭极其有限的政治资源去染指大都集团几经浴血奋战夺到手的皇位，前途本就不容乐观。但明宗对此却没有清醒的认识，擅自在漠北即位，终于惹来杀身之祸。

其实文宗对让位给明宗，态度后来也有所改变。在即位之初,原先的"固让之心"逐渐销蚀,可是已有让位明宗的诏书公示天下,他的心情十分矛盾。在派使节北迎明宗后,文宗还下令为自己元妃卜答失里造皇后玉册、玉宝,随后又以册命告于南郊、太庙,并在大明殿完成册封皇后的一系列仪式。当时朝中就有人建言:"陛下已诏天下,让位大兄。今立后,是与诏自相违也。"在文宗从大都启程北迎明宗后第三天,他在途中"置江淮财赋都总管府,秩正三品,隶詹事院"。文宗在这时设立这一隶属太子东宫的机构,显然是为将来做准备。(《金华黄先生文集》卷二十五《拔实神道碑》;《元史》卷三十三《文宗本纪二》;陈得芝主编《中国通史》第八卷)

第二节　文宗朝蒙古统治层的分裂

前已提及,燕铁木儿在大都发动宫廷政变后,对众多不愿归附的元廷官员进行诛杀或流放。致和元年七月,燕铁木儿在大都手缚平章政事兀伯都剌、伯颜察儿,分命勇士逮捕中书左丞朵朵,参知政事王士熙,参议中书省事脱脱、吴秉道,侍御史铁木哥、丘世杰,治书侍御史脱欢,太子詹事丞王桓等。八月,燕铁木儿将兀伯都剌、铁木哥诛杀,朵朵、王士熙、伯颜察儿、脱欢等被流放远州。另外,在两都之战中,辽王脱脱,左丞相倒剌沙,平章政事乃马台,驸马孛罗帖木儿,平章蒙古塔失、雅失帖木儿,枢密副使阿剌帖木儿,阳翟王太平,诸王朵罗台、灭里铁木儿、脱木赤,御史大夫纽泽以及撒的迷失、也先铁木儿、忽剌台、安童、塔海等大臣皆被杀,大批在上都的诸王、大臣,如泰定帝太子,梁王王禅,诸王秃满迭儿、阿剌不花、秃坚等兵败逃亡。这些被诛杀、流放以及逃亡官员的家赀、封地等,则大多被充公或转赐他人。

至于那些在上都被围后投降大都方面的官员,后来虽免于追究,但很多仍被削去官职,不复任用。可以说,两都之战导致了元廷内部的又一次大分裂。

天历元年十月,文宗以梁王王禅府邸赐给诸王铁木儿不花。甲辰,晋邸及辽王所辖路、府、州、县达鲁花赤均被罢免囚禁,选流官取而代之。乙卯,文宗以倒剌沙宅邸赐给不花帖木儿,倒剌沙子泼皮的宅邸赐给斡都蛮,内侍王伯颜的宅邸赐给唐其势。十一月,中书右丞相燕铁木儿奏请以纽泽田宅赐给钦察台。燕铁木儿同时上奏,晋王及辽王在自己封地所任命的达鲁花赤虽然已被罢黜,但他们所推荐的宗正府札鲁忽赤、中书断事官,都是他们的亲信,也应该予以革罢。文宗随即采纳了燕铁木儿的意见。十二月,文宗又以梁王王禅的奴婢赐给镇南王铁木儿不花及右丞相燕铁木儿,以王禅弓矢赐燕铁木儿、伯颜。燕铁木儿还奏准以马某沙等九人的田宅赐给燕不邻等九人。

天历元年十二月,中书省大臣奏准,陕西行省、行御史台的官员,曾经焚毁文宗的诏书,论罪当被流放,文宗虽然赦免了他们的罪行,但以后应永不录用这些官员。同月,江南行御史台奏言:"辽王脱脱,自其祖父以来,屡为叛逆,盖因所封地大物众,宜削王号,处其子孙远方,而析其元封分地。"辽王为世祖朝东道诸王乃颜的后裔,是蒙古黄金家族的重要成员,在东北地区拥有辽阔的封地和众多附属民。不过,天历二年八月,文宗封辽王脱脱的后裔牙纳失里"为辽王,以故辽王脱脱印赐之"。足见江南行御史台御史奏言并没有被完全采纳。蒙古札剌亦儿部木华黎国王五世孙朵罗台,也因为在两都之变中支持上都的泰定帝后王而被杀。"天历元年,朵罗台国王自上都领兵至古北口,与大都兵迎敌。事定，文宗杀朵罗台。"天历二年，文宗以木华黎六世孙朵儿只袭国王爵位，并下诏让他返回在辽阳的封地。(《元史》卷三十二、三十三《文宗本纪》;《元史》卷一百三十九《朵儿只传》)

泰定帝朝，以左丞相倒剌沙为首的回回人受到重用，文宗即位后，回回人的势力受到打击。天历元年八月，中书左丞相别不花奏言:回回人哈哈的自英宗至治年间持官钞，违制前往番邦贸易，获得大量宝物，按照朝廷法令，这些宝物应该没收充公，而泰定朝倒剌沙偏袒本族人，不同意这样做，现请籍没哈哈的之家产。文宗同意了左丞相别不花的奏言。同月，文宗诏谕朝廷内外:近来以奸臣倒剌沙、兀伯都剌阴谋不轨，变易祖宗成宪，现已将他们治罪。凡没有参与他们阴谋的回回人，可以安心生活，不必惊恐，有借机煽动、蛊惑人心者，必将严惩。天历二年正月，朝廷下令回回人户与普通百姓一样都要服差役。(《元史》卷三十二《文宗本纪一》)

如果说两都之战导致了蒙古统治者中武宗后王的支持者与泰定帝后王的支持者之间的分裂，那么文宗与明宗之间的皇位之争则导致了武宗后王支持者内部的进一步分裂。在很多朝臣看来，明宗的暴卒显然与文宗及其支持者有关，所以明宗死后，朝中官员有人借口有病不出来理政。至顺元年(1330)六月，知枢密院事阔彻伯、脱脱木儿，通政使只儿哈郎，翰林学士承旨教化的、伯颜也不干，燕王宫相教化的、斡罗思，中政使尚家奴、秃乌台，右阿速卫指挥使那海察、拜住等，阴谋发动政变，计划败露后，这些人均被诛杀弃市、籍没家产。至顺三年(1332)四月，安西王阿难答之子月鲁帖木儿，与畏兀儿僧人玉你达八的剌板的、国师必剌忒纳失里沙津爱护持图谋不轨，文宗得到消息后，命宗王、大臣将他们拘押,随后三人皆被杀并籍没家产。有些反对文宗统治的诸王、官员甚至借着"明宗太子"的口号煽动政变。

文宗朝,四川行省与云南行省纷纷起兵反对文宗统治。天历元年十一月,四川行省平章政事囊加台自称镇西王,以其省左丞脱脱为平章政事,前云南廉访使杨静为左丞,并杀害四川行省平章政事宽彻等官员,烧毁栈道,举兵对抗朝廷。据载,囊加台起兵实际上是欲"翊戴明宗"。文宗迅速调兵镇压囊加台的反叛,同时下诏安抚。天历二年四月,湖广行省参知政事孛罗奉诏到四川,赦免囊加台等人的罪行,囊加台等人愿意归附,至此,文宗平定了四川行省的叛乱。不过,天历二年八月明宗暴崩后,文宗担心囊加台会再度反叛,立即派人将囊加台杀害,以绝后患。

云南行省在两都之战中持观望态度,天历元年九月、十二月,文宗两次遣使召云南行省左丞相也儿吉尼,可能也儿吉尼此时已受制于云南蒙古诸王,便没有去朝见文宗。天历二年三月,云南诸王答失不花、秃坚不花及平章马思忽等,集众五万,历数丞相也儿吉尼专擅十罪,准备将他杀害,也儿吉尼趁机逃到八番之地(今贵州贵阳、惠水一带),答失不花等随即自行任命云南行省参知政事等官。文宗为了安抚诸王,对此事没有追究到底。到至顺元年正月,云南诸王秃坚及万户伯忽、阿禾、怯朝等正式举兵反叛,此次云南行省境内的反叛规模甚大。元廷命豫王阿剌忒纳失里、镇西武靖王搠思班等统帅云南、四川、江浙、河南、江西、陕西、朵甘思(今西藏昌都东部、四川甘孜和阿坝的一部分)、朵思麻(今青海、甘肃藏族聚居区及四川阿坝一部分)等处军队进行镇压。直到至顺二年(1331)三月,元廷才基本平定云南行省境内的叛乱。从云南诸王的反叛时间来看,这次反叛应该与明宗被弑杀有密切的关联。天历二年十月，文宗诏："云南八番为囊加台所诖误，反侧未安者，并贳其罪。"可见云南称兵虽晚，举事原因则与四川囊加台相同。(《元史》卷三十三、三十四、三十五《文宗本纪》;《金华黄先生文集》卷十三《史惟良神道碑》;《金华黄先生文集》卷二十五《拔实神道碑》;《宋学士集》卷六十一《危素神道碑》;陈得芝主编《中国通史》第八卷)

第三节　权臣燕铁木儿与伯颜

钦察人燕铁木儿借发动宫廷政变、拥立文宗即位，成为文宗朝最有权势的大臣。在一定程度上，他的权威甚至已在文宗之上。不管是文宗即位，还是文宗与明宗争夺皇位，都是燕铁木儿一手筹划和运作的。权臣控制朝政成为此一时期元代宫廷的一个重要特点。燕铁木儿之子唐其势甚至在顺帝朝时宣称："天下本我家天下也"。文宗在位时期，对燕铁木儿垄断朝政的政治现实虽颇为清楚，但无能为力，而文宗为了博取燕铁木儿对自己的支持，不断给燕铁木儿加官进爵，进一步助长了燕铁木儿的权势。靠燕铁木儿扶植即位的文宗即位伊始，便赐予燕铁木儿垄断朝政的权力，封燕铁木儿为太平王，以太平路为其食邑，加开府仪同三司、上柱国、录军国重事、中书右丞相、监修国史、知枢密院事，赐黄金五百两，白金二千五百两，钞一万锭，金素织段色缯二千匹，海东白鹘一、青鹘二、豹一，平江官地五百顷。两都之战后，文宗加燕铁木儿以答剌罕之号，使其子孙世袭此号，仍赐珠衣二，七宝束带一，白金甕一，黄金瓶二，海东白鹘一、青鹘三，白鹰一，豹二十。

天历元年十月,燕铁木儿辞知枢密院事,命其叔父东路蒙古元帅不花帖木儿代之。表面上燕铁木儿不再兼领最高军事机构枢密院,但他只是把这一权力给予自己的势力集团。燕铁木儿利用扶植亲信的方法不断扩充势力,他的儿子唐其势、弟弟撒敦都身兼要职。

燕铁木儿权威的增加也体现在他独揽朝政外,还直接控制大批钦察侍卫军。英宗至治二年,朝廷以钦察卫士众多,共有三十五个千户,于是分置钦察卫士为左、右二卫。文宗朝又析置龙翊卫。天历二年,元廷立都督府,以统左、右钦察,龙翊三卫以及哈剌鲁东路蒙古二万户府,东路蒙古元帅府,由燕铁木儿兼统都督府,而都督府不久又升为大都督府。燕铁木儿身兼军政要职,不过他还曾短期内辞右丞相,担任御史大夫。事情的缘起是天历二年初燕铁木儿奏请辞去中书右丞相一职,继续担任文宗宿卫,他此举应是在明宗南返、帝位归属尚不确定的特殊背景下做出的决策,或是试探文宗的态度,或是避其锋芒。洞悉时局的文宗深知自己离不开燕铁木儿的支持,于是勉励燕铁木儿说:"卿已为省、院,惟未入台,其听后命。"二月,迁燕铁木儿御史大夫,依前开府仪同三司、上柱国、录军国重事、太平王。不久,燕铁木儿复拜中书右丞相、监修国史、知枢密院事、领都督府龙翊侍卫亲军都指挥使司事,佩元降虎符,依前开府仪同三司、上柱国、录军国重事、答剌罕、太平王。天历二年六月,明宗加拜燕铁木儿为太师。

明宗暴卒,文宗得以重新即位,由于文宗与明宗的死显然脱不了干系,这样文宗更依赖燕铁木儿的强势统治。或许明宗暴卒,乃其与燕铁木儿筹划之结果。随后,文宗一再对燕铁木儿进行封赏。天历二年十二月,文宗以燕铁木儿功勋卓著,封其曾

元文宗皇帝

即濟雅圖諱托克特穆爾武宗子在位六年起至和元年戊辰終至順四年癸酉

祖父班都察为溧阳王,曾祖妣玉龙彻为溧阳王夫人,祖父土土哈为升王,祖妣太塔你为升王夫人,父床兀儿为扬王,母也先帖你即公主察吉儿并为扬王夫人。至顺元年二月,文宗为了奖赏、昭示燕铁木儿的功勋,诏命礼部尚书马祖常在大都北郊为燕铁木儿撰文立石。至顺元年五月,文宗认为对燕铁木儿的奖赏还不足以报答他的功勋,便下诏命燕铁木儿为唯一的中书省丞相,全权处理朝政,以显示燕铁木儿地位的尊崇。诏文略曰:燕铁木儿勋劳惟旧,忠勇多谋,奋大义以成功,致治平于期月,宜专独运,以重秉钧。授以开府仪同三司、上柱国、太师、太平王、答剌罕、中书右丞相、录军国重事、监修国史、提调燕王宫相府事、大都督、领龙翊亲军都指挥使司事。凡号令、刑名、选法、钱粮、造作,一切中书政务,悉听总裁。诸王、公主、驸马、近侍人员、大小诸衙门官员人等,敢有隔越闻奏,以违制论。至顺二年二月,文宗在兴圣宫西南面为燕铁木儿营建府邸。三月,赐燕铁木儿鹰坊百人。四月,诏建燕铁木儿生祠于红桥南,树碑以纪其勋。同年十一月,文宗下诏过继燕铁木儿的儿子塔剌海为己子。辛酉,以燕铁木儿兼奎章阁大学士,领奎章阁学士院事,赐龙庆州之流杯圆池水碾土田,又赐平江、松江、江阴芦场、簜山、沙涂、沙田等地。燕铁木儿奏准平江、松江圩田五百多顷,粮七千七百石,增为万石入捐给官府,以所得余米给予弟弟撒敦。

燕铁木儿权倾朝野,朝臣敢怒而不敢言,这与前朝权臣当政时期不断有人上书弹劾形成了鲜明的对比,这也说明燕铁木儿的权威已超越前朝所有权臣。于是有些人便铤而走险,打算发动政变谋杀燕铁木儿。至顺元年六月,知枢密院事阔彻伯、脱脱木儿等十人恶燕铁木儿权势之重,欲谋害之。不料朝臣也的迷失、脱迷将他们的谋划告知了燕铁木儿，燕铁木儿随即率领钦察军将这些人逮捕、诛杀。

　　燕铁木儿自秉大权以来，挟震主之威，肆意无忌。有时一次宴饮他就要宰杀十三匹马。他还娶泰定帝皇后为夫人，前后共娶蒙古宗室之女四十人，甚至有的娶回三天就将其遣返，故妻妾成群，连他本人都不能尽识。一日，燕铁木儿在大臣赵世延家宴饮，男女列坐，名为鸳鸯会。燕铁木儿看见酒席之上一妇人甚为美貌，打算将这位妇人带走，便问道："此为谁？"随从告诉他说："此太师（燕铁木儿）家人也。"燕铁木儿荒淫无度，在文宗去世不久，便体羸溺血而死。（《元史》卷一百三十八《燕铁木儿传》）

　　伯颜，蒙古蔑儿吉氏。祖父称海、父谨只儿，均为朝中大臣、宿卫。伯颜十五岁时，奉成宗命担任海山的潜邸宿卫，后长期跟随海山出镇漠北，抵御西北叛王海都，屡立战功。大德十一年，武宗大会诸王、驸马于和林，赐号伯颜曰伯颜拔都儿（勇士）。武宗即位后，伯颜受到重用，先后担任吏部尚书、尚服院使、御史中丞、尚书平章政事等职，至大二年开始兼任右卫阿速亲军都指挥使司达鲁花赤。仁宗朝，伯颜曾任周王常侍府常侍、江南行御史台中丞、江南行御史台大夫、江浙行省平章政事、陕西行御史台大夫等职。英宗朝，伯颜复迁官江南行御史台大夫。泰定二年，伯颜迁江西行省平章政事；三年，迁河南行省平章政事。

　　致和元年七月，泰定帝在上都病死。八月，金枢密院事燕铁木儿在大都发动宫廷政变，随即遣前河南行省参知政事明里董阿、前宣政使答剌麻失里驰驿迎立武宗子怀王图帖睦尔于江陵，并秘密将计划告知河南行省平章政事伯颜，令他派人护送怀王北返。身为武宗旧臣的伯颜马上表示支持燕铁木儿的政变。伯颜叹曰："此吾君之子也。吾夙荷武皇厚恩，委以心膂，今爵位至此，非觊万一为己富贵计，大义所临，曷敢顾望。"伯颜马上召集自己幕僚部下告知此事。为了保证怀王图帖睦尔顺利北返，伯颜先遣蒙哥不花火速赶往江陵，将此事告知怀王。伯颜又遣使通告燕铁木儿，表示他在河南将全力配合燕铁木儿的行动。伯颜专门募集五千勇士前去接应怀王北返，自己在河南做好准备。怀王图帖睦尔得到消息后，马上遣使拜伯颜为河南行省左丞相。怀王路过河南，伯颜昼夜不离怀王身旁，亲率兵对其严加护卫。伯颜率河南百官父老一同劝怀王即位，均俯伏称万岁。怀王解金铠、御服、宝刀及海东白鹘、文豹赐伯颜，伯颜次日马上扈从怀王北返大都。

不过河南行省内部对是否支持大都集团，存在着很大的分歧。河南行省平章曲列、右丞别吉帖木儿、参政脱列台、万户明安答儿均持异议。伯颜采取了果断措施诛杀曲列、别吉帖木儿、脱列台，将明安答儿关进监狱。可以说，伯颜此时在河南也发动了一场军事政变。为了应对政局，伯颜专擅河南，便宜处事，甚至擅自调动山东、河北蒙古军都万户府的军队以及任命本省参知政事。为了支持大都方面对抗上都，伯颜会计仓廪、府库、谷粟、金帛之数，应对乘舆供御、牢饩膳羞、徒旅委积、士马刍粮供亿之需，以及赏赉犒劳之用。不足的部分，他又命各州县提前收取明年田租，向商人贷款。伯颜还截留了东南经河南转输朝廷的赋税。另外，伯颜在河南"征发民丁，增置驿马，补城橹，浚濠池，修战守之具，严徼逻斥堠，日被坚执锐，与僚佐曹掾筹其便宜"。随后，河南行省的军队参与了两都之战，对于击败上都军队起到了举足轻重的作用。如此，伯颜在文宗朝成为仅次于燕铁木儿的第二功臣，地位显赫。

　　天历元年九月，文宗即位后，特加伯颜银青荣禄大夫，仍领宿卫，又加伯颜为太尉，赐黄金二百五十两、白金一千两、楮币二十五万缗，进开府仪同三司、录军国重事、御史大夫、中政院使。天历二年正月，拜伯颜为太保；二月加授储庆使，加赐虎符，特授忠翊侍卫亲军都指挥使。不久，明宗即位，文宗居东宫，复拜伯颜为太子詹事、太保，开府如故。八月，拜中书左丞相。明宗死后，文宗再次即位，加拜伯颜为储政院使。至顺元年正月，拜知枢密院事。同年，文宗以伯颜功大，特命伯颜娶世祖阔阔出太子孙女卜颜的斤，并分赐虎士三百，即怯薛丹百、默而吉军百、阿速军百，隶属左、右宿卫。又赐伯颜黄金双龙符，镌文曰"广忠宣义正节振武佐运功臣"，组以宝带，世为明券。又命凡宴饮之时以宗王之礼对待伯颜。至顺二年八月，进封伯颜为浚宁王，特加授侍正府侍正，追封其先三世为王，又加昭功宣毅万户、忠翊侍卫都指挥使。至顺三年，拜伯颜为太傅，加官徽政使。

　　天历元年十月，文宗诏谕廷臣：朝中大臣只有丞相燕铁木儿、大夫伯颜可以身兼三职处理政事，"余者并从简省"。至顺二年四月，文宗有旨："赏格具如卿等议。燕铁木儿首倡大义，躬擐甲胄，伯颜在河南先诛携贰，使朕道路无虞，两人功无与比，其赏不可与众同，其赐燕铁木儿七宝腰带一、金四百两、银九百两，伯颜金腰带一、金二百两、银七百两。"至顺三年四月，文宗又命有司为伯颜建生祠，立纪功碑于涿州（治今河北涿州），同时在河南汴梁之地也建祠立碑。（《元史》卷三十二、三十三、三十四《文宗本纪》；《元史》卷一百三十八《伯颜传》；《石田集》卷十四《敕赐太师秦王佐命元勋之碑》；李治安《行省制度研究》，第228至230页，南开大学出版社，2000年）

第四节　文宗文治与奎章阁的设立

　　文宗具有很深的汉文化素养,写诗、书法、绘画样样精通,可以说他受汉文化影响之深超过了以往所有的蒙古皇帝。前已述及,文宗曾写诗自嘲。《元诗选》也收录了文宗的两首诗,一首是《自集庆入正大统偶吟》,一首是《望九华》,这两首诗文笔细腻,显示了良好的文字驾驭能力。文宗在至顺二年春正月己卯,亲自题写《奎章阁记》,史称文宗书法"落笔过人,得唐太宗晋祠碑风,遂益超异"。文宗还会作画,所绘《万岁山画》草图,"意匠、经营、格法,虽积学专工,所莫能及"。(《至正集》卷七十一《恭题太师秦王奎章阁记赐本》;《蒲室集》卷十三《恭题文宗帝御画万岁山画》;《南村辍耕录》卷二十六《文宗能画》;陈得芝主编《中国通史》第八卷)

　　文宗当政期间,权臣燕铁木儿秉政,权倾朝野,这使得文宗很难在政治上有所作为。此外,文宗统治时期,灾害频繁、社会动荡、财政困难,一大堆长期以来未能解决的问题在此时实已积重难返。或是厌倦残酷的政治斗争,或是倦于理政,深受汉文化影响的文宗对写诗、作画情有独钟。以往各朝蒙古皇帝对汉文化的接受,多专注于治国理政的思想,而文宗的汉化却走向了另一个方向。文宗通过设立奎章阁学士院以及修《经世大典》,来体现自己的文治思想。

　　奎章阁学士院设于天历二年二月,此时正值明宗南返即位,文宗准备让位给明宗之际。天历二年正月,明宗遣使至大都传话给文宗,曰:"朕弟曩尝览观书史,迩者得无废乎?听政之暇,宜亲贤士大夫,讲论史籍,以知古今治乱得失。"或是文宗参透了明宗话中含义，或是文宗自己兴趣使然，他马上设立奎章阁学士院，秩正三品，以翰林学士承旨忽都鲁都儿迷失、集贤大学士赵世延并为大学士，侍御史撒迪、翰林直学士虞集并为侍书学士，又置承制、供奉各一员。这以后，奎章阁机构的设置逐渐完善，地位也逐步提升。天历二年三月，文宗设奎章阁授经郎二员，职正七品，以勋旧、贵戚子孙及近侍年幼者肄业。同年八月，升奎章阁学士院秩正二品，更司籍郎为群玉署，秩正六品。至顺元年正月庚辰，升群玉署为群玉内司，秩正三品，置司尉、亚尉、金司、司丞，仍隶奎章阁学士院。至顺元年二月，设奎章阁监书博士二人，秩正五品。

奎章阁学士院位于大都兴圣殿西，内收藏大量的文物，如书画、图书、宝玩等。文宗宣称奎章阁学士院设立的意图是希望学士们每日陈说祖宗明训、古昔治乱得失，但事实并非如此。可能是文宗本身缺乏对政治的干预能力，奎章阁学士们的讨论多为空谈，不敢过多干预朝政。至顺元年二月，奎章阁学士忽都鲁都儿迷失、撒迪、虞集请辞，至于请辞的原因，《元史·虞集传》说虞集"以入侍燕闲，无益时政，且媢嫉者多"请辞。虞集与大学士忽都鲁都儿迷失等进曰："陛下出独见，建奎章阁，览书籍，置学士员，以备顾问。臣等备员，殊无补报，窃恐有累圣德，乞容臣等辞职。"

在权臣当政的情况下，文宗视奎章阁学士们为亲信，不愿他们辞职。其实这正是文宗的为难之处。作为受汉文化影响很深的皇帝，文宗也想在政治上有所作为，能够大权在握。怎奈燕铁木儿的势力太大，自己又不愿或者说不敢与燕铁木儿发生政治上的冲突。面对奎章阁学士们的请辞，文宗只好竭力挽留、安慰，他讲："昔我祖宗，睿智聪明，其于致理之道，生而知之。朕早岁跋涉难阻,视我祖宗,既乏生知之明,于国家治体,岂能周知?故立奎章阁,置学士员,以祖宗明训、古昔治乱得失,日陈于前,卿等其悉所学,以辅朕志。若军国机务,自有省、院、台任之,非卿等责也。其勿复辞。"估计文宗在奎章阁整天与学士们讨论政治的利弊得失,引起了权臣燕铁木儿的猜忌。为了消除燕铁木儿的疑心,文宗在至顺三年二月辛酉,以燕铁木儿兼奎章阁大学士,领奎章阁学士院事。这样,奎章阁学士院就又为燕铁木儿所控制,其参政、议政的作用更是无从发挥了。

　　文宗在奎章阁成立后不久,就任命奎章阁参与政书《经世大典》的修纂,来强化"示治平之久则"的正统形象。天历二年九月,敕令翰林国史院官同奎章阁学士采辑本朝典故,准唐、宋《会要》,著为《经世大典》。文宗对修《经世大典》十分重视。至顺元年二月,以修《经世大典》久无成功,专命奎章阁阿怜帖木儿、忽都鲁都儿迷失等译蒙古语所纪典章为汉语,任命赵世延、虞集等为纂修,而以权臣燕铁木儿为监修。至顺元年九月,以奎章阁纂修《经世大典》,命中书省、枢密院、御史台诸司依次宴请奎章阁的官属。至顺二年五月,奎章阁学士院完成《经世大典》的纂修。《经世大典》共十篇,君事四篇即帝号、帝训、帝制、帝系,臣事六篇即治典、赋典、礼典、政典、宪典、工典。此书共八百八十卷,分别节录中央、地方官府的有关文件于各篇目之下。《经世大典》书成后,仅有"善写呈上"的写本,未有刻本,今不传。《经世大典》史料价值极高,但目前仅有散见于《元文类》、《永乐大典》、《广仓学宭丛书》、《海国图志》等书的少部分相关内容传世。(《元史》卷三十三、三十四、三十五、三十六《文宗本纪》;《元史》卷一百八十一《虞集传》;《元文类》卷四十《经世大典序录》;陈得芝主编《中国通史》第八卷)

第九章 元顺帝时期的蒙古宫廷

顺帝妥懽帖睦尔(1320—1370),在位三十六年,享年五十一岁。顺帝既是元朝在位时间最长的皇帝,又是元朝的亡国之君。年幼的顺帝在即位伊始面临着权臣干政的政治局面,这一时期顺帝励精图治,利用朝中错综复杂的矛盾冲突,铲除了燕铁木儿和伯颜两个专横朝堂的势力集团。他亲掌大权后,改年号为至正,重用大臣脱脱实行新政,纠正朝中弊政,试图挽救日益衰败的蒙元帝国。但顺帝在朝中佞臣的影响下日渐荒淫腐败,不理政务,故顺帝朝中后期之朝政较之前朝更加腐败不堪,佞臣当道,互相倾轧,贪赃枉法。朝政的腐败最终导致了元帝国的灭亡。

第一节 宁宗夭折与顺帝即位

可能是文宗对明宗之死怀着很深的内疚,他在位时期对立太子一事并不是十分积极。也大约从此时起,文宗与卜答失里皇后开始考虑是否可以将皇位传给皇兄明宗之子。但是皇位的继承不仅对皇帝本人十分重要,对参与拥立文宗的大臣们更为重要,因为一旦帝位的传承转移到明宗一系,那么这些大臣将来很可能会遭到新即位皇帝的报复。于是他们积极怂恿文宗立长子燕王阿剌忒纳答剌为太子,文宗虽犹豫不定,但在权臣的积极促成下,最后还是同意立阿剌忒纳答剌为太子。至顺元年八月,御史台臣请立燕王为皇太子,文宗推辞说皇子尚幼,且右丞相燕铁木儿不在宫中,等到燕铁木儿回来后再做定夺。而到同年十月壬子,诸王、大臣再一次请立燕王为皇太子,这次奏请,很显然得到了权臣燕铁木儿、伯颜的支持,但文宗再次以皇子尚幼婉言拒绝,认为"徐议之未晚也"。但到十二月,在权臣的干预下,文宗不得不下诏立阿剌忒纳答剌为皇太子。文宗之所以最后同意了大臣们的奏请,一方面是屈从于群臣,尤其是权臣的意见,更为重要的是,文宗本人在此问题上本来左右摇摆、犹豫不定。

至顺二年正月,皇太子阿剌忒纳答剌突然病死。同月,文宗以"侍皇太子疹疾,饮食不时进,以酥拭其眼鼻,又为襀咒"为由,将侍奉皇太子的宦官拜住杖打一百七,驱逐出京城。燕王阿剌忒纳答剌被立为皇太子后仅两个月就死去,这对文宗与卜答失里皇后的打击很大。至顺三年八月,年仅二十九岁的文宗也病死上都,仅在位五年。据说,文宗临死时留下遗诏让明宗长子妥懽帖睦尔即位,并说杀害明宗为自己平生大错,"朕尝中夜思之,悔之无及"。权臣燕铁木儿担心文宗遗诏公布后,自己协助文宗弑杀明宗一事暴露,便封锁文宗遗诏。燕铁木儿极力主张立文宗次子燕帖古思为太子,但这一意见遭到了皇后的拒绝。在皇后的积极斡旋下,燕铁木儿终于妥协,那就是同意立明宗之子为帝,但却不是文宗指定的出居广西静江的明宗长子妥懽帖睦尔,而是留在大都的年仅七岁的明宗次子懿璘质班。燕铁木

儿这样做，显然是出于确保自己能够继续掌握政权的考虑。至
顺三年十月，懿璘质班即位于大都大明殿，是为宁宗。

文宗死后，根据蒙古旧制，文宗皇后卜答失里暂时临朝听
政。在宁宗即位后，由于宁宗年幼，卜答失里皇后仍以皇太后的
身份代理朝政，这样，皇太后卜答失里在理政时不可避免会与权
臣燕铁木儿正面交锋。不过，由于丞相燕铁木儿大权在握，而皇
太后虽然是名义上的摄政者，且在朝政中有一定的发言权，但她
却无法左右朝政，朝廷大事必须得到燕铁木儿的同意或认可。
至顺三年十月，就在宁宗即位的当月，中书右丞相燕铁木儿的弟
弟撒敦升为御史大夫，燕铁木儿的儿子唐其势继续担任宣徽使，
二人皆为从一品的高官。面对燕铁木儿不断进行的势力扩张，
皇太后利用设立徽政院和中政院来扩大自己的势力。至顺三年
十月，皇太后以宦者铁古思、哈里兀答儿、黑狗者、阔阔出并为中
政院使，同时以另一权臣伯颜为徽政使，依前开府仪同三司、浚
宁王、太保、录军国重事、知枢密院事。皇太后任用伯颜为徽政
使，显然有利用伯颜来制衡燕铁木儿的政治意图。皇太后还任
用提调忠翊侍卫亲军都指挥使司事伯撒里、右都威卫都指挥使
常不兰奚并为徽政使。这样一来，皇太后以设立徽政、中政二院
为名扩张权力的企图，便更是昭然若揭了。

正当皇太后与燕铁木儿明争暗斗之时，宁宗在即位的第二
个月，即至顺三年十一月，夭折而死。刚刚解决的皇位继承之争
此时再一次浮上水面。右丞相燕铁木儿再一次主张立文宗次子
燕帖古思为帝，而皇太后仍然加以拒绝。皇太后提议按照文宗
遗诏立明宗长子妥懽帖睦尔为帝。皇太后说："吾子尚幼，妥懽
帖睦尔在广西，今年十三矣，且明宗之长子，礼当立之。"文宗

朝,为了防止文宗与朝臣联合弑杀明宗一事暴露,以及将来有人利用明宗之子发动政变,文宗先是在至顺元年四月借故杀害了明宗皇后八不沙,随后远徙明宗长子妥懽帖睦尔于高丽国大青岛,不让妥懽帖睦尔与朝中大臣有交往,此时妥懽帖睦尔年仅十岁。年仅四岁的明宗次子懿璘质班,由于尚不足以对文宗统治构成威胁而被继续留在大都。一年后,文宗诏告天下,言明宗在朔漠之时早已明言妥懽帖睦尔并非自己的儿子,借机迁徙妥懽帖睦尔于广西静江。文宗对明宗皇后及其儿子的迫害、打击,也许是权臣操纵、怂恿的结果,而并非文宗本意,但这却在年幼的妥懽帖睦尔内心深处埋下了仇恨的种子。

在皇太后的积极促成下,元廷遣使召还妥懽帖睦尔。妥懽帖睦尔回至大都附近的良乡县,朝廷派人持卤簿迎之,右丞相燕铁木儿亲自前往迎接。燕铁木儿与妥懽帖睦尔并马而行,于马上举鞭指画,告知国家多难,遣使奉迎之故。而妥懽帖睦尔或许是年幼畏惧,竟然一言不发。燕铁木儿认为妥懽帖睦尔意不可测,担心妥懽帖睦尔即位后会追究他参与谋害明宗一事,于是当妥懽帖睦尔来到京师后,燕铁木儿迟迟不肯立其为帝。这时,太史官也说妥懽帖睦尔不可立,立则天下乱。当时的国政皆决于燕铁木儿,奏皇太后后行之。看来,燕铁木儿乃是妥懽帖睦尔即位的障碍,而在当时的背景下,没有燕铁木儿的支持,妥懽帖睦尔恐难以顺利继承皇位。

恰在这时,燕铁木儿荒淫纵欲而死,这为妥懽帖睦尔即位提供了绝好的契机。于是皇太后在伯颜等大臣的支持下,顺利扶植妥懽帖睦尔即位。元统元年(1333)六月,妥懽帖睦尔正式即位于上都,是为顺帝。(《元史》卷三十七《宁宗本纪》;《元史》卷三十八

《顺帝本纪一》;《元史》卷一百三十八《燕铁木儿传》;《庚申外史》)

第二节　伯颜独揽朝政

　　年轻的顺帝即位后,朝中出现燕铁木儿家族势力与伯颜相对峙的局面。为了平衡朝中各派势力,元统元年六月,顺帝在谋臣的建言下任命伯颜为太师、中书右丞相、上柱国、监修国史,兼奎章阁大学士,领学士院、太史院、回回、汉人司天监事,燕铁木儿的弟弟撒敦为太傅、左丞相。顺帝的这一任命明显带有削弱燕铁木儿家族的意图, 而伯颜在拥立顺帝的问题上表示了支持的态度。但长期专权的燕铁木儿家族在朝中党羽遍布, 势力巨大,顺帝也不得不对其加以安抚、重用,否则很可能再次出现宫廷政变。元统元年八月, 顺帝又立燕铁木儿的女儿伯牙吾氏为皇后。十月,封撒敦为荣王,食邑庐州;撒敦的弟弟知枢密院事答剌罕答里进阶金紫光禄大夫;燕铁木儿之子唐其势则袭父封为太平王,也进阶金紫光禄大夫。元统二年(1334)四月,顺帝命唐其势为总管高丽女直汉军万户府达鲁花赤, 与伯颜的弟弟马札儿台并为御史大夫, 同时诏加荣王左丞相撒敦为开府仪同三司、上柱国、录军国重事,食邑庐州。

　　与此同时,右丞相伯颜势力增长,已经超过了燕铁木儿家族。元统二年,顺帝进伯颜为太师、奎章阁大学士,领太史院,兼领司天监,威武、阿速诸卫;奏复经筵,加知经筵事。十一月,伯颜进封秦王,继领太禧宗禋院、中政院、宣政院、隆祥使司、宫相诸内府,总领蒙古、钦察、斡罗思诸卫亲军都指挥使。伯颜势力的增长, 必然使其与以前具有支配地位的燕铁木儿家族发生矛盾和冲突。不久，中书左丞相撒敦去世，燕铁木儿家族的势力进一步削弱，虽然顺帝随后任命唐其势为中书左丞相，但其已经很难左右朝政了。唐其势十分恼怒地说道："天下本我家天下也，伯颜何人，而位居吾上！"唐其势便与撒敦的弟弟答里阴谋政变，他们联合诸王晃火帖木儿，谋划废黜顺帝。不料，郯王彻彻秃得知唐其势等人的阴谋后，将此事通告了顺帝。

　　后至元元年（1335）六月三十日，唐其势在上都东郊埋伏好士兵，自己亲率勇士冲入宫阙。由于顺帝早有准备，伯颜及岐阳王完者帖木儿、中书平章政事定住、知枢密院事阔里吉思等，将唐其势等拿获，随后唐其势及其弟塔剌海皆被杀。唐其势的党羽闻讯后向北逃窜到撒敦的弟弟答里之处，答里随即举兵叛乱，并杀害朝廷使者哈儿哈伦、阿鲁灰。顺帝又遣使节阿弼前往招降答里，答里又将阿弼杀害。于是答里率党羽和尚、剌剌等与朝廷的军队作战，结果兵败，逃奔诸王晃火帖木儿。顺帝便命大臣孛罗、晃火儿不花追袭答里，答里穷途末路，被朝臣阿鲁浑察执送上都，顺帝随即下令将答里诛杀。而诸王晃火帖木儿受到牵连，被迫自杀。怯薛官阿察赤也因参与了唐其势之谋而被杀。

　　当初唐其势事败被擒之后，攀折皇宫大殿门槛不肯出，结果被强行拖出诛杀。唐其势的弟弟塔剌海逃到伯牙吾氏皇后座位之下，皇后用衣服将塔剌海遮蔽起来。伯牙吾氏皇后左右之人发现后，将塔剌海拖出斩杀，血溅皇后之衣。权臣伯颜为此上奏，请求治伯牙吾氏皇后同谋之罪，顺帝便命人将伯牙吾氏皇后拿下。伯牙吾氏皇后大呼："陛下救我！"顺帝说道："汝兄弟为逆，岂能相救邪！"于是驱逐伯牙吾氏皇后出宫，不久在大都附近的开平民舍将其鸩杀。顺帝还下令籍没唐其势一家的家产。

之后，伯颜还对燕铁木儿委任的亲信进行了清洗。后至元元年七月，朝廷罢燕铁木儿、唐其势举用之人，诛杀答里及剌剌等于市，并诏告天下，一说明燕铁木儿阻碍顺帝即位以及撒敦、答里、唐其势等阴谋政变的罪行，一赞誉和奖赏丞相伯颜的拥戴及其铲除燕铁木儿势力之功。同年十月，顺帝流放晃火帖木儿、答里、唐其势的子孙于边远之地。

伯颜在协助顺帝铲除燕铁木儿势力的同时，又重蹈燕铁木儿专权的覆辙。后至元元年七月壬辰，朝廷加拜伯颜的弟弟马札儿台为银青荣禄大夫、开府仪同三司，领承徽寺；壬寅，专命伯颜为中书右丞相，罢左丞相不置。伯颜自诛唐其势之后，独揽朝政，专权自恣，变乱祖宗成宪，虐害天下，渐有奸谋。自从统领诸卫精兵后，伯颜以燕者不花为屏蔽，其宿卫随从众多，填溢街衢。而顺帝身旁的宿卫则落落如晨星，十分稀少。伯颜势焰薰灼，天下之人惟知有伯颜而已，而原来在朝中有一定势力的文宗皇后，这时也仅享有着太皇太后的荣誉头衔。(《元史》卷三十八《顺帝本纪一》;《元史》卷一百三十八《伯颜传》、《燕铁木儿传》)

伯颜当政时期，擅自封授官爵，赦免死罪，任用邪佞之人，杀害无辜，将诸卫精兵收为己用，国家府库钱帛听其出纳，时人称"天下贡赋多入伯颜家"。由于伯颜擅权专权，以及吏治腐败、财政入不敷出、赋税不均等等弊政积重难返，这一时期的元代社会动荡不安，民众的反抗斗争此起彼伏。为了能够制止汉人、南人的反抗，伯颜推行更为严厉的民族控制政策。元廷下令汉人、南人、高丽人不得执持军器，凡有马者拘收入官，同时省、院、台、部、宣慰司、廉访司及部府幕官之长，并用蒙古、色目人，汉人、南人不得学习蒙古、色目文字。伯颜甚至主张诛杀张、王、刘、李、赵五姓汉人，当然这一过激的民族屠杀政策并没有得到顺帝的同意。(《元史》卷三十八、三十九《顺帝本纪》;《庚申外史》;《元史》卷一百三十八《脱脱传》)

在伯颜实行的各种弊政中，一项非常重要的政策是废除科举制。其实，元代科举制自仁宗朝正式推行以来，不断有人企图废罢之。后至元元年十一月，在伯颜的极力主张下，顺帝下诏废罢科举。力主废罢科举的元廷官员除伯颜外，最为积极的当数中书平章政事彻里帖木儿。后至元元年，御史中丞彻里帖木儿进入中书省后，以罢科举为第一事。在伯颜的积极支持下，彻里帖木儿废罢科举的动议得到了顺帝的批准。据载，当时废罢科举的诏书已经写好，只是还没有加盖玉玺，中书省参政许有壬就此事与伯颜、彻里帖木儿据理力争，当时掌权的伯颜根本不把许有壬放在眼里，反对其嘲笑、讥讽。待到废科举诏书在崇天门宣布之时，伯颜等特令许有壬为朝堂班首以折辱之。至于伯颜废罢科举，既有他个人对科举制的憎恶，又有借废止科举打击儒臣的政治目的。当时以御史台为中心的儒臣集团，已成为伯颜垄断朝政的一大障碍。反对废罢科举制的中书参政许有壬，曾对伯颜说道："御史三十人不畏太师而听有壬。"(《元史》卷三十九《顺帝本纪二》;《元史》卷一百四十二《彻里帖木儿传》;姚大力《元代科举制度的行废及其社会背景》)

第三节　伯颜之死

中书右丞相伯颜在铲除以中书左丞相唐其势为首的势力集团后，开始变得肆无忌惮，专横于朝堂之上，年轻的顺帝面对伯颜的专权敢怒而不敢言。伯颜万万想不到的是，侄子脱脱试图联合顺帝来打击自己。

脱脱，字大用，年幼时曾拜浦江人吾直方为老师，"日记古人嘉言善行"以践行之，深受儒家文化的影响。文宗朝至顺二年，授脱脱虎符、忠翊侍卫亲军都指挥使。顺帝元统二年，脱脱任同知宣政院事，兼前职；五月，迁中政使；六月，迁同知枢密院事。脱脱的逐渐升迁离不开伯父伯颜的大力提拔。脱脱从小在伯颜家长大，深得伯颜的信任。脱脱还协助伯颜铲除了以唐其势为首的势力集团。之后脱脱历任太禧宗禋院使、御史中丞、虎符亲军都指挥使，提调左阿速卫。后至元四年（1338），脱脱进御史大夫，仍提调前职，整顿朝廷纲纪。在伯颜的安排下，脱脱还担任顺帝的怯薛宿卫统领，每天侍奉顺帝起居。为了不引起别人猜疑，伯颜乃以枢密知院汪家奴、翰林承旨沙剌班陪同脱脱，一同负责顺帝的宿卫。脱脱担任怯薛宿卫统领后，"政令日修而卫士拱听约束"。这样，脱脱的权势和地位已经仅次于伯颜了。

不过深明大义的脱脱对伯颜的擅权颇为不满和忧虑。脱脱曾对父亲马札儿台说："伯父骄纵已甚，万一天子震怒，则吾族赤矣，曷若于未败图之。"马札儿台虽同意脱脱的看法，但仍然是犹豫未决。随后马札儿台拜太保，分枢密院出镇漠北。不过脱脱的老师，时任集贤大学士的吾直方，却鼓励脱脱大义灭亲、忠于国家。于是脱脱秘密筹划铲除伯颜。当时顺帝身边之人皆是伯颜安插的亲信，只有世杰班、阿鲁为顺帝心腹之人，脱脱于是便与此二人接触，共同谋划。而担任奎章阁广成局副使的浙江钱唐人杨瑀是顺帝的潜邸旧臣，可以出入顺帝皇宫之中，顺帝知道杨瑀可用，每当脱脱、世杰班、阿鲁三人论事之时，就召杨瑀参议。

元寧宗皇帝

諱伊埒哲伯明宗次子在位一月

后至元五年(1339)秋,顺帝在上都,伯颜准备离开上都前往应昌府,脱脱与世杰班、阿鲁准备在上都东门外逮捕伯颜,但因没有必胜的把握而取消了行动。

河南人范孟矫诏杀害中书省大臣,此案牵连到了肃政廉访使段辅,伯颜趁机要求御史台罢汉人为廉访使者,时任御史大夫的别儿怯不花害怕执行伯颜之命会遭人非议,于是借口有病在家休养,致使御史台罢汉人为廉访使者的奏章一直没有上呈顺帝。伯颜催促御史台甚急,御史台监察御史将此事告知同为御史大夫的脱脱,脱脱则说,别儿怯不花地位在他之上,且掌握着御史台的官印,自己不敢专擅行事。别儿怯不花听到脱脱的言论后,害怕自己遭到伯颜的报复,便准备出来理政,采纳伯颜的建议。脱脱看到难以遏止伯颜的计划,便征询老师吾直方的意见。吾直方则说,祖宗的法度不可以废除,他建言脱脱将此事入告顺帝,脱脱采纳了老师的意见。等到御史大夫别儿怯不花上呈罢汉人为廉访使者的奏章后,顺帝按照脱脱的意见,驳回了奏章。伯颜得知这件事是脱脱从中作梗,大怒。伯颜告诉顺帝说,脱脱虽然为他的侄子,但却偏袒、保护汉人,他必将惩罚脱脱。顺帝帮助脱脱辩解道:"此皆朕意,非脱脱罪也。"

权臣伯颜还擅自流放宣让、威顺二王,顺帝知道后十分愤怒,便下定决心除去伯颜。一日,顺帝哭泣着与脱脱商量铲除伯颜的行动,脱脱也伤心落泪。脱脱便与老师吾直方谋划,吾直方说,此事关系到社稷的安危,必须秘密行事,确保万无一失。吾直方问脱脱,顺帝与脱脱议论之时还有谁在场,脱脱回答说,阿鲁及脱脱木儿在场。吾直方说,伯颜权势极大,若此二人为了谋求富贵,泄漏了计划,恐怕连顺帝都会招致杀身之祸。脱脱便将此二人请到自己家中,设酒宴款待,整天不让他们外出。

脱脱与世杰班、阿鲁议论,等伯颜入朝之时设伏兵擒致。于是脱脱便命宿卫士兵严守宫门,戒备森严。伯颜知道后颇为震惊,召脱脱责问,脱脱回答说:"天子所居,防御不得不尔。"伯颜便开始怀疑脱脱的动机,自己也增加了卫兵。

后至元六年二月,伯颜亲领卫兵,请顺帝出去打猎。脱脱告知伯颜,顺帝有病不能前往。伯颜再次请文宗皇子燕帖古思前去大都附近的柳林打猎,顺帝被迫同意让燕帖古思前往。脱脱看到伯颜离开大都,认为有机可乘,便与世杰班、阿鲁商议,而后通报顺帝。二月戊戌,脱脱拘收大都各城门的钥匙,受顺帝密旨统领诸军,阿鲁、世杰班则侍奉在顺帝左右,负责传达命令。当晚,顺帝在玉德殿,主符檄,发号令。中夜二鼓时分,遣皇子怯薛月可察儿率领三十骑兵马抵达皇子燕帖古思的大营,秘密将燕帖古思接入大都。四鼓时分,顺帝命大臣只儿瓦歹持诏书前往柳林,贬伯颜为河南行省左丞相。己亥,伯颜遣人来到大都城下询问事情的缘由,脱脱在城门上传旨:顺帝仅罢黜伯颜一人,其余侍从官员均无罪。伯颜奏请当面向顺帝辞行,顺帝不许,伯颜被迫南下河南。伯颜经过真定路,当地百姓有人献美酒慰劳,伯颜问曰:"尔曾见子杀父事耶?"百姓们回答:"不曾见子杀父,惟见臣杀君。"伯颜低头有惭色。三月辛未,顺帝又下诏徙伯颜于南恩州(治今广东阳春)安置,不久伯颜病死在龙兴路(治今南昌)驿舍之内。

顺帝在脱脱等人的协助下终于铲除了伯颜,此后脱脱逐渐成为朝中最有权势的大臣。顺帝首先下诏以脱脱的父亲马札儿台为中书右丞相,脱脱则任知枢密院事,虎符,忠翊卫亲军都指

挥使,提调武备寺、阿速卫千户所,兼绍熙等处军民宣抚都总使、
宣忠兀罗思护卫亲军都指挥使司达鲁花赤、昭功万户府都总使。
这样马札儿台与脱脱父子分别统领行政与军事大权。不过从上
述任命来看,顺帝任命马札儿台为中书右丞相,主要是因为他是
脱脱的父亲,地位不宜低于脱脱。深谙其中玄机的马札儿台于
后至元六年十月借口有病辞去相位,顺帝顺手推舟授以太师这
一极高的荣誉头衔。至正元年(1341),顺帝命脱脱为中书右丞
相、录军国重事,诏告天下。这样从至正元年开始,脱脱主持朝
政。此一时期,顺帝借铲除伯颜之机,开始起用亲信,掌握朝政。
被顺帝视为心腹的脱脱虽位列极品,但其在朝中的权势已难与
之前的伯颜相匹敌,当然这也与脱脱本人忠君、正直的性格有
关。(《元史》卷一百三十八《伯颜传》、《马札儿台传》、《脱脱传》)

第四节　至正新政

后至元六年,顺帝在脱脱等人的协助下,铲除了专权的丞
相伯颜,开始亲自掌控朝政。顺帝亲政后做的第一件重要的事
就是追究当年文宗谋害其父明宗一事。后至元六年六月丙申,
顺帝下诏将文宗的牌位从宗庙中撤除, 徙文宗皇后卜答失里于
东安州安置,流放文宗皇子燕帖古思于高丽;九月,将参与谋害
明宗的文宗旧臣明里董阿诛杀。为了纪念这一历史性的转折,
顺帝改年号为至正。同时,为了纠正伯颜专权以来的弊政,顺帝
起用脱脱进行改革,史称脱脱更化,当时"天子图治之意甚切"。

脱脱担任中书右丞相期间,纠正伯颜弊政,恢复科举取士
之法,复行太庙四时祭祀之礼,为郯王彻彻秃雪冤,召还被流放

的宣让、威顺二王,使居旧藩,恢复阿鲁图的亲王之位,同时开马禁,减盐额,蠲负逋,又开经筵,遴选儒臣以劝讲,而脱脱实际统领经筵之事。朝廷内外都称脱脱为贤相。另外,至正元年六月戊辰,元廷还改旧奎章阁为宣文阁,以示重视宫廷教育。至正三年(1343)三月,顺帝下诏修辽、金、宋三史,以中书右丞相脱脱为都总裁官,中书平章政事铁木儿塔识、中书右丞太平、御史中丞张起岩、翰林学士欧阳玄、侍御史吕思诚、翰林侍讲学士揭傒斯为总裁官。脱脱又请修《至正条格》颁行天下。顺帝尝亲临宣文阁。脱脱奏请顺帝留心儒学。脱脱听说顺帝左右之人多阻挠顺帝学习汉文化,便说假使经史典籍没有什么用处,那么世祖忽必烈皇帝为什么要让真金太子学习呢?于是脱脱到秘书监取出当年真金太子所学之书进呈顺帝,顺帝十分高兴。脱脱担任右丞相的几年间,元廷文治色彩较为明显。

脱脱与顺帝的关系极为密切。顺帝皇太子爱猷识理达腊出生后由脱脱抚养。脱脱精心照顾皇太子,每次皇太子有病吃药,脱脱必先代为尝药,以防不测。有一次顺帝驻跸云州,遇烈风暴雨,山洪爆发,随行车马人畜很多被淹死,脱脱便抱起皇太子骑马上山,皇太子安然无恙。到皇太子六岁时,脱脱将皇太子归还给顺帝,顺帝安慰脱脱说:"汝之勤劳,朕不忘也。"脱脱还自己出钱造大寿元忠国寺于健德门外,为皇太子祝釐,共费钞十二万二千锭。(《元史》卷一百三十八《脱脱传》;《元史》卷四十、四十一《顺帝本纪》;《元史》卷一百八十三《苏天爵传》)

深谙为官之道的脱脱知道久居极品,早晚会招致皇帝的猜忌甚至惹来杀身之祸,燕铁木儿、唐其势、伯颜等权臣的命运就是很好的例子。加上脱脱当时有病在身、日渐衰弱,而卜算之人认为脱脱有灾,于是脱脱上表请辞,顺帝不允。脱脱先后十七次上表,最后顺帝只好同意让脱脱辞职。为了奖赏脱脱,顺帝下旨封脱脱为郑王,食邑安丰,赏赉巨万,脱脱均辞而不受。顺帝又赐脱脱江南松江之田,并为他设立稻田提领所以领之。

此后数年,顺帝先后起用蒙古贵族阿鲁图、别儿怯不花、朵儿只为中书右丞相,主持朝政,但这些人的施政能力远逊于脱脱。

年轻气盛的顺帝仍然力主推行改革,希望借此挽救日益衰败的元帝国。顺帝重视吏治,惩治腐败,选拔廉洁的官员,以《至正条格》作为断案的依据。至正五年(1345)十月,顺帝为澄清地方吏治、询民疾苦,派遣奉使宣抚巡行天下,下诏曰:"朕自践祚以来,至今十有余年,托身亿兆之上,端居九重之中,耳目所及,岂能周知? 故虽夙夜忧勤,觊安黎庶,而和气未臻,灾眚时作,声教未洽,风俗未淳,吏弊未祛,民瘼滋甚。岂承宣之寄,纠劾之司,奉行有所未至欤? 若稽先朝成宪,遣官分道奉使宣抚,布朕德意,询民疾苦,疏涤冤滞,蠲除烦苛。体察官吏贤否,明加黜陟,有罪者,四品以上停职申请,五品以下就便处决。民间一切兴利除害之事,悉听举行。"

看来,顺帝在亲政后颇有励精图治、挽救帝国于颓势之中的决心,但是元朝长期以来形成的种种积弊,并非几条不触及核心问题的新政所能解决的。元代统治层所进行的改革基本上都是以不触犯蒙古特权阶层的利益、不改变制度中蒙古旧制的内核为前提进行的,所以顺帝的所谓新政虽有可能在一定范围内起到积极的效果,但帝国大厦将倾的趋势是无法遏止的,更何况由于吏治腐败,顺帝的一些新政一开始就走了样,结果反而加剧了社会的矛盾。以顺帝派遣奉使宣抚巡行天下为例,"奉使者皆脂韦贪浊,多非其人",以致"欺诈百端,昏弊主聪","政绩昭著者,十不一二"。元末的两则民谣十分形象地反映了这次奉使宣抚对民间的危害:"九重丹诏颁恩至,万两黄金奉使还。""官吏黑漆皮灯笼,奉使来时添一重。"(《南村辍耕录》卷十九《阑驾上书》;《庚申外史》卷上;《元史》卷四十一《顺帝本纪四》;陈得芝主编《中国通史》第八卷)

第五节　脱脱复相与开河变钞

在连续起用数个丞相后,顺帝发现改革的成效并不明显,官吏贪赃枉法依然盛行。而从至正四年(1344)开始,黄河大泛滥,黄河下游受灾惨重,这些都加剧了各种社会矛盾,武装起义此起彼伏。面对这种情况,顺帝决定重新起用脱脱。至正九年(1349)七月乙卯,顺帝罢右丞相朵儿只,左丞相太平罢为翰林学士承旨;闰七月辛酉,下诏任命脱脱为中书左丞相,仍太傅。十年(1350)正月,升脱脱为中书右丞相。脱脱面对如此多的棘手问题,决定首先改变钞法、治理黄河。

脱脱复相后,为了能够强有力地推行各项政策,开始走向了专权的道路。聪明的脱脱知道激流勇退,但在沉寂了一段时间后,改变了想法,这一方面是因为他有着忧国忧民的责任心,另一方面他或许认为顺帝绝对是自己的坚强后盾。于是脱脱任用乌古孙良桢、龚伯遂、汝中柏、伯帖木儿等为亲信僚属,朝中大小之事都和心腹们商量,而其他朝臣均不能参与。当时吏部尚书偰哲笃建言更造至正交钞,脱脱认为可行,便召集枢密院、御史台、翰林院、集贤院诸臣讨论,大臣多唯唯诺诺,只有国子祭酒吕思诚反对改变钞法,脱脱不悦,根本不听吕思诚的意见。结果新的钞法得以推行, 元廷发行至正交钞和至正通宝。由于发钞的目的是为了摆脱财政危机、增加收入,于是元廷一味用新钞来压低旧钞,这就决定了钞法改革无法获得成功,"行之未久,物价腾踊,价逾十倍","所在郡县,皆以物货相贸易,公私所积之钞,遂俱不行"。(《元史》卷四十二《顺帝本纪五》;《元史》卷一百三十八《脱脱传》;《元史》卷九十七《食货志五》)

脱脱还采纳都漕运使贾鲁的建议,准备根治黄河水患。脱脱通告群臣曰:"皇帝方忧下民,为大臣者职当分忧。然事有难为,犹疾有难治,自古河患即难治之疾也,今我必欲去其疾。"不过,脱脱的这项意见遭到了很多人的反对,但脱脱刚愎自用,根本不听别人的意见。例如工部尚书成遵上言,济宁、曹、郓连年饥荒,民不聊生,若在此聚集二十万人修黄河,恐怕后患比黄河水患还要严重。脱脱大怒说:"汝谓民将反耶!"虽不断有人建议成遵听从脱脱丞相的意见,但成遵始终坚持己见。朝中执政者对成遵说:"修河之役,丞相意已定,且有人任其责矣,公其毋多言,幸为两可之议。"成遵回答曰:"腕可断,议不可易也。"由是元廷将成遵贬为大都河间等处都转运盐使。

随后,脱脱奏以贾鲁为工部尚书,总治河防,发黄河南北兵民十七万,修筑决口的黄河河堤,使黄河恢复旧道。此次治理黄河,费时八个月才完工。贾鲁治河虽获得成功,但结果正如成遵所言,元廷大规模役使军民,引发了农民起义。农民起义的策划者白莲教主韩山童等,趁机"倡言天下大乱",煽动农民起义。至此, 长期以来持续不断的民间起义或暴动已经发展到了不可收拾的地步。这样,脱脱复相后进行的开河、变钞,就成了农民起义的导火线,正所谓"丞相造假钞,舍人做强盗。贾鲁要开河,搅得天下闹","堂堂大元,奸佞专权,开河、变钞祸根源,惹红巾万千"。(《元史》卷一百三十八《脱脱传》;《元史》卷一百八十六《成遵传》;《草木子》卷四上《谈薮篇》;《南村辍耕录》卷二十三《醉太平小令》;陈得芝主编《中国通史》第八卷)

第六节　奸臣哈麻与顺帝宫廷的荒淫腐败

顺帝中后期,宫廷日渐荒淫腐败,这期间一些奸臣起到了推波助澜的作用,哈麻就是这样一个代表。哈麻,字士廉,康里人。父秃鲁,母为宁宗乳母,秃鲁因此被封为冀国公,加太尉,阶金紫光禄大夫。哈麻与其弟雪雪,早年担任宫廷宿卫,顺帝十分宠幸他们,尤其是哈麻非常有口才,尤为顺帝所亵幸。哈麻累迁官为殿中侍御史,雪雪累迁官为集贤学士。哈麻在朝中的声势日盛,不管诸王还是亲戚同乡,都想方设法贿赂哈麻。不久,哈麻因谋害大臣脱脱,被出贬到南安(今属福建泉州),后又被召入朝担任礼部尚书,又迁同知枢密院事。至正初年,脱脱担任右丞相,脱脱之弟也先帖木儿为御史大夫,哈麻见风使舵,想方设法讨好脱脱兄弟。脱脱辞去丞相之位后,大臣别儿怯不花为丞相。别儿怯不花与脱脱有旧怨,欲中伤、谋害脱脱,幸亏哈麻在顺帝之前为脱脱辩解,脱脱才得以免罪。

至正九年,脱脱复为中书省丞相,其弟也先帖木儿复为御史大夫,兄弟二人对哈麻十分感激。十二年(1352)八月,哈麻拜中书添设右丞,明年正月,正式被任命为中书省右丞。当时脱脱信任汝中柏,把他由中书省郎中提拔为中书省参议。自中书平章政事以下官员，与汝中柏议事，皆唯唯诺诺，独有哈麻经常与汝中柏在议事时产生矛盾，汝中柏便向脱脱进谗言陷害哈麻。至正十三年（1353）八月，脱脱贬哈麻为宣政院使，在诸宣政使中排在第三位，哈麻因此对脱脱怀恨在心。

　　当初哈麻曾偷偷将西天僧引荐给顺帝，教顺帝习运气之术，号演揲儿法。演揲儿，华言大喜乐也，实为男女房中术。哈麻的妹婿，集贤学士秃鲁帖木儿，得宠于顺帝，他与老的沙、八郎、答剌马吉的、波迪哇儿祃等十人，俱号"倚纳"（蒙古语，意为"亲密"），引导顺帝荒淫享乐。秃鲁帖木儿性格狡猾险诈，顺帝却十分宠爱他，对他言听计从。秃鲁帖木儿也推荐西蕃僧人伽璘真给顺帝，伽璘真亦传授顺帝房中之术。他对顺帝进谗言说：顺帝虽尊居万乘，富有四海，但只不过能在有生之年享有这些，人生短短，不如学习房中术，尽情享乐。此法亦名双修法，曰演揲儿，曰秘密，皆房中术也。顺帝于是下诏以西天僧为司徒，西蕃僧为大元国师。两位僧人的门徒皆取自良家女，或四人或三人奉之，谓之供养。顺帝每日学习房中之术，广取妇女，惟淫戏是乐，又选采女子编成十六天魔舞供其观赏。前所谓八郎者，是指顺帝的诸位弟弟，他们与顺帝的倚纳们一起，陪同顺帝淫乐，甚至男女裸处，号所处室曰皆即兀该，华言事事无碍也。君臣宣淫，而群僧自由出入禁中，顺帝的这种丑恶行为传出宫外，即便是普通的市井之人，也是憎恶至极。顺帝皇太子日益成年，他十分痛恨秃鲁帖木儿等人的所作所为，"欲去之未能也"。

　　至正十四年（1354），为平定农民起义，丞相脱脱领大军讨高邮，哈麻趁机担任中书省平章政事。脱脱出师后，以亲信汝中柏为治书侍御史，辅佐御史大夫也先帖木儿。汝中柏屡次奏言必须清除哈麻,不然必为后患,也先帖木儿却不肯听从。哈麻得到消息后,恐怕将来不能自保,便向皇后奇氏进言曰:"皇太子既立,而册宝及郊庙之礼不行者,脱脱兄弟之意也。"奇皇后听信了哈麻的谗言。哈麻又与汪家奴之子桑哥实里、也先帖木儿之宾客明理明古向诸皇子诬告脱脱兄弟。恰好当时御史大夫也先帖木儿生病在家休养,于是监察御史袁赛因不花等便受哈麻的指使,一连三次上奏弹劾也先帖木儿,顺帝最后准奏,下诏拘收御史台之印,令也先帖木儿出大都城门听旨。顺帝先任命知枢密院事汪家奴为御史大夫,随后下诏指责脱脱犯有劳师费财之罪,即派人到军中削去脱脱的官职,安置淮安。随即脱脱、也先帖木儿皆被贬逐而死,并被籍没家产、私属人口,而顺帝又以所籍没也先帖木儿的家产、私属等转赐哈麻。至正十五年(1355)四月,雪雪由知枢密院事拜为御史大夫;五月,哈麻遂拜中书左丞相。国家大柄,尽归哈麻兄弟二人。脱脱兄弟被杀是顺帝朝的重要事件,这一方面标志着顺帝朝政已彻底走向腐败,另一方面这也是红巾军起义的转折点,红巾军借此扭转了衰败之势,开始转守为攻,势力大增。

至正十六年(1356)二月,哈麻担任丞相之后,看到顺帝荒淫至极,觉得自己当初不应该向顺帝推荐蕃僧教习房中术。他告诉父亲秃鲁说,他与雪雪兄弟二人位居宰辅,应该从正面引导顺帝,妹婿秃鲁帖木儿专媚上以淫亵,这样必会遭到天下士大夫的讥笑,如此他又有何面目见人。于是哈麻准备除去佞臣秃鲁帖木儿。哈麻甚至认为:"上日趋于昏暗,何以治天下?今皇太子年长,聪明过人,不若立以为帝,而奉上为太上皇"。哈麻的妹妹听到这个消息后,转告给了丈夫秃鲁帖木儿。秃鲁帖木儿害怕皇太子一旦为帝,必会先将他诛杀,于是便将此事告知顺帝,唯独不言他自己帮助顺帝淫亵之事,只说哈麻认为顺帝年老应该退位。顺帝大惊曰:"朕头未白,齿未落,遽谓我为老耶。"顺帝便与秃鲁帖木儿计划除去哈麻和雪雪兄弟,秃鲁帖木儿为了自保先躲避到寺庙之中。次日,顺帝遣使传旨哈麻与雪雪,早上不要入朝,在家居听旨。御史大夫搠思监便劾奏哈麻与雪雪的罪恶,顺帝说:哈麻、雪雪兄弟二人虽有罪,然侍朕日久,且与朕弟懿璘质班皇帝实同乳,可姑缓其罚,令其出征。但随后中书右丞相定住、平章政事桑哥失里再次纠劾哈麻、雪雪之罪,顺帝遂命哈麻兄弟出城受诏,流放哈麻于惠州,雪雪于肇州。临行之时,哈麻与雪雪皆被杖打而死。哈麻死后,被籍没家财,而原来转赐哈麻的也先帖木儿家所封之库藏,竟然还没有拆开封条。哈麻兄弟得宠一时,而突然之间被罢官流放,有人认为是顺帝十分恼怒哈麻兄弟谮害脱脱兄弟之故,但却不知哈麻兄弟犯有阴谋废立之罪。由于恶贯满盈,哈麻兄弟死后,无人同情体恤。

顺帝渐渐厌于理政。至正十四年十二月,顺帝在宫廷内苑之内造龙船,让内官供奉少监塔思不花负责监工。顺帝亲自制成龙船图样,船首尾长一百二十尺,广二十尺,前瓦帘棚、穿廊、两暖阁,后吾殿楼子,龙身并殿宇用五彩金妆,前有两爪。船上用水手二十四人,身衣紫衫,金荔枝带,四带头巾,于船两旁下各执一篙。自后宫至前宫山下,往来游戏,船行走之时,其龙首、眼、口、爪、尾皆动。顺帝又"自制宫漏,约高六七尺,广半之,造木为匮,阴藏诸壶其中,运水上下。匮上设西方三圣殿,匮腰立玉女捧时刻筹,时至,辄浮水而上。左右列二金甲神,一悬钟,一悬钲,夜则神人自能按更而击,无分毫差。当钟钲之鸣,狮凤在侧者皆翔舞。匦之西东有日月宫,飞仙六人立宫前,遇子午时,飞仙自能耦进,度仙桥,达三圣殿,已而复退立如前。其精巧绝出,人谓前代所鲜有"。顺帝"怠于政事,荒于游宴,以宫女三圣奴、妙乐奴、文殊奴等一十六人按舞,名为十六天魔,首垂发数辫,戴象牙佛冠,身被缨络、大红绡金长短裙、金杂袄、云肩、合袖天衣、绶带鞋袜,各执加巴剌般之器,内一人执铃杵奏乐。又宫女一十一人,练槌髻,勒帕,常服,或用唐帽、窄衫,所奏乐用龙笛、头管、小鼓、筝、篥、琵琶、笙、胡琴、响板、拍板。以宦者长安迭不花管领,遇宫中赞佛,则按舞奏乐。宫官受秘密戒者得入,余不得预"。(《元史》卷二百五《哈麻传》;《元史》卷四十三《顺帝本纪六》)

不仅元代宫廷,整个帝国在顺帝执政中后期也变得腐朽不堪。就连长期以来以清廉著称的廉访司官吏也是声名狼藉。至正八年(1348)十月,御史台承认:"近年以来,江南各道廉访司书史奏差,间有不务守慎,恣尚贪饕……滋长奸恶,废坏纪纲。若不严为立法,无以效劝将来。"民间甚至做诗嘲讽廉访司官员:"解贼一金并一鼓,迎官两鼓一声锣。金鼓看来都一样,官人与贼不争多。"时人叶子奇深刻地指出:"及元之将乱,上下诸司,其滥愈甚。"(《永乐大典》卷二千六百一十《南台备要》;《草木子》卷四上《谈薮篇》;陈得芝主编《中国通史》第八卷)

第七节　奇皇后、资政院使朴不花与丞相搠思监

顺帝先后立有三位皇后。第一任皇后是权臣燕铁木儿之女答纳失里,元统元年立,元统二年授册宝。元统三年(1335)皇后

之兄唐其势被诛杀,其弟塔剌海逃入皇宫,皇后以衣蔽之,因此获罪,被贬出宫,丞相伯颜鸩皇后于开平民舍。顺帝的第二任皇后是伯颜忽都,蒙古弘吉剌氏,后至元三年(1337)册立,生皇子真金,但真金两岁便夭折而死。伯颜忽都皇后崇尚节俭,不妒忌,"动以礼法自持"。她于至正二十五年(1365)八月去世。在答纳失里皇后在世之时,顺帝十分宠幸宫中高丽女子奇完者忽都。奇氏最初是徽政院使秃满迭儿进贡给顺帝的宫女,主供茗饮。奇氏性颖黠,日见宠幸,这招致了当时皇后答纳失里的嫉妒,于是答纳失里皇后数箠辱之。答纳失里遇害之后,顺帝打算立之为皇后,当时秉政的丞相伯颜坚决反对。伯颜罢相,大臣沙剌班遂奏准立为第二皇后,居兴圣宫,改徽政院为资政院,隶属于奇皇后。

　　顺帝立高丽女奇氏为第二皇后遭到了朝中很多大臣的反对。至正八年十一月,监察御史李泌言:"世祖誓不与高丽共事,陛下践世祖之位,何忍忘世祖之言,乃以高丽奇氏亦位皇后? 今灾异屡起,河决地震,盗贼滋蔓,皆阴盛阳微之象,乞仍降为妃,庶几三辰奠位,灾异可息。"但顺帝根本不听监察御史李泌的建言。

　　据载,奇氏在被立为第二皇后之后,明理从善,希望做一个贤明的皇后,无事之时,则取《女孝经》、史书,访问历代皇后之有贤行者作为效法的榜样。四方贡献之物,或有珍味,则先遣使享太庙,然后才敢食用。至正十八年(1358)京城大饥,奇皇后命官员施粥救济,又出金银粟帛,命资正院使朴不花于京都十一门置冢,葬死者遗骸十余万,复命僧人举行水陆大会超度亡灵。

　　至正十三年六月,顺帝立奇皇后之子爱猷识理达腊为皇太子、中书令、枢密使,授以金宝,告祭天地、宗庙。(《元史》卷一百一

十四《后妃传一》)

奇皇后十分宠幸高丽宦官朴不花。她未进宫之前,与朴不花为同乡,相为依倚,关系十分密切。后来奇氏被选为宫女,进贡到元廷,遂得宠于顺帝,被立为皇后。朴不花为了能够跟随奇氏,便入宫为太监,入侍奇皇后。皇后十分宠幸他,情意甚胶固。由是朴不花累迁官至荣禄大夫、资正院使。资正院者,主掌皇后的财赋。

由于奇完者忽都被立为皇后,奇氏在高丽的族人怙势骄横,高丽王十分愤怒,将奇皇后在高丽的族人诛杀。至正二十三年(1363),奇皇后对皇太子曰:"汝何不为我复雠耶?"于是奇皇后便立在大都的高丽王族为王,以奇族之子三宝奴为元子,遣同知枢密院事崔帖木儿为丞相,用兵一万,并招倭兵,前往征伐高丽。元军渡过鸭绿江,遭遇高丽的伏兵,结果大败而归,仅有十七骑生还。

至正二十五年八月,大皇后伯颜忽都卒,同年十二月,第二皇后奇完者忽都被正式册封为正宫皇后。(《元史》卷一百一十四《后妃传一》;《元史》卷二百四《朴不花传》)

顺帝执政后期颇怠于政治,奇皇后与皇太子爱猷识理达腊谋划让顺帝让位,遣朴不花将此事通告丞相太平,寻求支持,不料太平并不表态。奇皇后又召太平至后宫,赐以美酒,申明自己的计划,但太平还是依违两可,因此皇后与太子便十分忌恨。而顺帝在得知奇皇后的计划后,十分愤怒,便故意疏远奇皇后,两个月都不见她。当时,皇太子准备铲除顺帝身边的奸佞近臣,便令监察御史弹劾顺帝亲昵之臣、御史中丞秃鲁帖木儿,然而奏章未上,这名监察御史就被迁以他官。皇太子认为丞相太平从中作梗，更加下定决心要除去太平。知枢密院事纽的该知道后叹息道："善人国之纪也，苟去之，国将何赖乎！"纽的该便在顺帝之前竭力为太平丞相辩解，结果皇太子的计划没有得逞。在纽的该死后，皇太子便令监察御史买住、桑哥失理弹劾中书左丞成遵、参政赵中等，将他们杀害，此二人皆为丞相太平的亲信。太平看到形势对自己越来越不利，数次上书借口有病请求辞去相位。至正二十年（1360）二月，顺帝准太平辞去丞相，同时拜太平为太保，令他在家中养病。御史台大臣上奏，认为时值国家安危存亡之际，朝廷急需贤能之才，宜令太平以太保兼任丞相之职，不过顺帝拒绝了御史台的奏请。至正二十三年，在皇太子和右丞相搠思监的陷害下，太平被远徙吐蕃，搠思监又遣使者逼太平自杀。太平来到东胜（今属内蒙古鄂尔多斯），赋诗一篇，被迫自杀，享年六十三岁。（《元史》卷二百四《朴不花传》；《元史》卷一百四十《太平传》）

搠思监，蒙古怯烈氏，本是一名果断能干的官员，功勋卓著。至正十四年四月，拜中书左丞相；十五年五月，进右丞相。当时全国各地爆发了农民起义，朝廷被迫派军征伐，但农民起义已成燎原之势，元廷控制的地盘越来越小。时国库空虚，无法应对各种庞大的开支，而顺帝沉溺于淫乐享受之中，不理政务，这样的背景下，时任丞相的搠思监不但不想方设法拯救国家，竟公然收受贿赂，"贪声著闻，物议喧然"。至正十五年冬，监察御史燕赤不花弹劾搠思监任用私人朵列及姜弟崔完者帖木儿印造伪钞，害怕事情败露，搠思监命朵列自杀以灭口。搠思监被迫请辞，顺帝下诏将其免官，收其印绶。而监察御史答里麻失里、王彝仍然不断弹劾搠思监，认为对他的处罚过轻，但顺帝仍然坚持己见。恰好当时红巾军进入辽阳行省,危及元廷东北地区的安全,至正十六年,顺帝遂起搠思监为辽阳行省左丞相去镇压红巾军的起义,但搠思监并没有赴任。至正二十年三月,在太平辞去丞相之位后,顺帝再次任命搠思监为中书右丞相,同时诏告天下。因为顺帝不理政事,宦官资正院使朴不花便乘机用事,贪赃枉法。搠思监与朴不花狼狈为奸,全国各地的战报以及奖赏有功将领的奏章皆被他们扣留,不上呈给顺帝。(《元史》卷二百五《搠思监传》)

第八节 孛罗帖木儿与扩廓帖木儿

扩廓帖木儿与孛罗帖木儿均为元末著名蒙古将领,负责镇压各地的起义军,他们手握重兵于外,专横跋扈。为了能够让他们更好地为元廷效命,顺帝赋予他们高位和特权。至正二十二年(1362)十一月,顺帝下诏授扩廓帖木儿为太尉、银青荣禄大夫、中书平章政事、知枢密院事、太子詹事,便宜行事。至正二十二年三月,命孛罗帖木儿为中书平章政事,位第一,加太尉。扩廓帖木儿与孛罗帖木儿二人在镇压各地起义的过程中,为了争夺地盘,逐渐产生矛盾,甚至起兵互相攻击。元廷屡次遣使前去调和,均不奏效,二人的仇恨日深。至正二十三年,御史大夫老的沙与知枢密院事秃坚帖木儿得罪皇太子,皇太子欲诛之,二人逃至大同,当时驻兵大同的孛罗帖木儿将他们保护起来。老的沙是顺帝的母舅,因此顺帝屡次劝皇太子不要继续追究,但皇太子坚决不从。于是顺帝传旨,密令孛罗帖木儿偷偷将老的沙保护起来。皇太子屡次派人前去索要老的沙,孛罗帖木儿均不同意。

当时中书右丞相搠思监、资政院使朴不花与扩廓帖木儿结党,准备借此事打击孛罗帖木儿。搠思监、朴不花诬陷孛罗帖木儿图谋不轨,而皇太子亦十分痛恨孛罗帖木儿。至正二十四年(1364)三月,顺帝下诏以孛罗帖木儿藏匿老的沙,谋为悖逆,解其兵权,削其官爵。拥兵自重的孛罗帖木儿拒不受命,杀死使者,发兵进攻大都,扬言捉拿搠思监和朴不花。而宗王不颜帖木儿、秃坚帖木儿等皆称兵与孛罗帖木儿合,上表言孛罗帖木儿无罪。顺帝被迫将搠思监和朴不花交给孛罗帖木儿,孛罗帖木儿随即将二人诛杀。不久监察御史奏准将搠思监剖棺戮尸:"搠思监矫杀丞相太平,盗用钞板,私家草诏,任情放选,鬻狱卖官,费耗库藏,居庙堂前后十数年,使天下八省之地,悉致沦陷。乃误国之奸臣,究其罪恶,大赦难原。曩者,奸臣阿合马之死,剖棺戮尸,搠思监之罪,视阿合马为有过。今其虽死,必剖棺戮尸为宜。"尽管如此,御史台大臣认为对搠思监的惩罚还是不够,便又奏准籍没搠思监的家产,流放搠思监的儿子宣徽使观音奴。

孛罗帖木儿诛杀搠思监和朴不花后,撤兵退守大同。这时皇太子恚怒不已,再征扩廓帖木儿兵,保障京师。至正二十四年五月,诏扩廓帖木儿总兵,调诸道军分讨大同。扩廓帖木儿与孛罗帖木儿是世仇,他们连年仇杀。至是,扩廓帖木儿乃大发兵,进攻大同,调麾下将领锁住率领不到一万士兵守护京师,又以部下青军杨同金镇守居庸关,扩廓帖木儿则亲自到太原,指挥诸军。结果,扩廓帖木儿的军队又被孛罗帖木儿击败,孛罗帖木儿再次举兵进攻大都。危机之下,锁住带领东宫官僚跟随皇太子逃奔太原。同年七月,孛罗帖木儿、秃坚帖木儿、老的沙率军进入大都,顺帝成为他们的傀儡。八月壬寅,顺帝被迫下诏加孛罗帖木儿开府仪同三司、上柱国、录军国重事、太保、中书右丞相，节制天下军马。

至正二十五年，皇太子在外，日夜谋除内难，承制调遣岭北、甘肃、辽阳、陕西及扩廓帖木儿等军，进讨孛罗帖木儿。孛罗帖木儿大怒，将奇皇后逐出宫外，幽禁百日。不料这时孛罗帖木儿的部下，中书左丞相也速率军倒戈，形势发生逆转，皇太子之军逐渐居于上风。孛罗帖木儿连续损兵折将后，郁郁寡欢，每日与老的沙饮宴，荒淫无度，酗酒杀人，喜怒不测，人皆畏忌。七月，顺帝秘密遣人刺杀孛罗帖木儿，老的沙受伤北遁。九月，皇太子来到京师，诏拜伯撒里为中书右丞相，扩廓帖木儿为中书左丞相。十二月，擒斩叛臣秃坚帖木儿、老的沙。（《元史》卷四十五、四十六、四十七《顺帝本纪》；《元史》卷一百四十一《察罕帖木儿传》；《元史》卷二百七《孛罗帖木儿传》；《元史》卷二百五《搠思监传》；《元史》卷二百四《朴不花传》）

元朝末年，统治阶层荒淫腐化、互相倾轧，而农民起义风起云涌，尤其是南方各地，逐渐为起义军所控制。在多支主要起义军中，贫苦农民出身的朱元璋脱颖而出，势力不断壮大。朱元璋从至正二十三年开始陆续兼并各支起义军，在基本控制南方各地后，于至正二十七年（1367）率军北伐。在北伐的同时，至正二十八年（1368）正月，朱元璋称帝，定国号为明，建元洪武。明军一路北上，所向披靡，直逼大都。闰七月丙寅，顺帝御清宁殿，集三宫后妃、皇太子、皇太子妃，讨论向北逃亡。左丞相失列门及知枢密院事黑厮、宦者伯颜不花等谏，以为不可行，但顺帝坚持北逃计划。伯颜不花恸哭谏曰："天下者，世祖之天下，陛下当以死守，奈何弃之！臣等愿率军民及诸怯薛歹出城拒战，愿陛下固守京城。"顺帝还是不听。至夜间,顺帝开健德门北逃。八月庚午,大明兵入京城,元朝灭亡。

顺帝先逃往上都,各地元军节节败退。洪武二年(1369)六月,顺帝又逃往应昌府。洪武三年(1370)四月,顺帝因痢疾死于应昌府,享年五十一岁,在位三十六年。同年五月癸卯,大明兵突袭应昌府,皇孙买的里八剌及后妃并宝玉皆被明军俘获,皇太子爱猷识理达腊率十余名随从逃走。大明皇帝以元朝皇帝知顺天命,退避而去,特加其号曰顺帝,而封买的里八剌为崇礼侯。皇太子爱猷识理达腊逃至漠北和林后称帝,追谥顺帝为惠宗,改年号为宣光,继续统领着漠北地区,史称北元。

附录一

京师达官贵人必得高丽女然后为名家

元朝的宫廷和一些官宦之家大量使用高丽侍女,到了元朝后期,甚至出现了"京师达官贵人必得高丽女然后为名家"的现象。

高丽女入元最初来源于蒙古军队在征服高丽过程中的掳掠,这些被掠夺的人口在元朝沦为被贩卖的驱口,境遇十分悲惨。元人郝经对此有过描述:"自被天兵都破碎,称臣纳质兵弗退。残灭虏掠五十年,穷蹙无聊竟何罪。尽将生口卖幽燕,年年探借高丽钱。肌肤玉雪发云雾,罗列人肆真可怜。"自 1259 年高丽臣服于蒙古,一些蒙古贵族便通过与高丽人联姻将一部分高丽女子带到中国。(《庚申外史》卷下;《陵川集》卷十《高丽叹》)

随着元朝与高丽关系的发展,高丽贡女便成为高丽女入元的主要渠道。在高丽臣服于蒙古之后,蒙古主要通过在高丽扶植以高丽王为首的亲元势力来加强对高丽的控制,而高丽王为巩固自己的统治也逐渐采取了亲元的政策。于是蒙元朝廷不断向高丽索要贡女,而高丽政府为讨好元廷也经常主动向元廷进贡高丽童女,高丽女被迫入元给高丽人民造成了极大的伤害。

高丽为了保证能不断地向元廷进贡童女，规定"良家处女，先告官，然后嫁之，违者罪之"。高丽官员李榖在给元御史台的疏文中，对征集高丽童女给高丽人民造成的苦难进行了描述："侧闻高丽之人生女者，即秘之，惟虑不密，虽比邻不得见，每有使臣至自中国，便失色相顾，曰：胡为乎来哉？非取童女子耶，非取妻妾者耶？已而军吏四出，家搜户扪，若或匿之，则系累其邻里，缚束其亲族，鞭挞困苦，见而后已。一遇使臣，国中骚然，虽鸡犬不得宁焉。及其聚而选之，妍丑不同，或啖其使臣而饱其欲，虽美而舍之。舍之而他求，每取一女，阅数百家，唯使臣之为听，莫或敢违，何者，称有旨也。如此者岁再焉，或一焉，间岁焉，其数多者，至四五十。既在其选，则父母，宗族相聚哭泣，日夜声不绝。及送于国门，牵衣顿仆，拦道呼号，悲痛愤懑，有投井而死者，有自缢者，有忧愁绝倒者，有血泣丧明者，如此之类，不可殚记。其取为妻妾者，虽不若此，逆其情，取其怨，则无不同也。书曰：匹夫匹妇，不获自尽民主，罔与成厥功。恭惟国朝德化，所及万物咸遂，高丽之人，独有何罪，而受此苦乎？"可见对入元高丽童女的征集给高丽人民造成的苦难之深。

除元宫廷向高丽索要贡女外，一些蒙古贵族更是随意到高丽去索要童女，再加上在征集高丽童女的过程中，元朝和高丽官吏的诸多不法行为，都加深了高丽人民的苦难。(《高丽史》卷三十《忠烈王世家》；《高丽史》卷一百九《李榖传》)

随着元朝和高丽政治关系的发展，以贡品、联姻和赠送等渠道入元的高丽童女逐渐多了起来，有越来越多的高丽童女进入元宫廷和官宦之家，其中不少高丽女由于得宠而获得了较为尊贵的地位。正如高丽人李穀所说："今高丽妇女在后妃之列，配王侯之贵，而公卿大臣多出高丽外甥者。"元朝上层娶高丽女子的有仁宗、明宗、顺帝、实逗太子、峦峦太子、安西王安难达、鲁王、吴王及丞相桑哥、脱脱等。(《高丽史》卷一百九《李穀传》；叶泉宏《明代前期中韩国交之研究》，第 5 页，台湾商务印书馆，1991 年)

　　入元高丽女中地位最为显赫的当数顺帝的皇后奇完者忽都。奇后更是利用高丽童女作为笼络权臣的手段。至正十八年，"祁(奇)后亦多蓄高丽美人，大臣有权者，辄以此女送之，京师达官贵人必得高丽女然后为名家。高丽女婉媚，善事人，至则多夺宠"。可见到元后期，拥有高丽女已成为元朝贵族身份的象征。元末明初，叶子奇《草木子》中也说，"北人女使，必得高丽女孩童；家僮，必得黑厮。不如此，谓之不成仕宦。"时人的诗句通过一名历尽苦难的妇女对高丽女的羡慕，反映出高丽女在元朝后期的特殊地位："恨身不作三韩女，车载金珠争夺取。银铛烧酒玉杯饮，丝竹高堂夜歌舞。黄金络臂珠满头，翠云绣出鸳鸯绸。醉呼阉奴解罗幔，床前爇火添香篝。"(《庚申外史》卷下；《草木子》卷三下《杂制篇》；《金台集》卷一《新乡媪》)

　　为何此时元朝官宦之家对高丽女情有独钟？《庚申外史》说，"高丽(女)婉媚，善事人。"这当然是原因之一。然而最主要的原因可能并非如此。在元朝与高丽的特殊关系下，以贡女渠道进入元朝的高丽童女长期存在，更有甚者，高丽王把进贡和赠送高丽童女作为在元廷展开外交活动的手段，同时一些贪求富贵的高丽官员，也争相把自己的女儿许配给元廷的高官，这便使得元朝统治层役使和联姻高丽女的现象逐渐增多，而这势必会导致元朝官宦之家的争相效尤。在此背景下，到元朝后期,当顺帝皇后高丽女奇氏把高丽美女作为一种礼品,来笼络元朝的权贵时,元朝出现"京师达官贵人必得高丽女然后为名家"的现象当不为偶然。

蒙古统治者长期形成的对外族的认识,是其能接受高丽女的基础。蒙古人长期实行族外婚制,这便使得蒙古族在联姻时容易接受外族,而不是一味地加以排斥。在对待被征服民族的态度上,蒙古族也不是一味地贬低、鄙视,对于那些较早归附自己的民族,他们往往给予较高的地位。同时,蒙古统治者在长期的生活和征服战争中形成了文化上的开放意识,对各种文化往往能兼收并蓄。所有这些,使得蒙古人在娶高丽女时,从意识形态上讲,并不会受到太大的束缚。诚然,蒙古统治者在对待外族的问题上也提倡尊卑有别,但这种尊卑意识还远没有达到在联姻问题上对全社会具有一种普遍约束力的程度。《庚申外史》卷上:"初世祖皇帝家法:贱高丽女子,不以入宫。"世祖的这一家法从现有的史料来看,并没有被认真遵守。元帝频繁向高丽索要童女以充实后宫,便是一个有力的证明。

值得一提的是,元朝中后期众多的高丽女入元,并且大都生活在宫廷和官宦之家,这对当时的元朝和高丽文化交流亦产生一些影响。比如元代高丽服饰曾流行一时。"自至正以来,宫中给事使令,大半为高丽女,以故四方衣服、鞋帽、器物,皆依高丽样子,此关系一时风气,岂偶然哉。"《南村辍耕录》云:"杜清碧先生本应召次钱唐,诸儒者争趋其门。燕孟初作诗嘲之,有'紫藤帽子高丽靴,处士门前当怯薛'之句,闻者传以为笑。用紫色棕藤缚帽,而制靴作高丽国样,皆一时所尚。"元朝人张昱所撰《可闲老人集》中的两首诗,也说明当时高丽风尚对元朝宫廷的影响,其一云"绯国宫人直女工,衾褥载得内门中。当番女伴能包袱,要学高丽顶入宫",其二云"宫衣新尚高丽样,方领过腰半臂裁。连夜内家争借看,为曾著过御前来"。(《庚申外史》卷下;《南村辍耕录》卷二十八《处士门前怯薛》;《可闲老人集》卷二《辇下曲》、《宫中词》)

附录二

元代宫廷史大事记
（1206—1368）

成吉思汗元年（1206）

春，铁木真统一蒙古草原，建立大蒙古国，称成吉思汗，是为太祖。

成吉思汗六年（1211）

春，正式发动对金战争。

成吉思汗十四年（1219）

六月，太祖亲征花剌子模，战事至二十年（1225）春结束。

成吉思汗二十二年（1227）

六月，西夏降于蒙古。

七月，太祖崩，拖雷摄政。

窝阔台汗元年（1229）

窝阔台即汗位，是为太宗。

窝阔台汗三年（1231）

八月，灭花剌子模。

窝阔台汗六年（1234）

正月，灭金朝。

大举进攻南宋。

窝阔台汗七年（1235）

各宗室长子西征钦察、斡罗思等国,攻至今天的波兰、匈牙利、奥地利等地,欧洲一片恐慌。

窝阔台汗十三年（1241）

十一月,太宗崩,皇后乃马真摄政。

贵由汗元年（1246）

六月,贵由被推举为大汗。

七月,贵由于汪吉宿灭秃里即位,是为定宗。

贵由汗三年（1248）

三月,定宗崩于横相乙儿,皇后斡兀立-海迷失摄政。

蒙哥汗元年（1251）

六月,蒙哥被推举为大汗,是为宪宗,自此汗位从窝阔台系转移到拖雷系;同月,以忽必烈总领漠南汉地军事。

夏,粉碎以窝阔台系宗王失烈门为首的政变。

蒙哥汗二年（1252）

七月,忽必烈出征大理,战事至次年十二月结束。

征服吐蕃。

蒙哥汗三年（1253）

六月,旭烈兀征中亚、西亚,战事至九年结束。

蒙哥汗七年（1257）

春,对陕西、河南进行钩考。

蒙哥汗九年（1259）

七月,宪宗崩于征宋前线四川钓鱼山城。

中统元年（1260）

三月，忽必烈于开平即位，是为世祖。

四月，立中书省，以王文统为平章政事，张文谦为左丞；同月，阿里不哥在和林称帝。

五月，世祖建元中统。

中统三年（1262）

二月，李璮叛乱。

七月，李璮败死，李璮之乱告平。

中统四年（1263）

五月，升开平府为上都；同月，立枢密院，以燕王真金守中书令，兼判枢密院事。

至元元年（1264）

七月，阿里不哥归降。

八月，以燕京为中都，改元至元；同月，罢领中书省左右部，并入中书省，以阿合马为中书平章政事，掌管财政，是为阿合马专权二十年之始。

至元五年（1268）

七月，置御史台。

至元六年（1269）

春，察合台、术赤及窝阔台兀鲁思宗王在塔剌思草原召开会议，协调三方矛盾，此次会议奠定了察合台、窝阔台汗国长期合作对抗元廷之基础。

至元八年（1271）

十一月，改国号大元。

至元九年（1272）

二月，中都改称大都。

至元十年（1273）

二月，立燕王真金为皇太子。

三月，册察必为皇后，上尊号贞懿昭圣顺天睿文光应皇后。

至元十四年（1277）

七月，诸王昔里吉叛附海都，劫持北平王那木罕、右丞相安童，逾月败死。

至元十六年（1279）

二月，崖山海战元军歼灭宋军，南宋亡，蒙元统一中国。

至元十八年（1281）

二月，皇后察必崩。

至元十九年（1282）

三月，阿合马遇刺身亡。

至元二十年（1283）

册南必为皇后。

至元二十二年（1285）

十二月，皇太子真金薨。

至元二十四年（1287）

闰二月，置尚书省，以桑哥、铁木儿为平章政事。

四月，东道诸王乃颜反。

六月，乃颜兵败身死。

七月，乃颜之乱告平。

十一月，以桑哥为尚书省右丞相。

至元二十八年（1291）

二月，以完泽为尚书省右丞相，罢桑哥，下狱究问。

五月,罢尚书省并入中书省,以完泽为中书省右丞相,麦术丁、不忽木为平章政事。

七月,桑哥伏诛。

至元二十九年(1292)

十二月,梁王甘麻剌封晋王,出镇漠北。

至元三十年(1293)

六月,以皇太子宝授铁穆耳,命总兵北边。

至元三十一年(1294)

正月,世祖崩于大都,遗命以玉昔帖木儿、伯颜、不忽木为顾命大臣。

四月,铁穆耳在上都即位,是为成宗。

以伯颜、梁德珪等为中书省宰执官员,总理财政。

大德二年(1298)

以哈剌哈孙为中书省左丞相。

大德三年(1299)

十月,册卜鲁罕为皇后。

海山总兵漠北。

大德六年(1302)

朱清、张瑄以贪污不法被诛。

大德七年(1303)

三月,七道奉使宣抚巡行诸道,查办贪官,审理冤狱;同月,以受朱清、张瑄贿赂,罢中书省平章伯颜、梁德珪、段贞、阿里浑撒里,右丞八都马辛,左丞月鲁古不花,参政迷而火者、张斯立。

大德九年(1305)

六月,立德寿为皇太子。

十二月,皇太子德寿薨。

大德十年(1306)
十二月,答己与爱育黎拔力八达出居怀州。

大德十一年(1307)
正月,成宗崩于大都。

三月,中书省右丞相哈剌哈孙发动宫廷政变,粉碎皇后卜鲁罕立安西王阿难答为帝的阴谋,诛阿难答,出居皇后卜鲁罕于东安州,爱育黎拔力八达监国。

五月,海山在上都即位,是为武宗。

六月,立爱育黎拔力八达为皇太子。

六月,于旺兀察都兴建中都城。

七月,罢中书省右丞相哈剌哈孙为和林行省左丞相。

至大元年(1308)
闰十一月,哈剌哈孙薨于和林。

至大二年(1309)
八月,复置尚书省。

九月,行至大银钞。

十月,行铜钱法。

至大四年(1311)
正月,武宗崩,爱育黎拔力八达嗣,是为仁宗;同月,罢尚书省,拘押理财大臣,罢城中都,以铁木迭儿为中书省右丞相,完泽、李孟为平章政事。

四月,罢至大银钞、铜钱。

皇庆二年(1313)
十一月,行科举。

延祐二年（1315）
十一月，封和世㻋为周王。

延祐三年（1316）
三月，周王和世㻋出镇云南。
十一月，周王和世㻋联合陕西行省官员发动政变，事败西逃。
十二月，立硕德八剌为皇太子。

延祐四年（1317）
六月，罢右丞相铁木迭儿，以合散为中书右丞相。

延祐六年（1319）
四月，以铁木迭儿为太子太师。

延祐七年（1320）
正月，仁宗崩；同月，太后答己以铁木迭儿为中书省右丞相。
三月，硕德八剌即位于大都，是为英宗。
五月，以拜住为中书省左丞相；同月，阿散、黑驴、脱忒哈、失列门、亦列失八等谋废立，事败被诛。

至治元年（1321）
三月，以铁失为御史大夫。

至治二年（1322）
八月，铁木迭儿卒。

至治三年（1323）
二月，太皇太后答己崩。
八月，铁失、失秃儿、赤斤铁木儿、完者、锁南等发动政变，弑英宗及右丞相拜住于南坡。
九月，也孙铁木儿即位于龙居河，是为泰定帝。
十月，诛铁失、完者、锁南、秃满等。

泰定元年（1324）

二月，开经筵。

三月，册八八罕氏为皇后，阿速吉八为皇太子。

天历元年（1328）

七月，泰定帝崩，倒剌沙摄政，内乱起。

八月，金枢密院事燕铁木儿谋立武宗之子，于大都发动政变，以路远先迎怀王图帖睦尔。

九月，图帖睦尔在大都即位，改年号天历，是为文宗；同月，倒剌沙等拥立阿速吉八在上都即位，改年号致和，是为天顺帝，大都与上都集团遂爆发战争。

十月，上都被攻破，倒剌沙等奉皇帝宝出降；同月，文宗遣使迎请周王和世瓎南下即位。

天历二年（1329）

正月，和世瓎在漠北即位，是为明宗；同月，文宗立侍卫军都督府，由燕铁木儿兼领。

二月，立奎章阁学士院。

四月，明宗遣使立文宗为皇太子。

八月，文宗以皇太子的身份朝见明宗于旺兀察都，随即明宗暴崩，文宗复即皇帝位于上都。

至顺元年（1330）

十二月，立燕王阿剌忒纳答剌为皇太子。

至顺二年（1331）

正月，皇太子阿剌忒纳答剌薨。

至顺三年（1332）

八月，文宗崩于上都。

十月，懿璘质班即位于大都，是为宁宗。

十一月，宁宗夭折。

至顺四年（1333）

权臣燕铁木儿死。

六月，妥懽帖睦尔在上都即位，改至顺四年为元统元年，是为顺帝；同月，以伯颜为中书省右丞相。

八月，立伯牙吾氏为皇后。

后至元元年（1335）

六月，唐其势等发动政变，事败被杀，致皇后伯牙吾氏被逐。

七月，伯颜鸩杀皇后伯牙吾氏于开平民舍。

十一月，罢科举。

后至元三年（1337）

三月，立弘吉剌氏伯颜忽都为皇后。

后至元六年（1340）

三月，伯颜罢，病死于龙兴路驿舍。

六月，诏撤文宗庙主，徙太皇太后卜答失里东安州安置，流放太子燕帖古思于高丽。

十月，以脱脱为中书省右丞相。

立高丽女奇氏完者忽都为第二皇后。

至正元年（1341）

六月，改奎章阁为宣文阁。

至正三年（1343）

三月，修《辽》、《金》、《宋》三史，以脱脱为都总裁官。

至正四年（1344）

五月，脱脱辞职，荐阿鲁图为中书省右丞相。

至正九年（1349）

闰七月，诏脱脱复为中书省右丞相。

至正十三年（1353）

六月，立爱猷识理达腊为皇太子。

至正十四年（1354）

十一月，脱脱统军至高邮，大败张士诚率领的农民起义军。

十二月，脱脱被劾夺职，安置淮安路；同月，罢御史大夫也先帖木儿，安置宁夏路。

至正二十五年（1365）

八月，皇后伯颜忽都崩。

十二月，皇后完者忽都正位中宫。

至正二十八年（1368）

八月，明军攻陷大都，元朝灭亡。